精益智能制造管理

董晓虹　章　智　周家东 / 主编

Lean Management of Intelligent Manufacturing

ZHEJIANG UNIVERSITY PRESS
浙江大学出版社

前　言
FOREWORD

20世纪70年代,在石油危机的影响下,世界经济一片萧条,一般企业都在苦苦挣扎,而丰田汽车公司(以下简称丰田或丰田公司)却保持了赢利,这一现象引起了人们的关注。20世纪80年代,以美国麻省理工学院的国际汽车计划为契机,丰田生产方式进一步走进世界研究者的视野,也有了 lean production(精益生产)这一叫法。麻省理工学院在《改变世界的机器》一书中通过对丰田生产方式的分析,认为丰田生产方式促进了管理上的革新,对提高管理效率有着积极的影响,在管理上带来了革命性的进步。

随着时代的变化,制造业的全球化、分散化带来了更多的不确定性。企业应该如何在诸多不确定性中协调管理,又成了新的课题。2013年,德国正式提出工业4.0高科技战略计划(以下简称工业4.0),利用物联信息系统将生产中的供应、制造、销售信息数据化、智慧化,最后实现快速、有效、个人化的产品供应状态。工业4.0时代是利用信息技术促进产业变革的时代,即智能制造时代,工业4.0也被称为"第四次工业革命"。物联网、信息化、数字化技术的应用给制造业的管理注入了新的活力。但是从管理的本质来看,丰田生产方式依然是世界公认的先进的生产管理方式。

丰田生产方式最吸引人之处,是其多样性,可以做到 QCDSM(quality、cost、delivery、safety、morale,即质量、成本、交货期、安全和道德)同时达成。丰田的看板后工序拉动生产方式,以快速换模的方式,对应不断变化的需求和汽车技术。在丰田工厂,可以看到每一辆下线的车都是不一样的。在《改变世界的机器》一书中有这样的描述:完成同样的一套标准操作,高冈工厂(丰田汽车公司的一个工厂)的生产率几乎是弗雷汉明工厂(通用汽车公司的一个工厂)的2倍。在制造汽车所需的空间方面,高冈工厂的空间利用率比弗雷汉明的工厂要高出40%,而其库存量仅占弗雷汉明工厂库存量的极小比例。丰田精益生产方式正是凭借着对产品质量、制造效率的有效管理,从而降低生产成本,形成了快速应对危机的能力。

经过改革开放40多年来的高速发展,中国迅速成长为全球公认的"世界工厂",但也常被认为"大而不强",如何跨越、升级,是中国企业经常思考的问题。在当下世界经济既协作又竞争的环境中,中国企业要想"换道超车",就要更好地学习别人的经验,少走弯路。在智能制造时代,中国企业,特别是制造型企业,仍然有必要学习精益管理的方法,再结合数字化、信息化等智能手段,大幅提升企业的管理能力,才能在激烈的世界市场竞争中立于不败之地。这也是本书编写的初衷。

然而,目前面向精益管理初学者,以理论结合实践运用来阐述精益管理思想的书并不多,在对企业进行调研的过程中发现,企业中层、基层管理者,尤其是基层管理者,欠缺精益管理能力的现象较为普遍。基层管理者是确保生产正常运行的关键角色,基层管理者的管理能力对企业的生产竞争力有直接的影响。因此,如何提升基层管理者的管理能力成为一个重要的课题。

为了向读者更好地传达精益管理的思想和方法,帮助企业提升基层管理者的管理水平,曾担任丰田人才培育体系设计者的铃木敏弘老师、佐田芳启老师等多位丰田生产方式专家为本书设计了纲要,并提供了培训基层管理者的参考资料。借用铃木敏弘老师的话,这本书是为了让精益管理初学者不仅知其然,而且能知其所以然,并能用于实践,在实践中增进精益管理能力。对于企业,更要观已然之迹,习当然之法,知未然之理。

党的二十大报告明确提出,要"加快建设制造强国""推动制造业高端化、智能化、绿色化发展""强化现代化建设人才支撑"。技能人才是支撑中国制造、中国创造的重要力量。人是生产力中最活跃的因素,重视人才建设,悉心培育人才,就能为制造业高质量发展提供坚实的人才保障。

作为一次尝试,希望本书能让精益管理初学者理解在智能制造时代,精益管理方法依然是企业提升竞争力的基础,并可以系统化地传达给初学者应该学习和掌握的管理知识和技能。当然,学"理",必须要思考。任何一个人,任何一家企业,面对的都是未知的变化和挑战,需要自己去"知",去摸索和实践。

编者

2021 年 7 月

目 录

CONTENTS

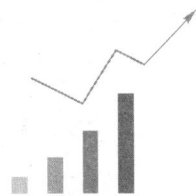

第一章

制造业企业中的管理岗位

▶▶**本章目的**

　　帮助学员理解管理的必要性,初步把握管理岗位的基本职责,培养从管理角度看待问题和分析问题的能力,培育企业家精神,为后续章节进一步学习具体的管理知识打下基础。

▶▶**内容要点**

　　1.理解管理的定义和管理的必要性。

　　2.了解企业中管理岗位的分类方式、不同岗位的作用和职责。

　　3.通过实操演练,掌握如何召开管理会议、如何组织小组讨论。

第一节　管理的必要性

　　"一个和尚挑水吃,两个和尚抬水吃,三个和尚没水吃",这是个家喻户晓的寓言故事,反映了一个缺乏管理的组织可能面对的严重问题。俗话说三人为众,多人组成的团体或组织里,大家的想法不一定一致,且人数越多,人与人之间沟通的难度就越大,就越容易出现分歧。分歧解决前,团体无法为实现统一的目标而开展有效的行动,就会出现没水喝的现象。

　　为了避免这种情况,就需要一定的管理机制来组织和协调众人作为一个整体统一行动。管理机制包括了建立组织体系、明确战略目标、制订工作计划、监督计划执行等各种类型的工作。

　　企业是指以盈利为目的,运用各种生产要素(土地、劳动力、资本、技术和企业家才能等),向市场提供商品或服务,实行自主经营、自负盈亏、独立核算的法人或其他社会经济组织。企业是经济生活中最为重要的组织之一,企业管理水平的高低直接影响到企业能否在竞争中生存和发展。

　　决策层负责决定企业的经营战略和发展方向,其职责可大致划分为两个方面:一方面,决策层需要根据各部门反馈的信息做出决策;另一方面,决策层还需要将做出的决定传达到各部门,由各部门调动部门内的各种力量来监督和执行各项工作。如果企业的决策层和各个部门不能协调一致,就如同一个大脑与四肢不能协调的人,就会出现摔跤这样的意外,导致步履蹒跚,行动缓慢。

随着企业规模的不断扩大,保障企业协调一致行动的难度也会增大,各个层级的管理者的重要性也就越突出。企业管理者构成的网络如同人的神经网络,正是因为有这个神经网络的存在,再大型的企业也可以作为一个协调一致的整体,稳步地朝着既定的目标前进。

第二节　企业中的管理岗位

一般来说,越大型的企业管理人员的数量越多、层级越复杂。

在比较大型的企业里,可根据管理者职责的大小,将管理者分为高层管理者、中层管理者和基层管理者。高层管理者根据整个公司的战略和发展方向制订公司层面的业务目标和计划;中层管理者一般负责管理某个部门,其职责是把公司层面的业务目标和计划分解为部门的工作目标和工作计划;基层管理者则负责根据部门工作计划安排人员具体执行各项工作、对执行过程进行监督、纠正可能出现的偏差,并记录执行情况。各级管理者在团体组织中起到承上启下的作用,这个作用是否能够有效发挥,对企业的整体执行力有着决定性的影响。

除按照层级对管理岗位进行划分之外,多数制造业企业会按照工作内容设置多个部门,比如质保(或品检)部、生产部、财务部、设备部等,而相应各部门的经理(或称部长、主任)就成为该部门事务的管理者。这种按照不同部门划分管理岗位的做法有专人做专事的优点,但缺点是容易各行其是、自扫门前雪,降低企业整体的行动效率。

在以丰田管理方式(Toyota production system,TPS)为代表的精益生产管理体系中,把制造型企业的管理工作划分为七大任务,即安全管理、质量管理、生产管理、成本管理、人事管理、设备管理和环保管理。并且,不管哪个层级、哪个部门的管理者,都有与这七大工作任务相对应的工作职责和工作内容,并有相应的管理目标。七大任务并不隶属于任何一个部门,将七大任务作为管理目标可以有效防止各部门各自为政的弊端。以下各章的内容都是在以丰田管理方式为代表的精益生产管理体系内对管理工作展开论述的。

第三节　基层管理者的职责

本课程面向制造业企业中刚刚走上管理岗位,或者刚刚开始参与部分管理工作的学员,着重关注基层管理者的职责。

基层管理者的核心职责是"监督执行"。简单地说,就是受经营决策层的委托,按照公司整体的战略方向、业务目标和工作计划,组织下辖团队执行各项具体工作,并对执行过程进行监督和调整。在这个过程中,基层管理者对辖下事务有具体的决定权,并对辖下部门资源进行统括管理。

一、管理者日常工作职责

在基层管理者的日常实践当中，针对过程的管理要比针对结果的管理更为重要。管理者要在整个过程中承担各种各样的职责。具体如下。

第一，制订工作计划。也就是说，针对企业的某个业务目标，制订本部门的具体工作目标和执行计划。工作目标是企业目标在管理者所负责的部门、层级的分解，而工作计划是指导下属为了实现目标而需要落实推进的各项工作（也就是目标的工作分解）。为了制订高品质的、可执行的工作计划，管理者需要协调下属的意见，并充分考虑可调配的各项资源（包括人、财、物、时间期限等）。

第二，管理者需要对工作计划的落实执行进行监督确认。如下属是否切实执行了分配到的工作，各项资源的使用量是否控制在预算范围内等。监督确认工作需要在工作执行的整个过程中持续进行。

第三，在实际推行工作的过程中，难免会出现预期外的问题，导致无法按照原计划继续执行，或者继续执行也无法达到预期效果的情况，这时管理者还需要修订或重新制订工作计划。

二、与公司整体目标相关的管理职责

上述 3 项是管理者在执行日常工作的 3 个阶段（计划、执行、调整）中所承担的职责。除此之外，还要承担几项与公司经营管理的整体目标紧密相关的工作。具体如下。

第一，管理者需要起到为企业培养人才梯队的作用。如果管理者只是机械地给下属分配工作任务、机械地检查工作任务的推进程度，是无法为公司培养后继人才的。管理者的工作分配和检查确认工作的方式是否能对下属的成长起到促进作用，对公司的长期发展至关重要。管理者需要去细心观察下属的强项和弱项，从有助于培养的角度去进行任务分配和工作监督。

第二，管理者需要传达企业的经营理念和工作规范，将其渗透到每一位下属的日常工作习惯中去。管理者是其辖下团队的最高责任者，但并非独立游离在企业组织之外。企业作为一个整体如何成长和发展，依存于经营管理层的经营理念、经营方针及各种企业规章制度。管理者需要把企业的经营理念、方针等传达到辖下团队的每一个人，获得大家的认同，成为大家日常工作推进过程中的自觉习惯。这些是企业在长期发展中也能够确保步调统一的关键。这项工作一方面要在日常各项工作中体现，另一方面也可以定期或不定期地组织专门的宣讲活动。

第三，在今天这个信息化的时代，科学的决策离不开客观、真实、及时的信息和数据。这些信息和数据既包括企业外部的数据，也包括企业内部的数据。管理者有职责日常收集、汇总与企业相关的各类信息，加以提炼后传达到企业决策层，以便决策层据此做出更准确科学的决策。

管理者要发挥作用，离不开辖下团队的配合协助。管理者作为辖下团队的核心，需要去激励团队、团结部下，将团队成员的个性和能力集聚到一起，成为企业取得各项成果的保障。为此，管理者需要不断地学习相应的管理手法，锻炼各项实践能力。

接下来，我们将从"人"与"工作"两方面进一步去理解和学习管理者在具体事务中应具有的作用及管理的基础知识，并学习如何成为有"良好平衡感觉"的真正优秀管理者的方法。

第四节　组织和召开管理会议

在日常管理工作中,管理者要对工作任务进行分解,并向团队成员明确、有效地传达工作指示。召开管理会议是一项非常常见的工作。即使是基层管理者也需要召开车间乃至班组的生产会议、品质会议、安全会议等,以便沟通形成全体一致的对待安全、质量生产等方面问题的方法。例如,某个班组经常出现不把零部件箱放到规定的架子上的情况。这时就需要管理者召开会议,其目的一方面是宣传物品整理归位的意义,另一方面是要协商出大家能乐意遵守的方法。也许有人会说,这种管理条例,领导定了就是,不用召集员工开会。从精益管理的角度来看,一项不被执行的条例,除了恶意不遵守的原因外,还有就是条例规定的内容违背了正常的操作的便利性。在上面的例子中,如果15千克重的零部件箱被规定放在架子偏高的位置(1.3米高),并且是使用频繁的零部件箱,操作者就不愿意把零部件箱放在规定的位置,而是随意放在地面上了。管理者如果在制定类似的规定时,召开会议,听取员工的想法,规定重的物品和使用频繁的物品放在容易拿取和放置的位置,那么员工也会乐意去遵守。

召开会议听上去似乎很简单,但其实不然。关于如何召开会议、如何把控会议的进程,有许多具体方法和技巧,这些方法和技巧的运用对于会议最终能够达成何种效果起着至关重要的作用。

一、组织会议的原则和步骤

(一)组织会议的原则

管理者要维护良好的会议氛围。需要让所有成员对举行会议的意义达成共识,提高大家参加会议的积极性。维护会议氛围不仅有利于达成会议目标,也在以下方面发挥着重大作用。

(1)发掘每一个人的潜力,引导个人能力发展的无限可能性。

(2)创造出尊重人、让人感觉到人生意义和工作意义的职场环境。

(3)为企业长期的体制改善、发展营造良好的氛围和有利的环境。

维护会议气氛有如下四大原则。

原则一:禁止批判。在会议中,有时参会者的发言旁人会觉得不认可,这时候如果直接就说"你水平太差",那么很可能会让这个成员接下来都不发言了,这就失去了开会的意义。所以在会议中,如果出现对发言内容不认可的情况,可以从逻辑角度进一步提问,以理相论,而不是对发言者的评价用批判性尤其是带个人攻击的语言去针锋相对。

原则二:欢迎多数人参加。发言的人越多,意见想法也就越多。众多的意见想法更容易从量变到质变,促成好点子。

原则三:自由奔放。在前面两个原则的基础上,对发言者的思考不做限制,鼓励多元思维和发散思考。因为很多时候,奇思妙想往往最终成了解决问题的金钥匙。

原则四:滚雪球。可以在别人发表的想法的基础上,补充自己的观点,通过集思广益,形成一个比较完美的点子。有时候一个点子就像火花一样可以引爆一个精彩的方案。滚雪球原则的另一个好处是,能够让大家认识到认真听取他人意见的重要性。

(二)组织会议的步骤

管理者要制定明确的会议步骤。会议步骤包括制订会议计划、会前准备、实施会议、总结会议记录、向上司汇报等。明确的会议步骤可以保障每个会议都能有条不紊地进行。

在明确会议步骤后,可以对每个步骤指派专人具体负责事务性工作。以召开公司某个部门讨论会为例:首先,该部门的管理者需要发出指示,就某一事情要举行讨论会,然后由部门的中层管理者负责计划落实。例如,在会前,需要确定开会时间、开会地点、参会人员,准备开会通知内容,确认通知到位;还要明确几个关键角色,在会议过程中负责不同的具体事务,这一步是确保会议质量的关键。

二、分组讨论

(一)会议的形式

会议根据内容的不同有不同的形式。引发参与人积极性的会议往往采用讨论会的形式。在讨论会进行中,为了充分调动成员积极性,可以视人数适当分组,并在小组中设置组长、主持人、记录员、发表者等几个角色,负责引导和推进小组讨论会的进行。

(二)会议各角色的职责

管理者需要对各个角色的职责和工作方法进行事先指导,各角色职责如下。

1. 组长的职责

组长需要对会议的主题和目的进行说明,在会议结束前对讨论结果做总结。

2. 主持人的职责

主持人的作用是推进会议的流程,让大家积极发言参与。主持人可以用一些技巧来推动讨论,如采用四个提问法。

(1)全员提问:就某个问题,向全员提问。例如:"大家觉得怎样做比较好?"全员提问的目的在于引起大家的注意,让大家意识到每个人都是参与者。

(2)指名提问:顾名思义,是指定某个人回答。例如:"小王,你有其他更好的方法吗?"指名提问的目的在于让参会者认识到自己随时都要积极思考,参与沟通。

(3)接力提问:是主持人自己不回答问题,而是去问另一个人。例如:"对于刚刚小李提出的问题,小张你怎么想?"接力提问的目的在于,促使大家认真听别人的发言,并积极参与思考。

(4)反问:是把问题抛还给提问者。例如:"小李,如果是你,你对你刚才提的问题会怎么做?"反问的目的在于让大家认识到不但要会提出问题,而且要主动思考答案。灵活使用这几个提问法有利于引导成员积极参与并主动思考解决问题的方法。

3. 记录员的职责

记录员要记录讨论过程中发言的内容,注意要备注上相应的发言人姓名。会议记录的目的有两个：一是作为当天会议的备忘，可供大家以后回顾会议内容；二是可以给所有相关者（不论是否出席会议）提供会议内容摘要，实现信息共享。因此，记录员不需要逐字逐句完全记录会议内容，可以理解发言者想说的内容后记录下要点。

4.发表者的职责

在分组进行的讨论会结束后，发表者代表自己小组发表小组讨论的结果。发表者应该重视自己的总结发言是否有根有据、是否有逻辑性。

在上面介绍的举行讨论会的例子中，通过把具体事务细分给不同的负责人，可以在很大程度上保障会议的效果。而不同形式的会议中，也可以根据会议目的和预期效果设定不同的步骤和分工。

即使从召开会议和组织小组讨论这些小事中，也可以看出基层管理者的重要性。从达成对会议目标和意义的共识、到分组和指派不同角色、再到对各个角色的工作方法进行指导，这些正是基层管理者日常工作的一些缩影。这些工作的能力的高低直接决定了企业运行效率的高低，也决定着企业在市场竞争中生存发展能力的大小。合格的管理者无论在哪项工作中，都应该能够正确地把握各项管理基本原则、积极思考有效的管理方式并有效地加以执行，从而切实成为支撑企业发展的骨干。

三、模拟召开讨论会

讨论会由于针对的是某个行业、领域，或某个独特的主题，通常专业性较强，因此并非大家都能了解和参与，通常由专业人士参加，针对面较窄，参加会议人员的数量不多。召开讨论会不但可用于解决工作中的问题，也可用于日常的学习生活中。尤其是在做出事关多数人（集体）的决策时，充分听取大家的意见、想法，并在此基础上达成共识是非常必要的。这是保障一个团体组织能够同心协力、共同行动的坚实基础。

本章的演练课的内容就是模拟召开讨论会。

✎ 练习题

1.管理者的职责有哪些？
2.维护会议气氛的四大原则是什么？
3.引导会议的主持人采用的四个提问法是什么？

第二章

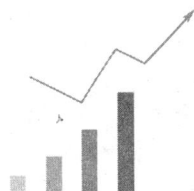

精益智能制造中的安全管理

▶▶ **本章目的**

帮助学员正确理解和认识安全管理的必要性和重要性,学习安全管理的基础知识和基本原则,掌握在工作场所确保自身安全的方法,以更高的站位看待安全、更严的措施守护安全、更科学的体系保障安全。

▶▶ **内容要点**

1. 理解安全管理的必要性和重要性。
2. 学习安全管理的基本方法和安全管理制度。
3. 从自我管理的角度出发,掌握在工作场所确保人身安全的方法。

第一节　安全管理概要

一、什么是安全管理

在谈安全管理前,先来思考一下什么叫作"安全"。安全这个词可以说每个人都很熟悉。如果问什么是安全,大多数人可能会回答"没有事故""没有危险"等。但安全真的就是指"没有事故"吗？比如我们一般都认为高铁是安全的交通工具,但高铁却并不是完全没有事故。因此,把安全解释为"不包含不可接受的风险"可能更为准确。在此基础上,以"安全"为目标所进行的各项管理就是安全管理。

具体到一家企业来说,安全管理就是企业为了预防和处理业务开展过程中可能发生的各种事故和灾害而实施的对策体系。其目的首先是保障劳动者不受伤害,其次也要确保企业周围的居民和设施不受损害。

一般来说,安全管理包含下列几项内容。

(1)对"安全"和"不安全"的状况加以明确区分。

(2)找出可能对安全造成影响的各种因素。

(3)制定和实施能够有效管控(1)和(2)的措施。

（4）对上述有效管控措施的实施状况进行监督。

二、安全管理的重要性

工业革命之后,生产技术实现了飞跃性的发展,制造业企业开始大量采用机械设备。随之而来的是,由此引发的工伤事故也越来越多,员工所处工作环境的危险系数大幅上升。工厂内安全事故多发,对员工的身心健康及家庭幸福造成极大的影响,这也成为企业平稳发展的隐患。从这个意义上说,安全管理的必要性和重要性再怎么强调也不为过。企业的安全管理应该遵循以下五个基本原则。

第一,尊重人的生命。受伤甚至失去生命是最为不幸的事情。生命只有一次,安全管理的首要原则是尊重和珍惜不可重来的生命。

第二,保护健全的身体。健全的身体是为了更好地享受生活的快乐,保护身体健全是对自己和自己的家人负责。

第三,不让别人受伤。人是社会动物,互助互爱是人类社会普遍认可的美德。因此安全原则还包括不让别人、特别是不让身边的人们(同学、同事)受伤。

第四,让家人幸福。如果员工不幸受伤,其家人在经济上、精力上受到直接的影响,承受巨大的压力。为了让家人安心幸福,也需要保障员工安全。

第五,防止经济上的损失。受到伤害后,员工失去工作能力,会给社会和家庭造成长期负担。

三、评估安全事故的经济损失

如果出现安全事故,特别是如果有人受伤,则必然会产生相应的医疗费用。而且,造成人受伤的事故往往也会伴随物的损坏。医疗费用和物资设备的损坏可以算作安全事故的直接经济损失。需要注意的是,直接损失之外还会有间接损失产生。例如,家人为了照顾受伤的人需要付出时间精力,还要承受精神上的压力;企业因为人员的受伤需要调整工作安排,在这一过程中也会产生损失。这些损失无法全部换算成金钱来计算,但有人做过粗略的统计,认为间接损失的金额往往是直接损失的 5～7 倍。安全事故所造成的经济损失是巨大的。因此,即使纯粹以经济效益作为评估标准,重视安全管理也是非常有必要的。

第二节　事故和安全隐患

一、引发事故的原因

每一个事故的发生,必然有其背后的原因。引起事故的因素,可以大致分成以下几种类型。

（1）不可避免的因素。例如地震等自然灾害。

（2）不安全状态。例如设施和设备的缺陷问题等。如果进一步细分,可能还存在如下的情况。

①物体自身的缺陷。例如设计构造有问题，或者没有装配齐全。

②安全防护装置的缺陷。例如没有保护罩，没有安全装置，或者安全装置坏了。

③作业环境的缺陷。例如灯光不明亮，空气不通畅，有噪音、粉尘等。

④其他不安全的状态。

(3)不安全的行为。例如工人操作机器时的不规范动作。同样如果再加以细分，可能存在以下情况。

①不遵守规则的动作。例如做规则或指示中不允许的动作。

②多人共同作业时，动作不协调。例如没有互相示意，动作节奏不一致。

③危险动作。例如用手直接去掸金属碎末，叠放物品的方法不妥当，没有确认安全注意事项就行动。

④位置、姿势不正确。例如以别扭不舒畅的姿势作业，或在危险的位置操作。

⑤没有正确使用安全防护用具。例如没有使用防护用具，或者使用方法不正确，着装不妥当。

⑥其他不安全行为。

据统计，不可避免的因素引发的事故占1%，不安全状态引发的事故占9%，不安全的行为引发的事故占90%。

(4)除此之外，还有一些人为因素也会增加安全风险。具体如下。

①不端正的态度。例如故意无视规定，不按照安全指示行事，甚至故意反着操作。

②知识和技能的欠缺。例如不知道或者不熟悉安全作业的知识和方法。

③身体状态不佳。例如睡眠不足，有健康问题。

④精神状态不佳。例如有心事或情绪波动不稳定。

⑤其他不安全的人为因素。

二、寻找危险源头

追溯制造业企业中大多数事故的成因，可以归纳为以下几个常见类型。作为危险源头，这些环节都是安全管理应该着重关注的地方。

(一)设备操作或工作环境中的直接危险

(1) 带动力的加工机床机械类引发的事故。主要有手被夹，衣物或头发等被卷进去导致身体部位被卷进压轧，加工中物品碎屑等飞溅出来致人受伤等。

(2) 重物搬运器具类(如吊机、吊钩、台车等)产生的事故。常见的事故类型有：吊车上吊的重物突然掉下来造成人身伤亡，台车上堆放的重物发生滑落造成事故。

(3) 厂内用车(如叉车)等造成的事故。如叉车在行驶或装卸货物时撞到人引起事故，同样，厂内的运货卡车也可能存在类似问题。

(4) 高处作业可能引发的事故。比如，需要攀爬脚手架、梯子或利用人字梯进行作业的时候，如果身体过于探出，或脚滑没有踩稳，都可能发生坠落事故。

(5) 用电作业可能引发的事故。如进行电柜操作、电焊操作等，可能发生触电事故。

(6) 高热作业可能引发的事故。如对超过50°以上的液体、水蒸气，或易燃易爆的粉末、气体进行作业时，可能发生烫伤或灼伤事故。

（二）工作环境中的潜在危险

这类危险不与工作内容直接相关，但存在于工作环境中。

（1）对人体有害的化学物质、溶剂或挥发性物质等。有害化学物质能通过皮肤接触或破坏呼吸系统对人体造成伤害。

（2）放射性物质。如放射出 X 和 γ 射线的放射性物质。

（3）激光。人的皮肤尤其是眼睛被激光照到会被灼伤。

（4）缺氧环境。如在地下井作业，可能会出现缺氧窒息事故。

（5）粉尘环境。长期吸入粉尘可能使人患上肺癌。

（6）噪音。如冲压机、锤子、吹风机等机器发出的没有经过处置的噪音对人的身体和精神都会造成伤害。

（7）高温环境。高温环境容易出现中暑。

（三）工作生活中常见的却能不经意造成伤害的因素

一些不合理动作也可能造成的危害，具体如下。

（1）上臂举高，并与身体间角度超过 90°的。长时间做这个动作，会造成肋骨和颈椎骨的疲劳性骨折。

（2）上半身弯曲 30°以上角度。长期用这个姿势作业会导致慢性腰疼，腰椎间盘突出等问题。

（3）蹲姿。长时间蹲姿作业会造成腓总神经麻痹。

（四）来自常用工具的潜在危险

即使是常用工具也有带来意外伤害的风险。如有的气枪重达 2 千克以上，长时间使用容易引起指关节和腕关节的腱鞘炎，高速振动的气锤长期使用也会造成手部血液不循环。另外，在一些看似没有问题的操作中，如果手的承重力量超过 6 千克，指尖的承重力量超过 3 千克，长期进行这类操作会引起腱鞘炎；如果手里一直捧着超过 5 千克的物品，会引起腰椎间盘突出等问题。

第三节　安全管理机制

基于对危险事故的科学分析，美国安全工程师赫伯特·威廉·海因里希提出了著名的海因里希安全法则，也就是 1：29：300 法则：一件重大事故发生之前，会有因为相同原因造成的约 29 件轻微事故及约 300 件差点成为事故的事件发生。也就是说，无论多么轻微的事故（甚至没有引发事故的虚惊一场的小事件），如果不去调查原因、放置不管，将来就很可能会酿成重大事故。尤其是在众多人一起工作的组织或团队里，更需要有对应的机制，不放过任何一个会导致事故特别是人员受伤的安全隐患，并及早加以解决。

一、安全委员会

现实中,几乎所有制造业企业都设置有安全口号。丰田英二曾给丰田公司提出了一个有名的安全口号:"安全是作业的入口,我们要好好地通过这个入口。"首先经过安全这一关,才可以展开其他工作,才能谈生产效率和生产质量等其他问题。国内常见的"安全第一"也是非常简短有力的口号。悬挂和重复强调这些口号是非常有必要的。它可以传达企业对员工安全的高度重视,让员工在工厂上班有一种安心感。但是,安全管理绝非仅是安全口号,还有大量具体的安全管理的工作需要落实。

在精益生产管理体系中,企业安全管理的第一步是在组织机制上设置专门的安全管理责任机构,常见的称呼是"安全委员会"。这个机构的成员包括一个对全企业安全事务负责的安全总负责人及企业相关部门的管理者,可以由生产管理者、班组长及现场员工等组成。

安全委员会的作用是建立企业的安全管理体制,并监督其落实。具体内容如下。

(1)制定企业的安全规章制度。包括选择安全管理者、委员会的设置原则,安全卫生教育实施条例,职场内安全保障和环境整顿等规章制度。

(2)确认企业各部门的安全状况。收集企业各部门的安全管理状况信息,并探讨如何进行改善。

(3)制订企业安全管理计划。制订企业安全管理项目的实施计划。

(4)确认安全管理计划的实施状况。确认是否能够按照计划实施,实施的状况怎样。通过确认收集反馈信息,思考可改善点并应用于下一次计划。

二、危险评估和安全巡视

安全委员会日常可运用危险评估、安全巡视、危险预知活动等方法进行安全管理。

为了发现安全隐患,各个部门需对各个工作环境进行危险评估。危险评估如图 2-1 所示。

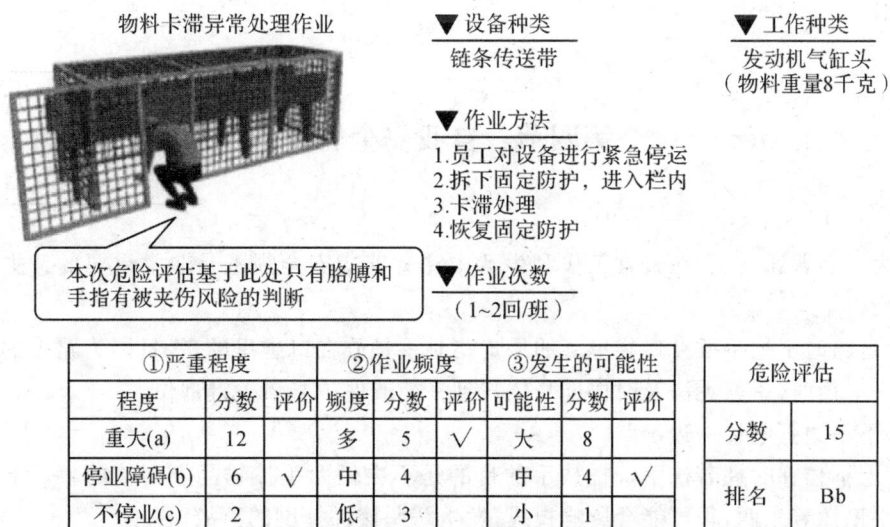

①严重程度			②作业频度			③发生的可能性		
程度	分数	评价	频度	分数	评价	可能性	分数	评价
重大(a)	12		多	5	√	大	8	
停业障碍(b)	6	√	中	4		中	4	√
不停业(c)	2		低	3		小	1	

危险评估	
分数	15
排名	Bb

图 2-1　物料卡滞异常处理作业的危险评估

从事故严重程度、作业频度、发生的可能性等角度去判断各作业中存在的潜在危险并评定等级,其目的是根据不同的等级制定不同的应对措施。

安全巡视,即定期组织人员去现场,使用安全巡视点检表巡回查看,去确认发现和掐断现场不安全因素的苗头。安全巡视首要目的是确认现场有没有引发事故的危险存在,如果有,立即排除危险。其次是确认在安全会议或早会时通知的安全注意事项是否被执行。最后,需要让现场操作人员保持适度的紧张感并集中注意力。

为了不流于形式,可以仔细思考安全巡视点检表的记录方式的设计及对巡视结果的信息共享方式(如对问题点用录像或照片记录,可以更直观地传达信息),更重要的是要对巡视中发现的问题及时跟进处理。把巡视中发现的问题汇报给安全委员会,由安全委员会安排危险评估,明确对策方法,指定实施责任人和实施日期,再去确认实施状况,形成确切有效的管理机制。

三、危险预知

危险预知包括两部分内容:一是在进入车间现场作业之前对存在的潜在风险预先告知员工;二是在训练室进行危险预知训练。

进入车间现场作业之前的危险预知活动的目的是让作业人员能了解到现场有哪些潜在危险,怎样可以回避危险,为了不发生事故要做哪些准备等。人们往往会有一种倾向,认为既然自己以往的工作经历中"一直都没事情发生过",所以今天也一定不会发生问题。因此老员工反而更容易忽略掉潜在危险。从管理角度出发,在进入车间现场之前将存在的潜在风险预先告知员工,就是为了提醒员工增强风险意识,避免危险发生。

同时,为了帮助员工培养敏锐识别各种风险的能力,企业各部门应该有意识有组织地开展危险预知训练活动。在危险预知训练活动中,帮助员工认识现场的各种潜在危险现象,对引发事故的潜在危险的各种因素进行分类,帮助每个人认识到潜在危险并知晓相应的应对措施。可以在训练室把现场以录像、照片或图画的形式展现,训练学员找出潜在危险并思考如何应对。

第四节　自我安全管理

作为一名普通员工,在日常工作和生活中注意养成安全规范是非常重要的。主要包括以下方面。

(1)走路时不把手插在口袋里。如果走路时手是放在口袋里的,一旦因为路上的障碍物身体失去平衡时,手就无法及时协助身体找到平衡或保护身体关键部位。

(2)不一边打电话一边走路。

(3)上下楼梯时握着扶手。握扶手的目的是不去做两手捧物品上下楼的事。上下楼梯时如果手里捧着东西,很可能会影响视线,发生踩漏楼梯摔倒的事故。

(4)在工作环境中不奔跑。

(5)抽屉用完后要关上,离开座位时把椅子推进桌下。这是避免自己或他人被突出的物品绊倒受伤。

（6）短时间离席时需要让别人知道自己去哪里了，可通过公共记录板，或者用纸条告知，情况紧急时口头转告。

（7）不用湿手接触电源开关，也不用左手去开电源开关。因为湿手容易触电。另外，人的心脏是靠左边的，万一左手触电，心脏受损的可能性更大。

（8）在长时间作业前，可做体操，进行暖身运动，也可减少身体部位因为突然用力而造成的拉伤、扭伤等。

对日常的生活习惯和作息时间的自我管控也是安全自我管理的一部分。例如，如果经常不吃早餐，很可能会因为低血糖而导致晕眩，并因此导致操作失误引发事故。再例如，睡眠不足也可能造成注意力不集中，从而加大操作失误引发事故的风险。

同样了解和把握自己日常的健康状况也是自我安全管理的重要内容。人的身体很少会没有预兆地出现大问题。日常的健康状况中隐藏的一些小问题，如果没有及时去发现，那么身体某一天就可能出现紧急危险状况。

企业也可以协助推进员工的自我健康管理。例如，企业在每天作业开始前，请员工填写生活健康记录表，记载上班前的就餐、睡眠及身体健康状况。填写生活健康记录表一方面可以提高员工自我健康管理意识，另一方面也可对员工是否适合当前作业内容进行判断和调整。

练习题

1.什么是安全管理？其意义是什么？

2.危险预知的训练方法是什么？

第三章

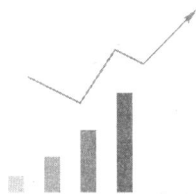

精益智能制造中的标准化管理

▶▶本章目的

通过本章内容的学习,可了解为确保团队步调一致,必须且必要的"标准化管理"的方法和工具;还可以进一步拓展标准化管理概念的外延,学习作业环境标准化管理的方法,明确高质量发展是全面建设社会主义现代化国家的首要任务。

▶▶内容要点

1.从标准化管理的定义理解标准化管理的意义与作用。

2.从企业现场角度去看标准化管理的具体实施内容。

3.从实用角度去谈最基础的标准化管理工具——作业顺序书的使用方法。

4.通过模拟演练学习预测危险方法,排除安全隐患。

5.从安全、质量、生产等角度理解环境标准化管理对工作的必要性。

6.从5S和5定等基本内容学习作业环境标准化管理方法。

7.从区分正常和异常的角度学习维持作业环境的管理方法。

第一节　标准化管理概要

一、什么是标准化管理

要谈标准化管理,首先要厘清三个概念:什么是标准、什么是标准化、什么是标准化管理。标准这个词其实是弗雷德里克·温斯洛·泰勒(以下简称泰勒)于1900年提出的。泰勒在提出标准这个词的基础上创立了一个管理系统——科学管理,因此他被誉为"科学管理之父"。泰勒在科学管理中提出了大量的标准化生产理论。

通俗地说,标准就是将企业里各种各样的规范(如规程、规定、规则、标准、要领等)形成文字化的东西。依照制定的标准付诸行动的过程,即实现标准化的过程。依据事先由管理者和被管理者都认同的规矩、约定实施管理,统称为标准化管理。

在一般正规的制造型企业中,标准主要分为技术标准、管理标准和工作标准。

技术标准是保证产品质量的重要前提,是对生产相关的各种技术条件所做的规定,包括产品标准、半成品标准、原材料标准、设备标准、工艺标准、检验标准、包装标准、安全技术标准、环保卫生标准、能源标准等。

管理标准是生产经营活动正常开展和实现技术标准的重要措施,它把企业的各个单位、各个部门、各个岗位有机地结合起来,实现经济效益最大化。管理标准涉及管理的各个方面,包括企业经营决策管理、质量管理、成本管理、生产管理、技术管理、人事管理、设备管理和标准化管理等。

工作标准是实现高质量生产及各项技术标准和管理标准的重要保证。具体来说,工作标准是对各部门、单位的工作人员的岗位职责、考核办法所做的规定,包括职责权力、工作程序、办事细则、考核标准和相互关系准则等。

按照以上的标准付诸行动,实施管理,就是企业的标准化管理。

二、标准化管理的意义与作用

标准化管理是企业逐步改变传统管理模式,实现现代化管理的必经之路。企业的标准化管理要求企业整个生产过程、各个部门的各项工作及全体职员都按照标准办事,真正做到事事有人管,人人有专责,做事有标准,工作有检查,结果有奖惩。从而彻底扭转企业技术落后、管理落后、相互推诿、工作效率低下的局面。

在制造型企业中,标准化管理更是降低生产成本、保证产品质量和提升生产效率的有效手段。通过标准化管理规范操作行为及工作流程,可以控制各种因素造成的不良现象,并可以通过规范化的标准去解决并防止问题再次发生。

三、企业现场常见的标准化管理实施内容

(一)标准化管理实施内容

在制造型企业的生产现场,标准可以理解为:在目前的时间点,从质量、成本方面来看最优的各环节作业的操作方法及条件,并且该操作方法及条件可通过改善一直优化。作业者基于此方法及条件熟悉工作。作业顺序书、作业要领书、作业指导书、质量确认要领书、换刀具操作要领书等均为制造型企业现场相关标准。

(二)作业标准和标准作业

此外,还需要了解一下作业标准和标准作业。

1.作业标准

作业标准是指作业条件、作业方法、管理方法、使用材料、使用设备及其他注意事项等相关规定的基准。作业标准是为了更快、更轻松地生产出物美价廉的产品而规定的正确作业的方法及行动。

2.标准作业

标准作业是指按照作业标准进行的作业。以人为中心,按照没有浪费的顺序,将人、机器、物三者更有效率地组合,这种组合集约的结果即标准作业。大野耐一先生(精益之父)在

丰田纺织厂指导现场的女工时,为了让女工们将反复循环的工作做得更匀称等质,制定了作业标准,此后便按照此标准进行作业并不断改善。

标准作业分成三要素:生产节拍、作业顺序和标准手持。

(1)生产节拍

根据客户需求量与工厂可供时间所得之生产节拍,即满足客户需求的生产周期。生产节拍又称客户需求周期或产距时间,是指在一定时间长度内,总有效生产时间与客户需求数量的比值,是客户需求一件产品的市场必要时间。生产节拍的计算方式为

$$生产节拍 = \frac{1个工作日的劳动时间}{1个工作日的生产必要数} \tag{3-1}$$

【例3-1】某月某产品一月的必要数为10000个,一个月工作22日。求生产节拍。

一个工作日的生产必要数=10000/22=455(个)。

一个工作日的劳动时间为480分。

生产节拍=480/455=63(秒)。

(2)作业顺序

即作业者在加工、组装产品时,从原材料到产品一次变化的过程操作,包括搬运、安装到机器上、按按钮、取出、向下一道工序推进的作业顺序,也就是人的操作顺序。标准作业顺序即作业者能够以最高效率生产合格品的生产作业顺序。它是实现高效率的重要保证。可以将"标准作业顺序"简称为"作业顺序"。作业顺序如果不定好,那么操作人员在操作过程中容易发生忘记加工、作业错误、产生不良作业等情况。

(3)标准手持

即按照作业顺序进行作业时,为了能够反复以相同的顺序、动作作业而在工序内持有的最小限度的在制品。关于标准手持的内容将会在其他章节具体介绍,这里先不展开。

第二节　标准化管理工具

一、标准化管理工具——作业顺序书的作用

作业顺序书是生产现场标准化管理的一种工具,也是标准作业中的一大要素。

按照"作业顺序"加上每个作业的时间及作业要点就形成了一张作业顺序书。

作业顺序书在丰田公司的诞生还有一段故事。丰田公司在创始初期,随着生产任务的日渐繁忙,员工的作业操作经常出现问题。老师傅教了一个徒弟,没多久徒弟不干了,老师傅又得重新教一个徒弟。久而久之,老师傅也烦了,可是如果没有正确的指导,新员工的操作过程又会出现很多问题。这个时候,有人想了个方法,把几位老师傅叫在一起,询问产品生产的方法,记录下老师傅的经验,再整理成一份完整的记录,有新人来了,就拿记录的方法去培训员工,这样老师傅就不用不停地带徒弟,新人也能学习到正确的工作步骤和方法,从而更好地适应新工作。公司的产品质量也可以最大限度地保持稳定,可以说是皆大欢喜。

在丰田工作现场,最初只有一种作业书,即标准作业顺序书,后来随着现场环境的变化,

又出现了标准部品鉴别能力表、作业指导书、标准作业组合票、标准作业票及作业要领书等作业书。根据生产车间的不同,有些现场将作业要领书与作业顺序书合并为一张,即"作业顺序要领书",而有些现场作业要领书与作业顺序书是分开的。各种作业书的样板也不是完全统一的,都是现场管理者根据自身现场所需进行设计的。但有一点共同原则是,让员工容易掌握。而在我国的一般中小型制造企业生产现场,标准作业几乎为零。因此本节先从基础的作业顺序书作为切入点进行详细介绍。作业要领书在其他章节中也会详细介绍。

为什么要学作业顺序书?其目的和意义又是什么呢?可以总结为三个目的:安全生产、提高质量、提升生产效率。

作业顺序书可以让新员工或者刚换岗的员工轻松易懂地了解作业顺序及要点,按照最佳的作业方法完成作业,达到即使是不同的人或新人也能在同一时间做出相同质量的产品的目的。同时,作业顺序书可以指导员工每个步骤,使其了解整个作业所需的时间,在一人看多台机器的情况下,可以作为作业组合的工具,成为制作作业组合票的基础。关于作业组合和作业组合票的内容本章不涉及,但为了理解,以下简单阐述一下其定义。

作业组合是将一个循环的作业分成手动操作时间、设备自动运转时间、步行时间、等待时间,通过对各个时间的记录,分析人机配合情况,实现一人多机的一种标准化管理工具。

作业组合票是作业组合的工具,将手动操作时间、设备自动运转时间、步行时间、等待时间体现在作业组合票中进行可视化,并加以分析,从而实现一人多机的一种标准化管理工具。

作业顺序书会根据现场改善而不断地更新,作业方法也会不断地完善,质量与生产效率也会随之提升。

二、作业顺序书的制作方法

(一)作业顺序书的制作流程

在日常工作中,不是所有工作都需要作业顺序书的,制作作业顺序书的前提是需要反复进行相同作业。比如,在一台设备上,一位作业者,从拿取材料、加工到放置完成品为一循环作业,在需要反复进行这一个相同的循环作业的情况下就需要作业顺序书。并且,在实际的生产中,因为产品工艺众多,不是一张作业顺序书记载一个产品从加工开始到完成为止的工序,而是根据实际分出的工序,一个工序一张作业顺序书。

作业顺序书制作的主要步骤如下。

1.拍摄工序作业录像

到需要做作业顺序书的工序现场进行观察,拍摄该工序作业录像。在没有可以录像的设备(录像机、手机等)之前,做作业顺序书可能需要在现场长时间反复观察以记录下一步的作业步骤。现在一般都用可摄像的设备了,因此可以根据需要反复观看录像,以避免在现场影响操作人员。拍摄录像时,需拍摄没有任何异常情况下的一个完整作业。这里说的完整作业是指从拿取材料、加工开始到加工结束后再拿起另一个材料之前的一系列动作。

2.制作简单而科学的作业顺序书

(1)制作符合现场实际情况的作业顺序书模板。作业顺序书应该根据现场作业的特点,设计容易表达也容易看明白的表现方式。

(2)填写作业顺序(步骤)。把作业分成若干个操作步骤,再把作业步骤按顺序填写到作业顺序书上。划分操作步骤时,应注意动作的连贯性。

(3)测量该步骤所需的时间并记录。测量作业时间一般是测 3～5 次取平均值。最后整个作业的总时间也需有记录。

(4)填写各步骤的作业要点。根据观察,整理并填写各步骤的作业要点。

(5)需要照片说明的进行拍照并结合文字说明。有一些作业步骤比起用语言描述,用照片会更直观形象和准确地传达,那就可以用照片辅助说明。

3.现场验证作业顺序书

到这里制作作业顺序书的基本工作就完成了,需要注意的是,这并不是完全完工。需要去检验顺序书的内容是否能达到标准化操作的目的。例如,可以找一个新人或没有这项作业经验的人,按照作业顺序书去操作。观察操作过程,有没有出现动作的浪费,或者有没有出现错误的操作。事后也可向体验的人收集反馈信息,看有没有难以理解或者表达不清楚的地方。针对检验过程中出现的问题,调整和完善内容,然后再进行检验,直到真正达到让完全无经验的人看着作业顺序书也能进行标准作业的目的。

4.应用到生产现场

通过检验后的作业顺序书就可以有效地运用于现场了。

作业顺序书的制作流程如图 3-1 所示。

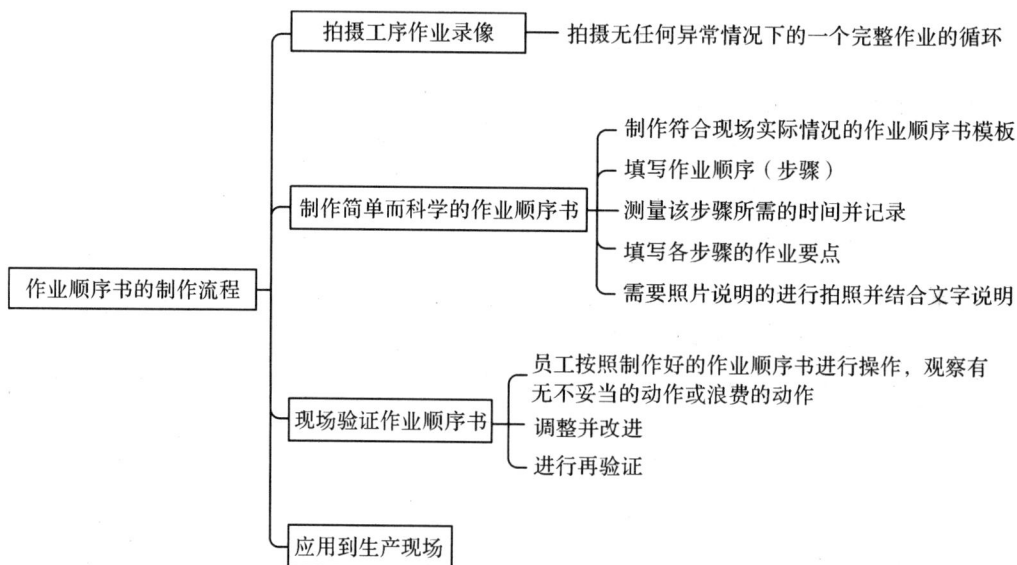

图 3-1　作业顺序书的制作流程

(二)作业顺序书模板

作业顺序书模板(纯文字版)如表 3-1 所示。

表 3-1　作业顺序书模板(纯文字版)

结构件缠线作业顺序书		产品编号:240618
序号	作业顺序	作业重点	作业时间/秒

序号	作业顺序	作业重点	作业时间/秒
1	端子×配线结合	将端子与配线牢牢结合	3
2	切胶布并贴在配线与端子结合处(2处)	端子部位不能脱离	5
3	埋配线	将配线牢牢埋进结构件的沟槽里	36
4	贴胶布	贴到 V 沟槽上	5
5	埋配线(14 条)	将配线牢牢埋进结构件的沟槽里	101
6	剪断配线	完成时将最后一段配线剪断	3
7	切胶布并贴在配线与沟槽结合处(8处)	端子不能脱离结构件	52
8	端子×配线结合	将端子与配线牢牢结合	6
9	切胶布并贴在配线与沟槽结合处(3处)	要压住端子结合部	18
10	结构件缠线完成	结构件叠放	2

结构件缠线作业规定次数/次	1	2	3	4	5	平均
作业时间/秒	226	220	37	241	228	230.4

作业顺序书模板(图文结合版)如表 3-2 所示。

表 3-2　作业顺序书模板(图文结合版)

结构件缠线作业顺序书			产品编号:240618
序号	作业顺序及重点	作业时间/秒	作业内容图示
1	将端子配线牢牢结合	3	
2	切胶布并贴在配线与端子结合处(2处),端子部位不能脱离	5	
3	将配线牢牢埋进结构件的沟槽里	36	
4	将胶布贴到 V 沟槽上	5	
5	将配线牢牢埋进结构件的沟槽里(14 条)	101	
6	完成时将最后一段配线剪断	3	
7	切胶布并贴在配线与沟槽结合处(8处),端子不能脱离结构件	52	
8	将端子与配线牢牢结合	6	
9	切胶布并贴在配线与沟槽结合处(3处),要压住端子结合部	18	
10	结构件缠线完成,将结构件叠放	2	

这里需要注意的是,作业顺序书制成之后并不是一成不变地使用的,可根据变化需要及时更新。比如某作业进行了改善,节省或优化了一些步骤,这时要及时将变化更新到原来的作业顺序书中(将改善标准化);再或者在按照作业顺序书生产的过程中发现有些需要特别注意的要点(存在安全隐患的安全要点或者容易产生不良的要点等),但在作业顺序书中并没有写明,那就需要经过管理者核实之后马上更新作业顺序书。因此作业顺序书本身也需要不断改善、不断进步。

作业顺序书不单是在制造业的生产现场,在其他的工作管理环节,甚至生活中也可以运用。学会用简单明了的形式把正确的做事步骤方法展现出来,能够帮助没有经验的人员快速掌握工作流程,也能让自己得到更多的帮手。

第三节　作业环境标准化管理

一、什么是作业环境标准化管理

在特定环境中,要判断一个人做得是否正确,首先需要有判断的基准。比如在教室里可以自由着装,而在实验室可能需要穿防静电的服装。但如果实验室没有明确规定着装要求,学生便不知道实验室着装规范,对于学生没有穿防静电的服装也不能指责。因此,制定实验室着装规范要求就非常重要。

同样,在企业里,为了实现标准化管理,除了上一节介绍的基础的作业标准管理方法外,还需要实现对作业环境的标准化管理。这里所说的作业环境,是指实际工作地点周围的事物及空间。比如对于生产工人,生产车间是他的作业环境;对于某个办公室的职员,办公室是他的作业环境。

作业环境里包含事物和空间,因此,对作业环境的管理也就包含对事物和空间的管理。比如,一个教室里,有一盒粉笔。在没有粉笔放置管理的情况下,A用完粉笔后随意把它放在第一排抽屉里,B如果不知道粉笔的位置,需要花很长时间来找。同样后面的人也会遇到这样的问题。如果明确规定了粉笔放在讲台右上角,大家都按规定去放置,那么就可以解决找粉笔的麻烦。在实际的工作环境中,有很多人一起工作,会有很多和自己的作业内容相关联的事物。如果没有作业环境的标准化管理,大家就会像找粉笔一样不断地找自己的工作物品,工作就无法有秩序地进行。

作业环境的标准化管理可从安全、质量、生产等方面,确保现场整体作业有效进行,这是作业环境管理标准化的目的。而基于准则基础上进行的作业环境管理标准化也体现了一个组织的管理能力。因此作为一个管理者,需要掌握一些帮助实现作业环境管理标准化的工具和方法。

二、作业环境标准化的方法

作业环境标准化的原则,一方面可以让作业各环节进展顺利,另一方面可助力于保障作业安全、质量和生产。让作业各环节进展顺利的作业环境标准规则,才能让作业人员自觉自主地去遵守。作业环境的标准化首先从可视化角度进行。作业者在作业时需要使用工具、材料、设备及其他的必要物品(如作业顺序书等资料)。要做到物品的合理摆放和空间的有效规划,可以先从 5S 和 5 定开始了解。

(一)5S

5S 活动包括整理(seiri)、整顿(seiton)、清扫(seiso)、清洁(seikeetsu)和素养(shitsuke)5个内容。实施 5S 管理的本质是通过对生产现场的管理,改善作业环境,保持生产现场的秩序,提高工作效率,保障员工安全,提升个人能力与素质。整理是 5S 活动的第一步。整理是将有用和无用的东西区分开,然后将无用的东西清理出现场,只留下有用的东西。生产现场无用的东西有很多,比如用剩的材料、多余的设备、员工的私人用品等,要将其清理出去,腾出空间打造整洁的工作环境。整顿是 5S 活动的第二步,是把整理后剩下的有用的东西科学合理地按照规定的位置摆放,明确数量并进行标识,这些位置应是物品立即可取和立即可放的地方,这样可使工作现场一目了然。清扫是 5S 活动的第三步,是指将生产现场内有脏污的地方打扫干净,对异常设备马上检修,使现场干净整洁,设备保养完好。清洁是 5S 活动的第四步,清洁是通过整理、整顿、清扫、安全等标准化、制度化管理工作,保持生产现场完美和最佳状态。企业应形成整理、整顿、清扫、安全等惯例,要具备问题意识,持续改善,追求完美,秉持"管理要严、规则要细、推进要实"的原则。素养是 5S 活动的第五步,素养是指员工按企业规章、制度去执行任务,完成工作的品质和修养,其目的在于"提升员工品质",使员工养成积极向上的工作习惯,培养较高的团队精神。

5S 的内容解释似乎简单,但如果是在一个平时工作中没有整理整顿习惯的团队中实施,而且没有确切有效的实施方法的话,很可能就流于形式。所以在实施前的准备工作及实施中、实施后的跟进管理方面,需要有计划有步骤地进行。

实施前的准备工作非常关键。要让组织内的每个人都能够积极地参与到 5S 活动中,并且不需要领导再三强调就能维持整洁状态的话,就要求在活动开始前做好充分的准备工作,让相关人员对 5S 活动,以及改善的目的、意义、效果达成共识。5S 活动其实也可以说是 5S 改善,但很多企业做着做着就流于表面,领导老板赶着员工做,员工也是被迫参与,没有积极性,其实这是从活动推进效果上反映出在活动准备阶段工作的欠缺,参与人员间没有达成共识、问题意识和重要性的共有化。展开活动不是一拍脑袋就能够推进下去的,需要进行前期的沟通活动,比如知识宣讲会,或者以更加活泼灵活的形式,让活动参与人员理解何谓 5S,通过 5S 改善工作环境可以从工作便利性、安全性、品质性、效率性等方面积极影响工作的产出。执行人员能够理解为什么做 5S,做 5S 有什么作用,而且感觉到对自己的工作有利的时候,之后的活动推进就容易展开。可以在理解的基础上构建活动体系。

为了了解在 A 公司推行 5S 活动的必要性,同时也是为了对活动后的效果进行评估,需要对 5S 活动进行现状把握,拍下活动前的照片留档,整理明确现存课题,再根据公司现存课题明确活动目标,制定实施计划书。其中可以用到现场物品设备一览表,类似于车间物品布局及清单的形式,逐一把握现状。也可以通过 5S 等级评估表对当前的 5S 水平进行评分。在 5S 评估时,更强调 5S 的质量评估,也就是说重在评估 5S 是否让工作方式更加优化、优化了多少,作为工作产出的 QCDS(Q,即 quality,品质;C,即 cost,成本;D,即 delivery,交期;S,即 service,服务)是否有提升等。制作评估后的报告,在"现状把握和活动计划总结"中根据

5S 等级评估表简要记录各 S 的主要问题及课题,并填写综合评价。第三阶段就是制定方案主题和活动计划。一般以半年为一个周期推进比较常见,图 3-2 至图 3-5 为某企业 1—6 月的计划示例。后续再进行进度把握并适时进行一定的调整。

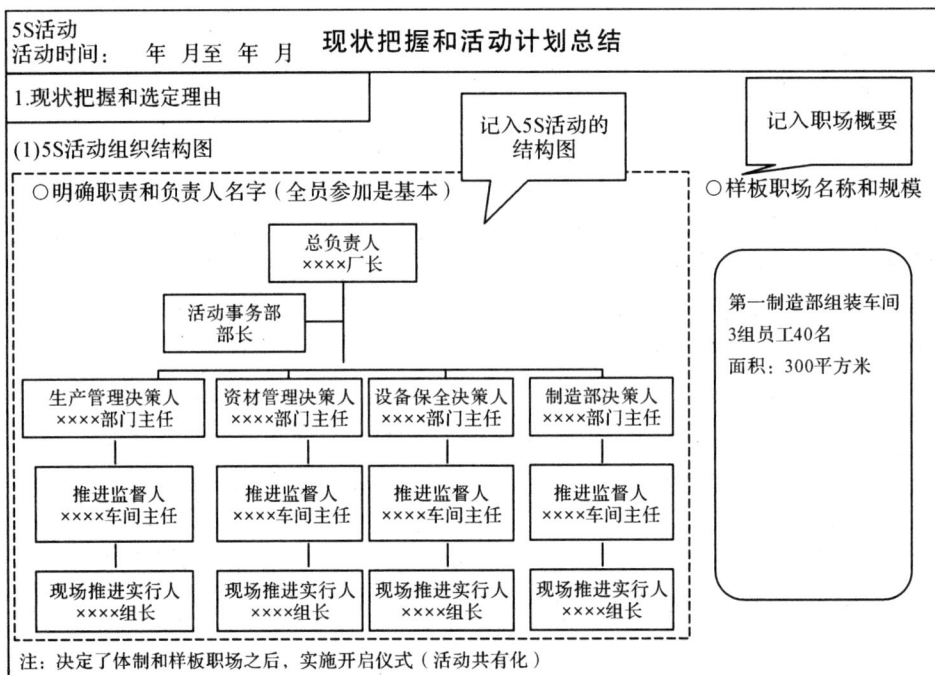

图 3-2 现状把握和活动计划总结(一)

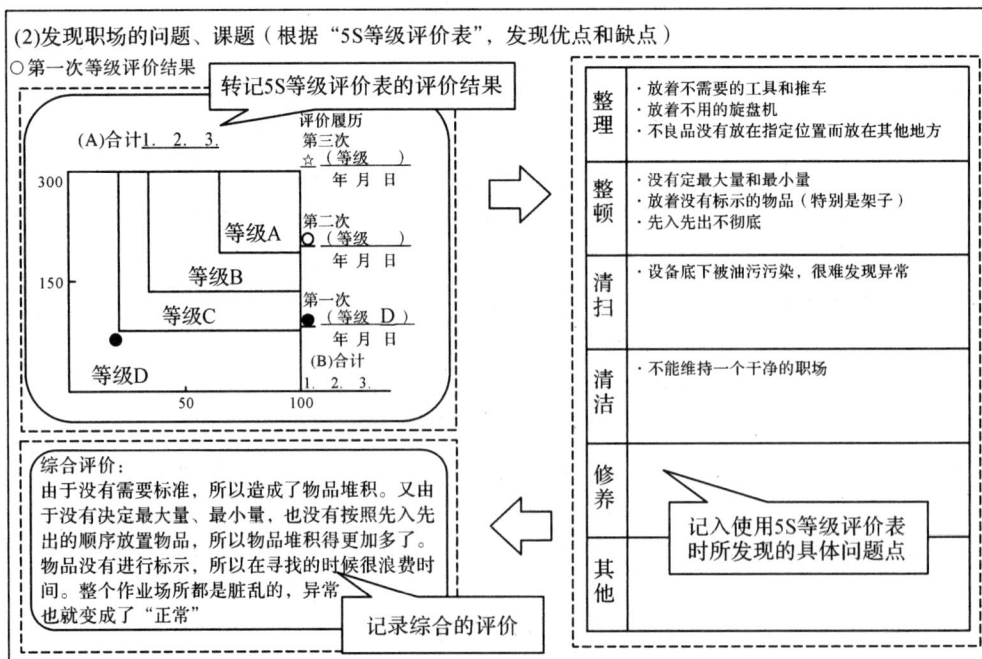

图 3-3 现状把握和活动计划总结(二)

①组名	②组长	③副组长	上级印章	组长印章
④组员				

2.制定方案主题和活动计划

(1)方案主题和目标数值（用等级评价分数表示）

记入目标到达值

◇达成目标……半年后

○方案主题
　①通过彻底地整理，释放1/3的保管空间
　②重新评估"3定"并进行彻底的运用
　③组织先入先出的结构

记入5S方案主题

(A)合计1. 2. 3.

评价履历
第3次 ☆(等级) 年月)
第2次 ○(等级) 年月)
第1次 ●(等级) 年月)

300
等级A ☆
等级B ○
150
等级C ○
等级D ●
(B)合计 1. 2. 3.
50　100

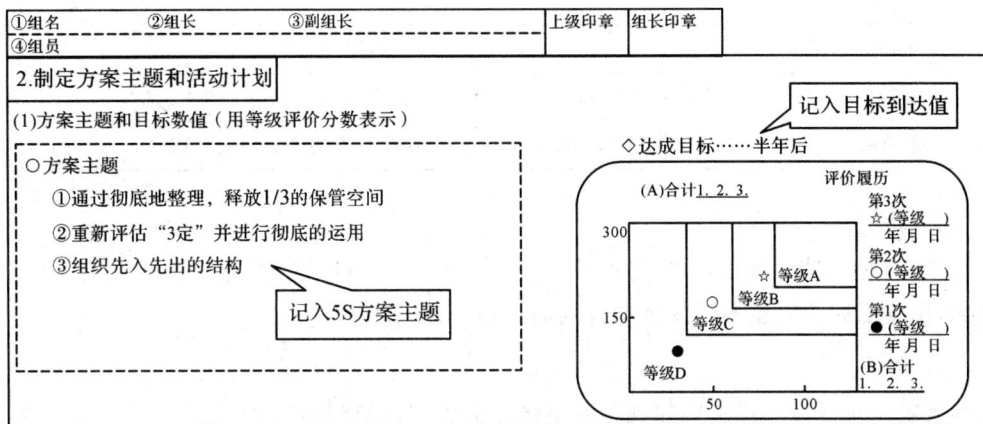

图 3-4　现状把握和活动计划总结（三）

（2）选定主题的背景、课题和对策

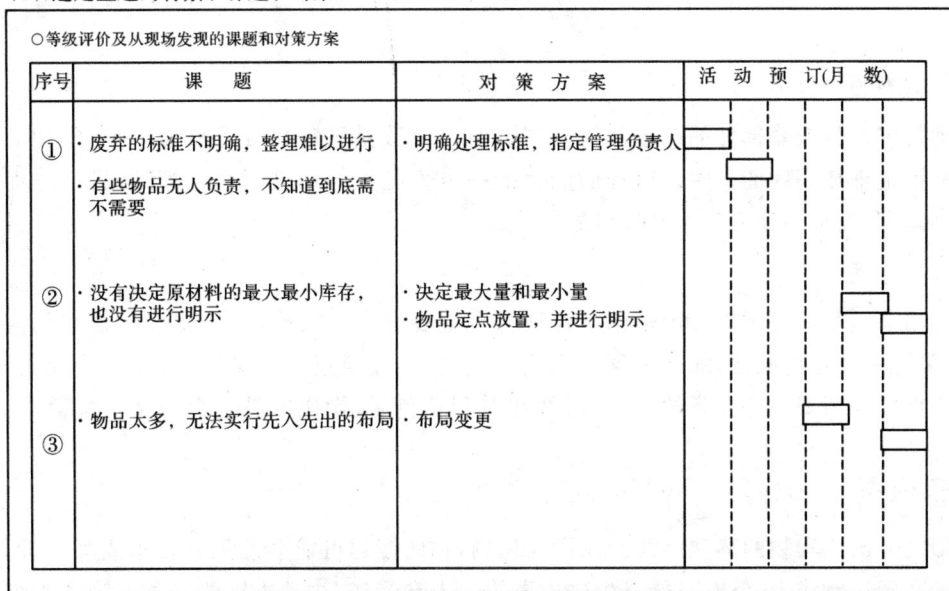

○等级评价及从现场发现的课题和对策方案

序号	课题	对策方案	活动预订(月 数)
①	·废弃的标准不明确，整理难以进行 ·有些物品无人负责，不知道到底需不需要	·明确处理标准，指定管理负责人	
②	·没有决定原材料的最大最小库存，也没有进行明示	·决定最大量和最小量 ·物品定点放置，并进行明示	
③	·物品太多，无法实行先入先出的布局	·布局变更	

图 3-5　现状把握和活动计划总结（四）

(二)5 定

和 5S 配合使用的方法是 5 定，如表 3-3 所示。

表 3-3　5 定的意义

名称	意义
定位置	确保重要和经常使用的物品放在容易取放的地方
定名称	确定人与物的界线划分，提高作业安全性
定数量	确定必要的数量的上限和下限

23

名称	意义
定颜色	决定作业区域的颜色,使人容易判断具体区域
定路线	减少寻找的时间浪费,对物品及物品放置的位置形成共识

1.定位置

即规定物品放置的位置。规定的位置应是容易拿取的位置,方便使用者在需要时立即能拿到,用完后归位时也不因为感觉麻烦而不遵守。

2.定名称

即规定位置区域名称。例如现场有多张作业台,只说把某物品放在作业台上,放的人就不会清楚应该放在哪张作业台上。有时候为了明确指出位置,或许我们会说"靠近窗那一排的从左边数起第 3 张"之类的话。这样的方式又略显麻烦。如果把区域规定好名称,例如事先定为"A-3 作业台",或"刮刀台 3"等名称,再指示说"放在 A-3 作业台",就不会产生困惑了。

3.定数量

即规定材料或零部件的放置数量。需要对放置数量设定数量上限和下限,例如对叠高的物品设定堆放高度的上限。这样做的目的一方面是更容易进行库存管理,另一方面是避免堆高过高、搬运不便而产生倾倒事故。

4.定颜色

即用不同颜色标识出特定范围。在现场有很多设备和设施,一些有可能存在危险的区域,如果统一用红色圈出,那么大家在看到红色时,会注意避开。又比如,如果形成共识,黄色代表操作时需要小心注意的区域,那么在看到黄色后,操作人员也会自然引起警觉,小心操作。

5.定路线

即区分出人和物的移动路线。在作业现场,物的搬运可能会使用到台车或叉车等,如果人也走在搬运路线上,就有可能发生碰撞事故。人会受伤,物品也可能受损。为了避免这种碰撞事故,就有必要区分开人和物的不同的移动路线。

总体来说,5S 和 5 定是推进作业环境标准可视化的有效方法。通过 5S 和 5 定工作的开展,可以形成职场作业环境的各项标准,创造明亮、清洁的工作场所,形成令人满意的职场环境。比如大家遵守高度限制规定,就会形成视野开阔的工作环境,职场更加安全;清除多余物品,减少寻找工具、材料等的时间,可提升工作效率;大家都按照规范执行任务,程序稳定,工作现场就会更加有序。

三、作业环境的维持管理

对作业环境制定了规则之后,下一步要做的就是确保规则得以执行,维持标准的作业环境。管理者亲自定期的现场巡视非常重要。为了不让现场巡视成为形式化的行为,关键是以管理者为首的团队人员能清醒地区别正常和异常情况。管理者需要带着能识别正常和异常情况的眼睛,找出作业环境中的潜在危险。

(一)正常与异常的定义

1.正常

正常即满足了规格、基准、规章制度等所规定的条件的状态。

2.异常

异常即偏移了规格、基准、规章制度等所规定的条件的状态。

(二)排除异常的方法

顾名思义,异常这个词代表着有问题,一个企业如果有很多异常,肯定是有很多问题,问题如果不解决,就没办法进一步发展。要想排除异常,首先得知道什么是异常,其次是有心去解决异常,最后是保持正常的状态。

1.发现异常的方法

异常与正常存在于我们生活中的每一个角落,但是有些人看到的异常,另一些人并不认为是异常,这又是为什么呢? 比如,一对夫妻,妻子习惯了把家里打扫得干干净净,而丈夫并没有概念,每次都把东西随处乱放,这时候,妻子就会指责丈夫,从而引起夫妻之间的小矛盾,那么矛盾的起源又在哪里呢? 因为我们每个人心中都有自己的一条标准线,超出了这条线,自己就会产生不满的情绪,而每个人的标准线又是不一样的,因此就有了矛盾。就像刚才的例子,在妻子的心中,家里的东西都有它们的位置,随处摆放就超出了自己的标准,于是产生了不愉快的心情,而丈夫心中并没有这样的标准线,他觉得只要有空间就可以放东西,那么在妻子眼中随处乱放东西是异常,而在丈夫眼中则是正常的。

生活中是这样,企业也是一样的,但是如果企业没有一个判断正常与异常的标准线,那么企业想要不断发展也是不可能的。标准线不明确时的正常与异常如图 3-6 所示。

图 3-6　标准线不明确时的正常与异常

比如在现场,一位好的领导的标准必然是比较高的,那么他在巡视现场的时候,异常会比较多,如果管理者标准比较低,则看到的异常就会比较少。

所以仅凭个人的标准去消除异常是不可行的,因为标准不同结果就不同,所以要将标准以书面形式明确化。

比如推车应停放在区划线内,超出区划线就是异常,那么区划线就是标准线。没有区划线,只是告诉员工将推车放在固定的位置,而员工并不清楚哪里才是固定的位置,便会造成混乱。员工便很难遵守规则,规则难遵守就容易出现异常了。

2.要有心解决异常

管理监督者发现异常应及时纠正,将异常改为正常。看到异常却什么都不说,或者发现不了异常的管理者都不是合格的管理者。

通过何种训练可以培养发现异常的能力呢? 正常和异常都是基于规格、基准、规章制度而言的,所以训练前必须要制定好作业环境的管理标准并做到可视化,这样便可在组织内部形成对标准线的共识。这是训练的前提条件。一旦标准成了目标,便能发现现实和目标之间的差距,就能发现异常。

对异常的认识,要注意即使一开始不是超出容许范围的故障、问题,如果对与标准的偏差置之不理的话,慢慢地就会脱离标准,其结果就是不可避免地成为异常。因此,为了能够注意到异常的前兆,平时就要对正常状态熟稔在心。以设备移动时的声音为例,如果平常某设备工作时一直是很小的声音,突然某天设备的声音变大了,这时就可判断出现了明显的异常,可能是某个零部件松动导致的。除了声音的大小,平时也可以关注声音的高低,如果音高发生了变化,也可能是某个部位发生异常的前兆。设备发出的热气、散发出气味也是产生异常的前兆。

再举一个典型的例子,大家可能都见过,火车或大巴车司机在开始工作前,用小铁锤轻轻敲打车轮或动力装置,进行始业点检工作。他们用小铁锤敲打着许多地方,听着这些声音。因为每天都重复这个检查,所以能够判断出是否为正常的声音。如果车轮的部位出现了状况,或者动力装置有隐蔽裂缝的话,用锤子敲击时的声音就会和平时的声音不一样,所以可以注意到异常。对他们来说,正常时的声音是标准的,如果有裂痕,那么不同于平时的声音就可以察觉异常。然后需更换车轮和动力装置的零部件,保证车辆的安全,防患于未然。

总之,为了提高发现异常的能力,可以从以下几个方面进行训练:不断地巡回观察现场,彻底熟悉现场的各项正常情况并记住正常的状态;去现场多关注作业人员的动作,包括手、脚、眼睛、身体等和平常时候比较是否有不同;作为管理者来说,要做异常管理就要有预知风险的能力,了解异常发生前经常会有什么征兆,可以通过这方面的征兆去预判。通过定期举行现场观察活动,对比不同人员发现的问题,能够对发现异常的能力进行评估,拓展自己对异常的认知。

3.维持正常的状态

公司有规定标准,还需要进行可视化。为什么要把标准进行可视化呢?因为人的记忆是有遗忘曲线的,假如学到的知识在一天后还不抓紧复习的话,那么对知识的记忆就只剩下原来的25%。所以从预防遗忘的角度来说,制定标准后进行可视化是对记忆的唤醒,可以起到提醒的作用。此外,从接收信息的途径来看,视觉恰好是人类接收信息的主要途径,大约75%的信息是从视觉进入大脑的,这也说明了可视化的重要性。

可视化也是有要求的,要做到能让员工一目了然、快速理解标准的内容及要点。国内很多企业都会在宣传栏中粘贴很多规章制度或者各类说明,但是企业内真正看过并理解的人屈指可数。原因很简单,规章制度基本上是长篇大论、满篇文字,如果是制造型企业,一线员工占比最大,学历普遍不高,停下来读完一篇规章制度要花很长时间,即便是看了,但是也不一定抓到关键点,这就降低了信息传达的有效性。所以在制定标准和实现可视化的时候,要站在员工的角度思考,如何能让员工更迅速抓取关键信息、一目了然明白要点。丰田给公司的专家在生产现场培训时经常提到"和文字相比,选择漫画图片;和漫画图片相比,选择动画"的观点。因为人对图像信息的解析效率比文字更高。回顾自己的生活周边,大部分信息也被图像占据,和客户讲解时用到的 PPT 肯定是图文并茂的,电视网络上的广告宣传不会是满篇的文字表现,图文并茂加上视频动画的解说能够更为直观、更便于理解。

　　闻名全世界的日本丰田公司的看板管理,也可以说是可视化管理的手段。所以在进行作业环境标准化管理的时候也需要借鉴看板管理的原理,做到规则要公开,让全体参与者熟悉规则。可视化可以使那些本来抽象的信息具象化,图文并茂的信息更易于被大脑吸收消化,加快信息的处理速度。

　　总的来说,作业环境标准化管理,就是制定作业环境的标准,再通过管理机制去维持的过程。作业环境的标准要让所有人都知道,并且理解。管理者为了维持正常的状态,需要不断巡视现场,并带着对正常和异常的敏锐眼光,随时去发现异常,纠正异常。

✎ 练习题

　　1.假设工作后的班组需要就某个作业环节制作一份作业顺序书,思考怎样能有效率并制作出实用的作业顺序书?

　　2.作业顺序书应该由现场的基层管理者,例如班组长来制作,还是由技术部门来制作?你会选哪一种方式,并阐述理由。

　　3.请举例简要说明作业环境标准化管理的必要性。

　　4.作业环境标准化管理的方法有哪些?请简要说明。

　　5.为什么不同的人看到的需要改善的问题点不一致?通过什么方法可以统一判断的标准?

　　6.有人说,作业环境标准化管理只要制定好作业环境的管理标准就好了,能不能执行就看个人是否遵守了。对此你怎么看,请简要说明。

第四章

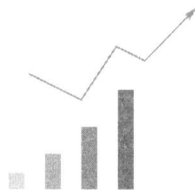

精益智能制造中的改善管理

▶▶**本章目的**

通过学习改善的必要性,初步掌握改善的着眼方法和发现问题的能力;在说明全员改善的定义及意义的基础上,强调发动全员参与改善的方法,并通过管理机制来落实改善提案制度,增强并维持全员改善的氛围;学习在组织中长期持续推进改善的方法。

▶▶**内容要点**

1.从对企业和对自身成长的角度谈改善的目的和意义。

2.从是否创造附加价值的角度去了解什么是浪费。

3.通过模拟演练学习如何找到改善着眼点。

4.从组织层面理解全员改善的定义。

5.从公司和员工个人层面阐述全员改善的意义及作用。

6.通过具体事例学习何谓改善提案及改善提案表的填写方法。

7.从落实机制层面理解如何维护改善提案制度的有效运行。

8.理解持续改善及其意义。

9.学习支撑持续改善的机制。

10.推进持续改善的方法——活用改善记录。

第一节 改善基础认知

一、何谓改善

"改善管理"顾名思义就是对"改善"进行管理。管理易于理解,那么何谓改善呢?

改善,是指在现有的基础上想办法做得更好。这个"好"是指在制造型企业中具体工作更方便,或是工作的效率更高,又或是工作的成果更好。我们行事前都应有一定的目标或者构想,也就是说想要达成的理想效果。同时需要时时认清自我,把握现状,认清相对于理想效果或目标当前实际情况所处的水平和位置。在这个过程中,自然而然就能发现理想效果与当前现状之间的差距,这个差距就是待改善的空间,其间分析出来的问题点也就是待改善的课题。改善就是明确理想效果并把握清楚现状水平及位置后,通过寻找问题点并解决问题,提高未来解决问题的水平,缩短当前现状与理想效果之间的差距,以期接近理想效果的过程。

但是改善并不是轻而易举的事情,毕竟需要改变以往的作业方式方法,需要改变一个人的思考方式,途中会发生各种阻碍改善的情况,但越是这种挑战改变、追求创新的工作,越需要有永不放弃、坚持到底的精神。改善要求:"马上做!必须做!做出成果为止!"

改善强调以更好为目标,以正确科学的方法对现状进行分析,针对问题点提出合适的对策,并实现目标。

需要特意注意的一点是,改善一定是无止境的,改善讲究"更好"而不是"最好",可以通过 PDCA(P,即 plan,计划;D,即 do,执行;C,即 check,检查;A,即 action,处理)、SDCA(standardization do check action,标准化维持)实现不断地螺旋式上升,才能让生活或者工作不断地提升,保持竞争力。

二、改善的意义

(一)改善对个人的意义

在现在的竞争环境中,不管是个人还是企业都会随时随地地面临未知的挑战。无论是在生活还是在工作中,改善都有极其重要的意义。一般人们在习惯了一种做法后,不太愿意去改变,或者是不愿付出改变的努力,或者是担心改变的结果不理想。但是没有改变,人就如同在一条平缓的道路上前进,不会提升到另一个高度。

世界日新月异,各种科学技术不断进步,企业对人的综合能力要求也越来越高,如果这种局势下仍然不做出改变,个人的能力范围就会受到局限,认知水平也会受限,最终的结果可能会被社会淘汰。一些低价值的工作将来如果被人工智能代替,那么一部分人就会面临失业。由于这部分人技能水平有限,往往很难再应聘求职成功。

所以从个人成长的角度来说,进行改变,不断向更好的方向改善意义重大。

第一,通过改善,可以提高个人的工作成效。比如发现浪费点后提出合理化建议,优化工作流程,加快工作处理速度,相同时间内就可以处理更多的工作,更高效。特别是对流程、机制上的改善,其改善效益并不是一次性体现的,而是会转化为个人工作成果,从而提升个人绩效。

第二,在不断持续的改善合理化建议活动中,可以不断提高个人发现问题并解决问题的能力。在改善中不断地思考,慢慢形成自己的管理想法,有利于个人的成长。另外,在改善及个人成长过程中所感受到的成就感,可以缓解情绪上的压力,工作起来更加得心应手。

(二)改善对企业的意义

如果作业方式及组织机制一成不变,企业也会被社会淘汰而无法生存。从市场趋势角度来分析,产品的成本费用中各种能源(水电气)成本、劳务成本、材料成本等在不断增加,而由于产品技术相对成熟,客户会不断压低产品单价。在这样激烈的市场竞争中,如果不通过改善提高产品的生产效率,在相同时间内提高产品的产量,或者通过改善提高产品的良品率,减少由于质量不达标或报废而需要返修的数量的话,那么产品的利润率会越来越低,甚至原本赢利的产品也可能亏损。

不少采购了先进的设备以期实现自动化生产的企业,但其实经常会出现这样的情况:没有发挥设备的所有功能,因为有些功能对于企业自己来说是多余的,这样就产生了投资浪费。究其原因,很可能是在采购设备时自己的需求没能描述清楚,而导致盲目采购。有些企业从日本、德国、美国等公司花高价引进先进设备,当设备发生故障后,公司内部设备保全人员能力不足没法处理,只能等待设备生产厂家前来修理,其间就会停产或降低产量,从而降低生产效率。引进先进设备后,还需要对操作人员进行培训。比如,某台设备美国售价 100 万美元,采购到国内后需要 120 万美元,如果完全按照厂商提供的使用指南进行生产,产量相同的情况下,单个产品成本中的设备成本就会增加 20%,即在其他条件一致的情况下,产品利润空间就下降了 20%。通过这个例子是想说明,即便是采购设备,也需要了解自己企业必要性功能需求,同时应该考虑对保全人员的技术要求及培训需求,并且要保持不断改变设备使用方式,进行增产提质的改善,才能保持公司在业界的竞争力。

从公司层面来看,改善及改善管理的意义有以下几个方面。

首先,可以通过对改善提案的分类,追求改善的高效化,比如按相同工种分类,其他车间的装配改善提案可以结合自己车间产品的特性快速横向展开。

其次,各个车间各个工种的不同改善提案可以分成五大任务(安全、质量、生产、成本、人才)+两大因素(设备、环境),并且对改善提案进行现场考察分等级,这些改善事例的积累记录了公司的改善历程,都将成为公司的重要财富。

最后,可以将分类后的改善事例集中于员工培训,不同级别不同工种运用相关的实际改善案例结合理论知识进行培训,有助于建立支撑公司长续发展的管理者梯队。

三、改善的对象是什么

改善思考方式的养成不是一蹴而就的。要先了解什么是改善的着眼点。以一项工作为例,丰田生产方式中强调在改善之前,要学会辨清什么是工作中的增值作业、附随作业及浪费。在学会分清真正有价值的作业内容后,才可以去思考怎样增加有价值工作部分的比重。

刚刚提到了几个新的概念。

何谓增值作业?增值作业也就是能够增加产品附加价值的作业,比如把零部件组装到产品主体上的动作(如焊接零部件等),这些动作在产品上添加了零部件,增加了某些功能。

何谓附随作业?附随作业是指虽然不对产品增加附加价值,但是在现有条件下又不得不做的事情,也就是前文提到为了做增值作业而进行的操作。比如,组装零部件到产品上之前拆箱的动作、取零部件的动作,这些动作并没有直接对产品附加价值。

何谓浪费?浪费是指对于作业上不必要的动作,额外增加了工作量,拉慢了加工速度,对于加工作业本身来说是多余的一些行为或现象。常见的有空手等待、不良的返工手修作业等。

为了便于员工掌握基础知识后能够识别现场的浪费并进行改善,丰田汽车公司把浪费分为七类。七大浪费分别是生产过剩的浪费、搬运的浪费、不良返工的浪费、加工本身的浪费、在库的浪费、动作的浪费及空手等待的浪费。

其中生产过剩的浪费是丰田汽车公司最不允许的浪费,因为它会引发其他新的浪费。当生产出超过必要数量的产品后,就会引发在库的浪费,并且还隐藏了动作的浪费、空手等待的浪费,在引发加工的浪费、搬运的浪费的同时,还会引发增加搬运叉车、搬运用木栈板数量的二次浪费。比如客户下了 5000 个 A 产品的订单,工厂为了节省换模的工时生产了10000 个 A 产品,那么多余的 5000 个产品是暂时没有客户要的,客户什么时候会要也不确定,这就产生了多余的库存,引发了库存的浪费。多生产 5000 个产品本身就是加工的浪费,使现场的工序间在库增多,如图 4-1 所示。

图 4-1 生产过剩的浪费

现场的在库产品占用了很多空间,也占用了企业的流动资金。生产完了肯定还要进行搬运,搬运需要人工,还要用到叉车、木栈板等,那就产生了搬运的浪费;生产多余的产品,产生不良品的可能性也会变大,由于不知道客户什么时候要,放久了也容易产生耗损或不良品,于是就引发了不良、返工的浪费。因为多生产了 5000 个产品,带来这么多其他浪费,因此生产过剩的浪费是丰田公司最不允许的。

搬运本身不对产品增加附加价值,本质上属于浪费,但是在现阶段认为必要的搬运作业中,还存在必要最小限度搬运量之外的临时周转摆放、堆叠的摆放、零散取料、重新摆放等多种搬运的浪费动作。如一家生产云母板为主的工厂,每天需要搬运大量云母碎进行生产,如图 4-2 所示。

图 4-2 搬运的浪费(改善前)

员工将云母碎一袋一袋地搬到电梯上,等电梯到了二楼,员工再一袋一袋地搬到推车上,员工将推车推到相应位置时,再将云母碎一袋一袋搬到地面上放置,等到要使用了再将云母碎倒入桶中,员工再搬着桶将云母碎均匀分布到传送带上。看到这一过程的操作,你发现问题了吗?

这里只需要一个小小的改善,就能减少一大半搬运的浪费,就是将云母碎直接放置在托盘上进行搬运。整个托盘放在电梯上搬运上去,到二楼再将整个托盘又出来放到相应位置即可。之前一袋一袋拿到电梯上又一袋一袋从电梯上拿下来,再一袋一袋从推车上拿下来的功夫就省下来了。这样做改善效果非常明显。改善后的操作如图 4-3 所示。

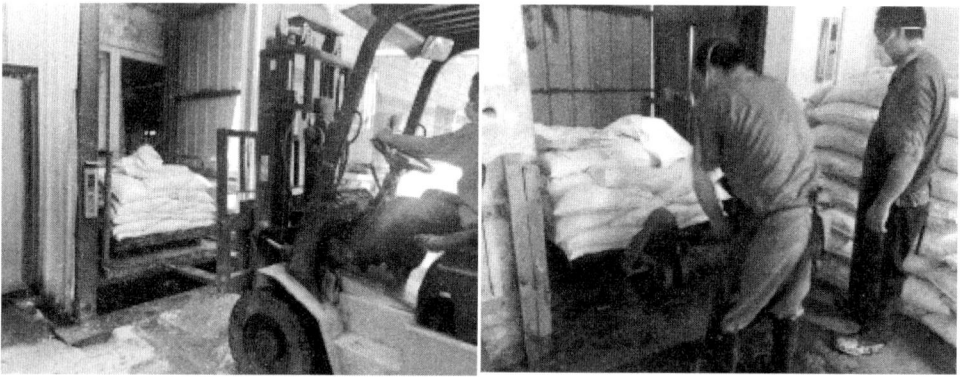

图 4-3　搬运的浪费(改善后)

找出并发现这个改善很简单,但是在指出之前现场却一直麻木地做着浪费又吃力的动作,一年又一年。搬运的浪费存在于工厂的各个地方,我们一定要用改善的眼光去看现场才能发现,不能因为习惯而麻木,无视现场的浪费。

生产现场常有员工把不良的手修返工工序当作正常的生产工序的现象,其实这道工序本身就是浪费,如图 4-4 所示。

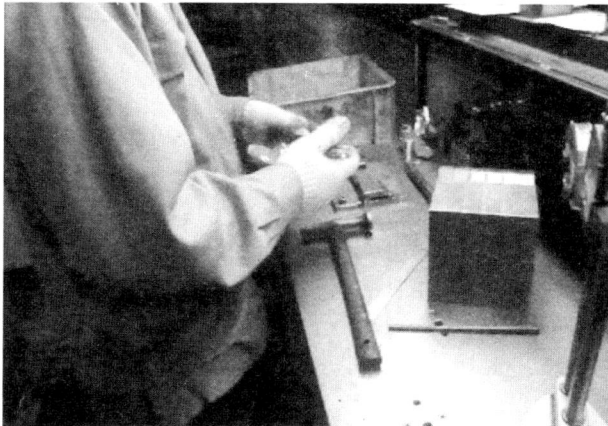

图 4-4　不良手修的浪费

员工看上去非常认真地在工作,但实际上如果产品在生产过程中就确保了质量,就不会生产出不良品，更不需要专门安排一道返修工序，所以说这是不良返工的浪费。

不良返工的浪费是指对产品功能、精度或与客户要求无关的环节进行不必要的过度加工。比如一个汽车零部件为了外部的美观而喷漆，但是根本没有必要在内部也喷漆，这就是与产品功能、精度及与客户要求无关的过度加工，内部的喷漆的工序是完全可以节省的，因为这一内部喷漆、加工工序导致了工时、成本的增加，降低了生产效率，因此这样的浪费被称为加工的浪费。

在库的浪费是指在生产及搬运等流程上，所发生的素材、原材料、工序间在库、成品在库过多的浪费。比如在工序间放置了过多的在制品，或者进了过多的原材料，生产了过多的产品，这些都成了在库，那么这些在库就需要放置空间和管理人员。否则将导致使用空间的浪费和人员管理工作方面的浪费，改善的必要性也会被忽视。在库占用了公司的流动资金，导致资金在现场的积压，将大大影响公司的利益，因此也需要重视。

动作的浪费是指在生产活动过程中没有增加产品附加价值的人和设备的动作。比如在组装零部件时，需要挑选零部件才能组装，这是挑选动作的浪费；再比如每组装一个零部件都要走几步去取，这是步行动作的浪费。这些动作会导致员工工时的增加，从而导致成本的上升，所以动作的浪费也需要进行改善加以消除或减少。

空手等待的浪费是指在标准作业之中虽然想进行下一道工序但是无法推进的状态。由于工作量分配不平衡，一人已经完成了属于他的那部分，但还有两人还没完成，无法进行下一辆车的组装，因此完成的这一人就处于空手等待的状态，产生了空手等待的浪费。流水线上的工序与工序之间也是如此，如果工序作业分布不平衡，快慢差异大，那么作业量少或作业时间短的员工就容易产生空手等待。

再比如设备的自动搬运行程偏长的情况，如图 4-5 所示，员工放好产品后，按下设备启动按钮，设备工作期间，员工空手站着等待设备运行结束，而这一段时间就是空手等待，将导致员工工作效率低下。

图 4-5 空手等待的浪费

当然，导致空手等待的还有设备故障、停工待料、质量不良等因素。

上面详细介绍了七大浪费，但不是所有浪费员工发现了就能处理。搬运的浪费、不良返工的浪费、动作的浪费、空手等待的浪费,现场班、组长发现便可处理。但是在库的浪费、生产过剩的浪费等涉及销售部门、采购部门及高管的决策,仅靠现场班长、组长的力量是无法处理的,这时就需要班长、组长汇报问题,引起相关部门各高管的重视,并一起想办法解决。不良返工的浪费则需要质量监管部门的参与配合,保证生产过程的产品质量,防止不良品产生,这样才能彻底消除不良返工的浪费。

四、如何发现改善的对象

前文也有提及,改善说起来容易做起来难,毕竟需要改变以往的作业方式、方法,需要改变一个人的思考方式。由于一直按某一种方式工作,慢慢地会把浪费也当作正常情况,没法识别出来。因此,发现问题点、浪费点就非常依赖员工的问题意识。发现改善对象非常重要的一点就是员工的问题意识是否强烈,能否把问题点判断出来。这里介绍发现改善对象的 4 种方法:找差距的方法、以七大浪费为着眼点的方法、从 5 定的角度去思考的方法、改善事例的培训结合实际现场的方法。

(一)找差距的方法

其实不需要把问题想得太复杂,假如每天工作中有觉得"不方便、很讨厌、很累、很无聊、好重啊、太难做了、不知为什么心里不安"等觉得不满意的情况,可以说你已经开启了发现问题的第一步。问题的出现是因为"现状"与"理想状态"之间存在"差距",有了差距再去思考为什么会产生"差距",然后,不断去寻找问题的本质,只要问题点明确了,自然就有了解决问题的想法及思路,就能找到有效的解决对策。

找差距的方式也很多,我们可以借助其他工具,如通过点检表对照检查发现问题点。比如发现了设备及运转上的异常,就可按照设备点检表及要求一一对照检查,对降低设备的故障非常有效。或者可以根据数据的上下波动来发现差距,比如生产计划应该是结合各工序的产能来制订的,当对比生产计划,产生生产进度延迟时,有可能是设备故障或停机导致的。下一步动作就是要去追究设备的故障点,提出改善的方案。

(二)以七大浪费为着眼点的方法

理解了七大浪费的概念,便可在实际观察过程中发现改善的着眼点。可通过观察员工的以下浪费动作,寻找浪费,寻找问题点:比如看脚的动作,有没有空走而没有进行相关操作的,有没有走了半步又退回来的;看眼睛的动作,有没有在寻找物品,有没有看地上的管线注意不被绊倒的;看拿取物品的动作,有没有多次转方向的,或拿一下又临时摆放的;看手的动作,有没有抬高手腕去够零部件,有没有单手的空手等待等;看身体的动作,有没有转身取料,有没有很大的动作幅度,有没有在搬运重物等。在现场观察时发现了以上的动作就说明存在着浪费,存在着改善的空间。

(三)从 5 定的角度去思考的方法

可以把 5 定作为快速发现异常的工具,5 定即定位置、定名称、定数量、定颜色、定路线。从 5 定的角度来轻轻松松判断正常与异常,出现异常的地方自然也就存在着浪费。之前的章节已经具体学习过,这里不对 5 定做过多介绍。

当现场观察发现不符合5定的要求时,可以进行以下的分析。

(1)当物品摆放超出规定的区域,说明摆放的量过多,那么过多的原因,可能是采购量过多或者是生产过剩的浪费造成的。

(2)当定位置、定名称的区域内摆放了其他不相关的物品,说明员工5S意识薄弱,很有可能造成需要使用相关物品时寻找动作的浪费。

(3)当观察时发现物料少于规定的量,说明物料供给不足,那么,可能是生产延迟或者是采购不及时造成的,物料供给不足,会导致停线、设备停产、空手等待的浪费。

(四)改善事例的培训结合实际现场的方法

可以通过改善事例的培训结合实际现场的方法,培养发现问题、解决问题的能力,提高改善及管理能力。通过现场观察的训练,可以提高对问题点的敏感度,这样自然而然就能很快发现存在的浪费,了解问题点所在了。比如给班组长介绍了其他车间装配线上背后上料动作浪费的改善案例,班组长接受培训后就可以以背后上料转前端上料的思路去观察自己所管辖的班组里是否存在类似的浪费,并进行改善实践。

改善思考方式的养成可以让工作创造更多的价值。

第二节　全员改善

一、什么是全员改善

(一)全员改善的意义及含义

在前面一章已经阐述了何谓改善及改善的意义。每个人无论从事什么样的工作,负责什么样的具体业务,必定存在在一个组织里,如果实际付诸行动进行改善活动的只有一小批人,那么公司内部也形成不了改善的氛围,久而久之,公司也会成为一个没有改善活力的公司,失去通过改善降低成本,提高效率,提高经营成果的机会。从这个例子可以看出,改善不是一两个人的事情,也不仅仅是有责任感的人的事情,而应该是一个组织里每一位成员的事情,所以改善讲究全员参与,而本章学习重点就是全员改善。

那么何谓全员改善呢?首先,组织团体中的每一位成员都应该带着当事人意识和主人翁精神,意识到组织团体的经营发展与自己息息相关,而自己也有责任为组织团体的繁荣发展贡献一份力量,也就是强调全员参与改善活动。其次,要有能意识、感知到待改善点的问题意识。之前已经提到过改善始于问题,改善来源于对问题的感知,所谓改善活动就是对问题点进行改善的活动,所以能发现、感知到问题是第一步,然后才能进行改善,取得一定改善效益。在这两者基础上,员工从各自的职位、立场和经验出发,群策群力,积极地提出认为对改善企业经营品质、提高产品质量和经济效益有益的方案,通过全员的改善努力提高公司的经营成果。改善有大有小,参与改善的方式也多种多样,哪怕贡献一个想法,也是参与改善。最理想的方式是每个人将自己环节的问题解决,绝不将改善工作留到下一个环节。

日本的丰田公司能取得现在这样辉煌的成就,靠的就是全员不断地改善,在工作、操作方法、质量、生产结构和管理方式上不断地改善与提高,尽可能彻底消除所有浪费。正是在全员不断消除生产及经营过程中的浪费的同时,丰田公司形成了强大的现场执行力,促成了全员参与改善的氛围,在降本增效、提高质量和安全性等方面齐心协力,不断创收,提高利润空间。丰田公司的成功也使得全员改善这种精益思考方式被许多企业认可,成为助力公司经营的有效方法。

(二)全员改善的形式

总的来说,全员改善的目的是为了通过全员的努力消除浪费,通过提高工时利用率和劳动生产率来提高效率,通过质量控制来提高产品质量,通过减少材料消耗等来降低成本,应对不同企业实情,在推广全员改善上也有合理化建议、自主研活动和QC(quality control,质量管理)小组活动等形式。

1.合理化建议

这是指减少生产成本、提高管理质量、简化工作流程等方面的方法和措施。比如员工为提高和改善产品质量、经营管理和生产技术等,为企业献计献策,提出促进企业的持续性发展的方案。如果去华为公司参观的话,就能看到公司在推行合理化建议的措施,在员工工位边上能看到合理化建议收集盒,员工在工作过程中的一些改善建议或想法可以写在建议卡上并投放到收集盒里,相关部门评估后决定是否实施。

2.自主研活动

这是指个人或者团队员工,在专家方向性的指导下,发挥自身的主观能动性,掌握主导权,以自己的力量为主去解决问题,自己开展研究的活动,而"自主研"是"丰田生产方式自主研究会"的简称。自主研是向整个公司扩展丰田公司精益生产思想非常有效的方式之一,丰田公司即使现在还在持续开展自主研活动。

3.QC小组活动

这是指同一个工作场所的人员(6人左右),为了解决工作中的问题而自发组成的小组,通过分工合作,以达到解决问题,减少浪费的目的。QC小组活动在后续章节会有详细说明,这里不详细展开。

二、全员改善的意义

美国有一家生产牙膏的公司,质量优良,价格优惠,深受消费者喜爱,企业处于高速发展期,营业记录显示,前十年公司每年的营业增长率为 $10\%\sim20\%$,但是在第11、12年的时候,营业额开始下降,到第13年的时候,营业额停滞下来,董事们一筹莫展,便召开全国经理高层会议,来商量对策,会议上,有位年轻经理提出,"我手中有份写在纸上的建议,如果董事会采用我的建议,需要另外支付5万元"。总裁听后生气道:"我每月支付你薪水和分红,你还要求另外的5万元,是否过分?"年轻经理解释说:"您支付给我的薪水,让我在公司卖力地工作,但是,这是一个有巨大价值的建议,您应该支付我额外的薪水。若是我的建议行不通,您不必给我任何钱。"总裁接过那张纸后,看完,马上签了一张5万元的支票给那位年轻的经理。那张纸上写着:"将现在的牙膏开口扩大1毫米。"总裁马上下令更换新的包装。每天,每个消费者都将多用 1 毫米的牙膏,牙膏的消费量将增加许多。果然,该公司第 14 年的营业额比上年同期增长了 32%。

一个小小的改善,往往会引起意想不到的效果,面对新问题时,要开阔思路,多思考,勇于接受新的创意和知识。也许,一个新的创意便可改善问题,提高业绩,何乐而不为呢? 一个创意尚且如此,全员改善又当带来何种改变呢? 下面将从公司和员工个人层面阐述全员改善的意义及作用。

(一)企业层面全员改善的意义

从企业层面来看,有以下三方面主要意义。

1. 经营成果

节约公司运营成本,提高营运的效率。全员改善相对于局部改善,改善的效率更高、更全面。例如,仅仅从公司领导层发现和解决问题进行的改善,相对于全员的改善,其改善可能不够全面和具体。通过全员改善的实施来改善生产制造的条件,缩短单位产品所需工时,提高生产效率,减少不良品的产生,减少能耗和材料的损失,降低生产成本等,将极大地解决生产制造中的问题,提高企业产品的利润空间,提升产品的性价比,增强企业的竞争力。

2. 人才育成

丰田公司主张以人为本,造物先育人的理念,通过全员改善的实施,增强企业的现场执行力,在发现问题—解决问题—发现新问题—再解决的循环实践过程中,增强员工的主人翁意识,并促进公司成员的意识改革。通过对优秀提案的整理分类制作成册,根据岗位、工种等选择相应模块的改善提案作为教材进行实际案例培训,是企业进行人才育成的有效方法之一。如可以按工种进行分类,将机器加工车间作为一大类,再将具体改善工作细分为质量改善、编程改善、设备稼动率改善等环节,培训机器加工设备的技术操作员就可以选用其中的编程改善环节进行针对性培训,比普通的培训更能起到良好的培训效果。

3. 企业凝聚力

这是指改善工作环境,提高员工对企业的归属感。"如果你觉得工作干起来很吃力,很累人,很麻烦,工作是一件让人难以忍受的事情的时候,要去思考怎样才能让自己轻松起来。"这是丰田管理者经常说的话。通过发动全员改善,员工肯定会从与自己息息相关的问题上去着手改善,领导层也应该会从方便下属、让下属轻松工作的角度上去思考,这将在一定程度上改善员工的工作环境,激发员工工作和改善的热情,打造出持续的全员改善氛围,增强员工对企业的归属感,从而增强企业凝聚力,有利于留住人才,服务企业的长效发展。

(二)员工层面改善的意义

从员工个人层面来看,有以下三方面重要意义。

1. 提高员工发现问题和解决问题的能力

大野耐一用"大野圆圈"向员工传授改善能力的方法,在工厂的地面上画一个圆,员工一整天都站在圈内观察,每隔 2 个小时询问员工看到了什么。员工也可以从其他部门、车间现场,从其他员工的改善提案中学习不同的改善思路,增长知识拓宽视野,得到一定启发,触发新的改善提案。如果企业长期坚持全员改善,可以培养员工们的问题意识和改善意识,引导员工从细微之处着手解决各种问题,充分尊重员工,激发员工的主观能动性,促使员工积极地主动发现身边的问题并加以解决,从而提升员工发现问题和解决问题的能力。

2.改善员工的工作环境

在改善过程中,全员可以思考如何让工作简单一些,能不能给工作做瘦身、做减法,有没有更好的方法让工作环境更加安全等,通过全员的智慧能够把复杂的工作内容简单化,工作起来更简便、轻松、安全,工作环境也改善得更加清洁、明亮、愉快。比如说通过导入精益车,在需要搬运的时候就不需要专门到固定位置领取叉车,省去了领车和还车的步骤,节省了搬运时间,降低了搬运劳动的强度。

3.增强员工的成就感,体现个人价值

全员改善营造了良好的企业环境,在全员改善活动中,强调全员全过程的改善,不过分追求改善效果,充分尊重和重视员工的改善提案,领导及时给出建议和奖励,员工的想法、提案得到领导的认可和企业的重视,增强了员工的成就感和自尊心。人还有另外一个不变的心理——竞争心,在良性竞争机制之下,员工通过不断地改善工作充实自己,提高自己,得到丰富的工作经验及各方面奖励,体现个人价值,增强自身幸福感。

三、发动全员改善的方法

了解了全员改善的定义及通过全员改善能够给企业和个人带来的作用和意义,那么如何发动全员参与改善就成为关键。正可谓"空谈误国,实干兴邦",改善并非需要特别的能力或者技术,员工们的全员参与是至关重要的;改善也不一定非得是巨大的改善,小的改善积累起来便是量变到质变的过程,员工不分学历和专业技术水平高低,只要提出的改善是切实有效的都值得肯定。可以将全员改善的内容加以记录与总结,通过推行全员改善提案活动来逐渐形成全员改善的企业文化。

(一)提案制度的意义

改善提案制度是发挥全体员工的主观能动性,鼓励员工针对在工作中发现的问题提出合理化建议或可实行改善方案,推行全员改善的一项制度。提案改善作为发动全员改善的方法,可为公司带来更大的效益。从无形效益角度来说,提案改善方法可以培养员工改善的习惯,为员工提供改善的机会,提升员工的价值观;工作不仅要用手,也要用脑,提案也能够培养员工发现问题解决问题的能力;从有形效益角度来说,问题得到解决,工作得以改善,产品生产率提高,成本降低,性价比提高,企业更具竞争力;工作环境改善,员工对公司归属感增强,工作意愿更高,公司的经营和生产也就更合理。改善提案便于与他人分享改善成果,有利于改善的审核与应用,也是业务考核的依据之一。改善提案表的示例如图 4-6所示。

改善提案表

职位		提案人姓名		所属部门		提案日期	年 月 日
课题名 实施 年 月							

[现状·问题点]

[改善内容]

[预想效果]

	实际金额	┆ ┆ ┆	元/月
	投资费用		
	效果金额	┆ ┆ ┆	元/月

公司内的提出途径示例：提案人—审查委员—各事务部负责人—改善推进事务局　　　保管年限1年

图4-6　改善提案表示例

　　员工对工作过程中的问题有改善的想法,需要总结汇总后按改善提案表所注明的提出路径提交给上级,也可以通过全员改善提案用纸的形式提交。全员改善提案用纸(或者称改善提案申请表)包括总结性的课题、改善前现状问题点的指出、改善内容、实施改善措施后的预想效果及表格的基础性信息(如改善提案人的职位、姓名等)。当提案审核通过,按方案实施后再补充填写提案实施日期和实际投资费用,结合工时费和工作时长换算实际金额和提案效果金额,并填写提案实施后的观察结果。

　　其中课题名需要简明扼要地说明改善内容,如制造四部装配的班长提出,改转身取料为流水线背后上料,便可一眼明了地知道改善的对象作业是装配线员工的取料作业,对该作业的改善是把员工转身来回走动取料,改成从流水线背后也就是员工的正前方上料。

　　对于改善前问题点的提出,最好是以图文结合的形式,拍取现场的操作照片,并在图片上做出注释,配合数据说明现状的问题点。以"改转身取料为流水线背后上料课题"为例,问题点可以指出每次的转身动作浪费,"物料附件放置流水线员工背面,距离1米,转身取料时间需要8秒",也增大了劳动强度。

　　对于改善内容的填写,也可以图文结合的形式写明,由于是未实施改善前的提案表,此时可以动手画出改善措施内容的示意图,并加以文字说明,如图 4-7 所示。

改善提案

职位	班长	提案人姓名	张三	所属部门	制造四部装配	提案日期	2020年3月20日

课题名	改转身取料为流水线背后上料	实施　　年　　月

[现状·问题点]
物料附件放置流水线员工背面,距离1米左右
动作浪费:员工需要转身取料,来回走动
取料时间:8秒

[改善内容]
①拆除原流水线挡板,留出空间放置物料精益车
②制作能够部分嵌入流水线的精益车,如图摆放在流水线背后供料

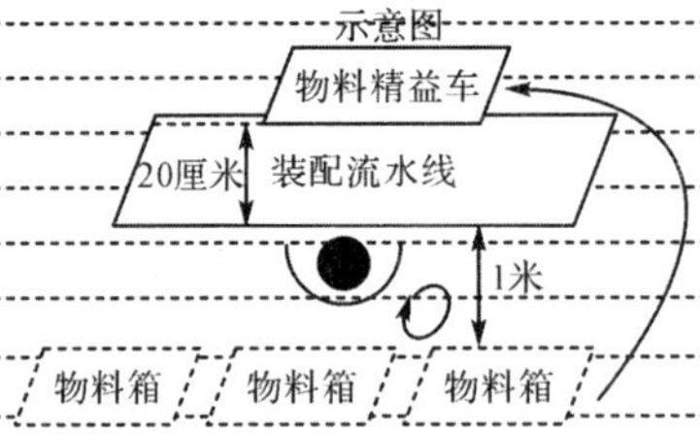

示意图

[预想效果]

	取料方式	取料距离	取料时间/件
现状	转身取料	1米	8秒
提案	正前方取料	20厘米	2秒
预想效果		80厘米↓	6秒/件↓	效率7.5%↑

	实际金额				元/月
①直接预想效果:单件产品生产效率提升7.5%	投资费用				
②间接预想效果:流水线前端摆放物料变少,现场环境变好,员工心情舒适	效果金额				元/月

公司内的提出路径示例:提案人—审查委员—各事务部负责人—改善推进事务局　　　　保管年限1年

图 4-7　改善提案表填写示范

在预想效果栏里,通过对改善后效果的评估,尽可能以数据说明直接预想效果及间接预想效果。以"改转身取料为流水线背后上料"课题为例,通过改善前转身取料和提案后正前方取料的工时对比,预想工时缩短了 6 秒,单件产品的取料效率提高了 75%,这是直接预想效果。同时也会产生附带的间接预想效果,由于物料架放到了流水线背面,员工背后的物料摆放减少,比较开放,现场环境舒适,员工不会感到心情压抑。

(二)改善提案的顺序

1. 现场观察
现地现物现实仔细观察发现问题点。

2. 现状调查
调查目前的状态,如不良品、效率等各项数据,有没有发现其他的异常。

3.思考如何改善

通过现场观察、数据分析等方式找出发生此问题的根源,并思考如何改善此问题。

4.整理改善方法

从若干个改善方法中找出最切实可行的改善方法,比如先排除需要大笔资金采购全自动化设备的方法,选取自己能够完成可实施性强的方案。

5.提出改善方法

对确定的改善提案进行整理和记录,提交部门相关负责人。

(三)提案的内容

改善提案的内容也包含以下多个方面。

1.改善办公质量,提高办公效率和提升管理质量的提案

如对工作日报的书写流程可以提出改善提案。每次开会或者去现场听取领导的指导意见,习惯了先在笔记本上手写做好记录,事后再重新输入电脑形成工作日报。其实手写的字体一来事后不易识别,二来需要重新打字到电脑,产生了重复作业时间的浪费,建议可开通部分人员的手机使用权限,如精益专员、主管等可以利用手机的备忘录等软件,直接在手机上进行记录,若有必要再事后进行一定程度的整理,简化工作日报的书写流程,提高办公效率。

2.自身业务水平改善方面的提案

一个企业里面,肯定有一批优秀的员工或者熟练工,掌握到了工作的诀窍,完成工作又快速、又能保证质量,但有些新员工或者一般员工的工作成绩不理想。这种情况下,就可以建议公司、部门内定期召开优秀员工、熟练工经验分享会,让员工之间互相学习工作技巧,提高业务水平能力。如文员习惯了用 Excel 制作各种流程示意图,但是 Excel 本身不是画图的工具,在画一系列的示意图操作上并不是非常友好,导致画图耗费较多的时间。这时可以对自身业务水平提高做出建议,可以在网上,也可以向擅长画图的程序员请教,去学习快捷制作流程图的软件,增加自己的技能并提高业务能力。

3.提高产品质量,降低生产成本的提案

在制造工厂现场,一个产品的生产加工涉及多个制造部门、作业中心,在中间转运的过程中,存在将产品反复多次转箱摆放的情况。作为提案,建议同一个产品零部件的容器进行统一,去除从其他制造车间的容器逐个取出产品并摆放到本制造车间专用容器内的动作浪费。同时,由于减少了触碰产品的次数,也能从发生源上控制磕碰不良品的产生,在提高产品质量的同时,也从工序简化和减少不良品上降低了生产成本。

4.生产安全和环境保护提案

日本丰田公司专家曾说过关于安全改善的丰田真实改善提案。丰田公司是制造汽车的公司,工厂里用到的是大型冲压机,在几十年前,有丰田员工进入冲压设备进行维护检查,但是除了员工自己其他人都不知道也看不到有人在设备里面工作,所以在不知情的情况下,设备操作员按下按钮,冲压机工作发生了死伤事故。于是有了改善提案,每个人有自己的一张名牌卡,特别是设备相关人员需随身携带,当需要进入设备检修时务必按下急停按钮关停设

备,用挂有个人名牌卡的安全锁将急停按钮锁定,多人同时操作时,其他人可以把安全锁锁在设备入口处等(见图4-8)。设备操作员必须确认所有人的安全锁都已取下、确认无人在内之后才可以按下设备启动按钮。通过安全规则和安全锁名牌卡的可视化,极大降低了危险性,提升了生产的安全性。

图 4-8　丰田锁定系统

在一家企业的注塑车间的行车操作面板上,画着上下左右斜对角的箭头等指示,使用人朝向不同,箭头所指方向也会发生变化,操作时没法立即确定按钮,而且存在着极大的安全隐患,如图4-9(a)所示。注塑车间在切换产品或者模具出现故障需要修模时,都要用行车来吊挂注塑模进行搬运,假如员工背朝注塑机,本想将模具往注塑机外侧移动,如箭头所指方向不明确,就很有可能操作成反方向,往自己方向移动,人脸直面碰撞模具,造成工伤。作为改善提案,可用明确的上、下、西、东、北、南几个汉字来代替箭头,并标注各方向的参照物,如图4-9(b)所示,如西面是公司宿舍方向,即便对于方向感不强的人也能通过参照物来准确判定方向,再加以一定的培训,便能够提高行车操作效率和安全性,有效避免此类工伤。

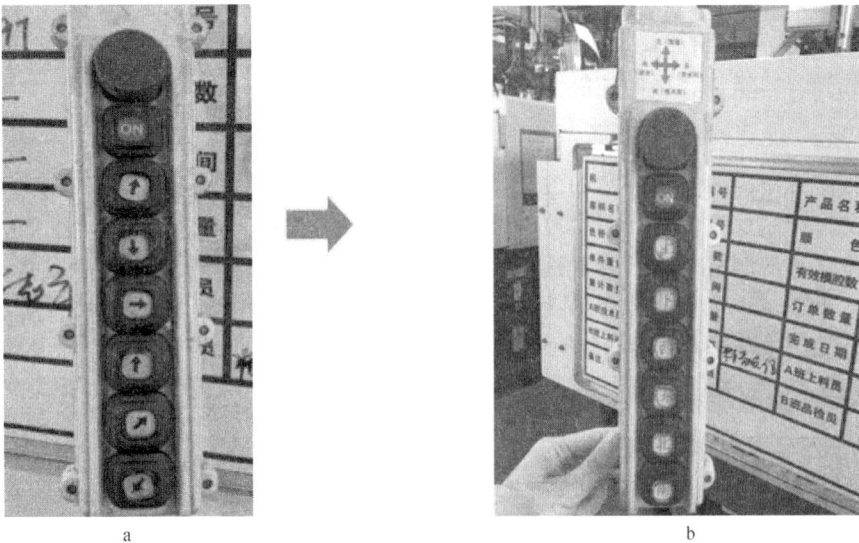

a

b

图 4-9　行车操作面板的安全改善

5.生产工艺的改进和节约材料能源的提案

有些产品需要进行气密性检测,往常采用的都是正压测试,往产品里加压检测是否有气孔导致气密性不足,方法是有效的,只是耗时较久,需要3分多钟。后来日本丰田公司专家在现场观察后提出对部分产品的气密性检测由正压测试改为负压测试,采取真空的方法,检测一件产品只需15秒。通过生产工艺的改进,在提高效率的同时,缩短了气密设备的工作时间,达到了节约能耗的效果。

也有企业在现场通过编程更改点胶机的路径(如图4-10所示,斜向移动改为弓式移动路径)和涂头抬高的距离,来减少不必要的点胶量,缩短点胶一件产品所需的运作时间,达到节约材料能源的效果。

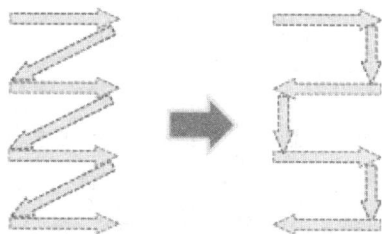

图4-10　斜向移动改为弓式移动路径

斜向移动时,设备有时振动不稳,改为弓式路径,点胶头上抬过高改为略往下调整。第2次点胶需员工手动按启动,特别是新人出现点胶1次或3次的可能性很大,可以将2次点胶编成1个程序,防止人为出错,避免批量产生不良品,如图4-11所示。

程序启动按钮:按2次→1次

a　　　　　　　b

图4-11　点胶机路径改善示意

6.生产现场方法和动作改善的提案

某连接器用的单排排针产品,间隙1.0厘米,产品非常小,如图4-12所示,改善前分为两个工序由两位人员分别进行检查和压铆作业,需要两次手动摆放到料轨上。由于产品非常小,摆放非常费时,对员工来说手也很累,效率很低。该产品1年生产1次,订单量有100克,产能为5克/日、约需要2人1个月的时间来完成。为减少烦琐取放工序,提高效率,故提案合并2道工序,制作成1个工序由1人完成,预想效果是可以节省一人。

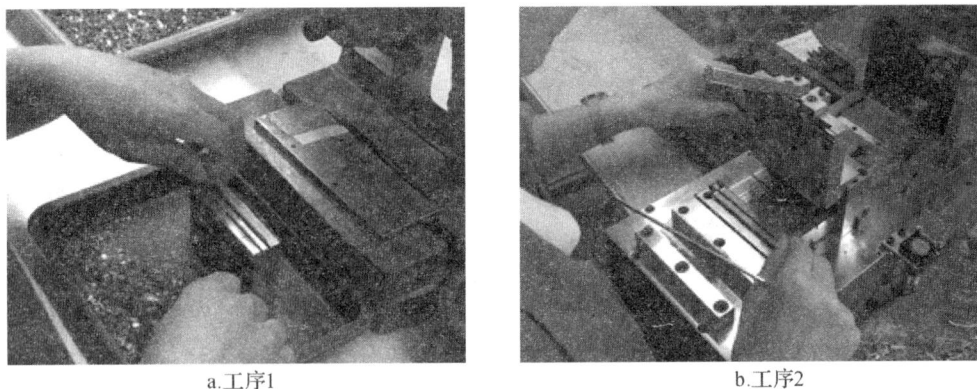

| a.工序1 | b.工序2 |

图 4-12　工序合并改善

其实员工也可以从自身的工作体验出发,提出一些立即可以实施的作业改善提案。比如针对白色小件产品的目视检查,由于工作台面也是白色底色,长时间负责目视检查的话,员工眼睛疲劳度高,效率低,而且也容易检查不到位。这时,就可以提出在桌面上垫一块与产品颜色有明显区分的桌垫,选择让人心情愉快的颜色,如绿色等颜色,作为现场工作方法的小改善提案,在缓解员工眼睛疲劳度的同时,也能一定程度提高检查的效率,如图 4-13所示。

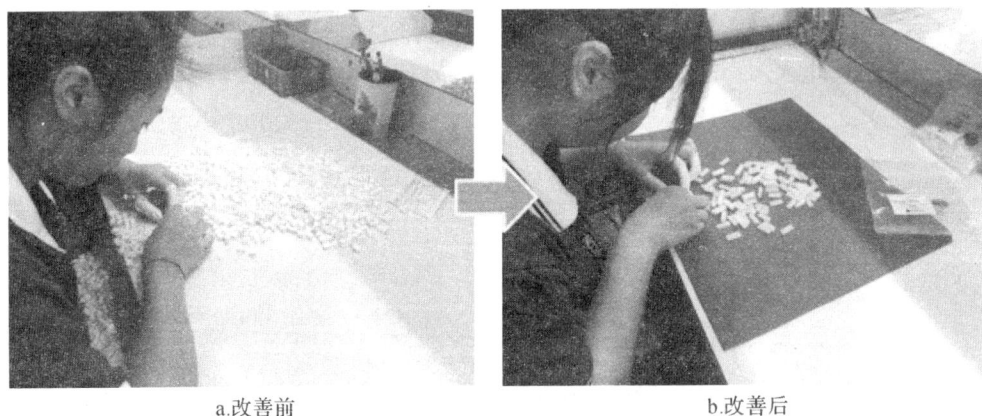

| a.改善前 | b.改善后 |

图 4-13　检查效率改善

7.公司和个人可持续发展的提案

企业的长效可持续发展要求企业拥有自己的核心技术,并通过技术的不断进步,提高产品的利润空间,增强企业的竞争力。某东莞企业工厂规模大,有七大制造部,数十个车间,涉及 4G、5G 产品,重量大且量多,按照以往的方式现场大多采用物料员用手动叉车搬运栈板物料在工厂各部门内转运的方式。在日本丰田公司专家的指导下,自主研发了 AGV(automated guided vehicle,指装备有电磁或光学等自动导航装置,能沿规定的导航路径行驶,具有安全保护及各种移载功能的运输车)无人搬运小车,并结合不同使用场景进行设计,不断进行迭代。前期专家提议用 AGV 来搬运,减少负责搬运的物料员数量。在实现基础搬运功能的基础上,紧接着提出 AGV 自动搭载功能的提案,进一步优化人员配置。技术的迭代对个人而言可以提高自身的能力水平;对企业而言,不仅节省了人力成本,还给企业带来了极大的经济效益,AGV 多种功能的设计、研发技术将增强企业的竞争力,有利于企业的长效可持续发展,如图 4-14 所示。

图 4-14　AGV 研发

当然改善提案肯定是需要积极正面的、具体的智慧提案,像以下这些内容就不属于改善提案:对公司造成负面影响或者损失的提案,非建设性意见的抱怨和批评,只提出问题而缺乏具体改善措施的提案,无具体改善内容(泛泛而谈的改善)的提案,内容重复的提案等。

四、全员改善的落实机制

通过上述的说明,相信改善提案制度能够实施起来,但是想要维护改善提案制度的有效运行,还需要从机制的落实层面着手。首先,营造上下级沟通融洽的氛围很重要。领导应尊重员工,倾听员工的想法,及时反馈对改善提案的建议,在员工怯于提案、提案参与率不高、提案效果不理想的情况下,要及时在会议上倡导参与改善、敢于担责的精神,鼓励大家大胆提出自己的意见和建议。另外需要建立一套全员改善提案评价制度,讲究评估评价和奖励反馈的及时性和公平公正性,以此来维持和提高员工的改善积极性。

什么是好的提案呢? 好的提案浅显易懂、容易撰写,改善提案可以被轻松处理,提案花费时间少,可以创造一定的价值。全员改善的成果是多方面的,包括安全、质量、生产、成本、员工能力和企业形象等。如何有效地评价这些成果是一个值得仔细考虑的问题,对改善效果进行评价时,要考虑项目的完成度和难易程度,同时兼顾项目本身的创意和项目完成过程中的主观努力程度等方面,评价系统成为管理中不可或缺的部分,员工提供改善的数量和质量成为员工业绩的评价之一,员工可以从管理者那里得到帮助或者奖励,同时也能获得更好的工作体验,刺激员工进一步改善的想法;管理者收获的是更好的管理氛围和工作状态。因此,需要建立一套长期的全员提案评价制度,这里阐述指定负责人或组织对提案进行评价和奖励的机制。在企业内部负责改善提案制度运行的组织一般是精益办、企业运营管理部。

(一)改善观察的工作流程

一般改善提案的工作流程为:员工提案—部门负责人初审—改善小组复审—总经理审

批—实施提案—成果申报—成果鉴定—提案奖励—结案归档。

(二)改善提案的评价标准

改善提案的评价标准主要由以下评价要素构成:创新创意、实施难度、自动化水平、质量改善、改善成本和提高生产效率等。对评价要素进行分级,对于实施范围要素来说,可以细分为个人改善(10分)、班组内改善(8分)、车间内改善(6分)和跨部门改善(4分)。利用同一个评价标准对所有提案进行评价,得出各个提案的评分,力求评价的公平公正。

1. 评价要素的分级

(1)改善提案分级

①一级改善提案:以事业群为单位按照案例类别进行提案评比及奖励。

②二级改善提案:以事业处为单位在事业群内按照案例类别进行提案评比及奖励。

③三级改善提案:以部门为单位在事业处内按照案例类别进行提案评比及奖励。

(2)改善提案分类

①制程改善:有关作业规范、标准工时、物流、仓储和成本等改善提案。

②系统改善:有关仿真、信息资源整合等改善提案。

③技术改善:有关手工具改善、设备改进等改善提案。

④设计改善:有关新产品开发结构和技术改善、新材料应用等改善提案。

2. 开展改善提案评比和改善活动

随着全员改善的推进,开展各类改善提案的评比展示活动是很重要的。做好评比展示工作可以为员工提供一个相互学习和交流的平台,营造一种热烈、积极改善的氛围,让员工体验成就感,营造公司积极向上的企业文化。

(1)评比和展示的形式

①部门改善提案竞赛

以部门或者班组为单位,对一定时间内的改善提案的数量和质量进行评比,有利于凝聚班组或部门之间的凝聚力,形成部门或班组之间的竞争氛围,有利于领导层根据竞赛结果,对后进部门进行督促和整改,促使其奋进,勇争上游,从而进一步提高并改善质量。

②个人提案竞赛

可以取每月提案最多的几位员工的材料(姓名、照片、提案数量和若干优秀提案等)展示在展示墙上,展示优秀员工的风采,引导员工向优秀员工学习,有利于形成人人竞争的局面,更好地形成积极改善的企业文化。

③优秀改善提案展示

一个月、几个月等时间段内,会有一些让人眼前一亮的提案,或充满创意,或改善效果明显的提案,如果仅仅将其实施,固然可以产生较好的改善效果,企业可以为其提供一个平台,将这些优秀的提案展示出来,也可以发动可横向推广部门的领导、主管带领自己的部下去优秀提案的现场进行学习,便于员工之间相互交流,相互借鉴,提高员工的提案水平;也可以对优秀提案进行现场考核评定,并将优秀提案待实施好后纳入公司级改善提案集,作为公司的财富保存;还可以作为培训员工的教材,有利于激发更加具有创意和价值的改善提案。

(2)奖励制度

①奖励形式

根据提案的评分设立不同的奖励等级,发放奖励。为激励员工个人的改善,如个人奖励可以设置特等奖、一等奖、二等奖、三等奖、创新奖和鼓励奖等。为增强员工的团队责任感,集体奖励可以设置:优秀班组奖等。关于奖励的不同方式,推行改善提案制度的前期可以考虑用现金发放,在车间例会等场合,在车间全员在场的情况下发放到人,起到激励员工改善意愿,调动改善积极性的作用,当然也可以考虑增加旅游奖励等多种奖励形式。

②奖励周期

个人奖励:可以在部门内部,每周或者每月展开一次,做到及时反馈评价;在整个公司层面,可以每年举行一次比赛。

集体奖励:集体奖励相比个人奖励,评比起来可能更为复杂,建议加大评比间隔,每季度或者每年评比一次。

评比年度改善达人和年度改善团队,在年度改善提案表彰会上进行颁奖表彰,以形成竞争的局面,更好地形成积极改善的企业文化。

第三节　持续改善

一、持续改善及其意义

(一)什么是持续改善

要理解什么是持续改善,首先要理解什么是"改善"。最初很好地实行并活用"改善",并通过"改善"取得了很大的成效的企业是丰田公司,经常能听到"丰田式改善"或"丰田生产方式"。因为丰田公司在改善活动上的杰出成就,全球制造业纷纷效仿。丰田式改善是指彻底排除现场浪费,追求效率最大化、利润最大化的改善方式。改善一开始也会被人理解成"设备自动化",因为自动化就能提升效率。但是其实是误解了丰田式改善的原意,丰田式改善首先要彻底排除浪费,在此基础上再去导入设备的自动化,不能将浪费带入设备中,这是原则。"改善"一词在企业中具体包括提高生产设备可动率、提升作业效率、缩短生产周期、确保安全、提升质量、人才育成等方面内容。后来随着丰田式改善被业界广泛认同,改善这一生产方式由日本丰田汽车公司推广到日本各个制造企业,再扩展到美国、中国、欧洲等国家和地区。

持续改善就是经过一次改善之后再次进行改善,并且不断思考"还有没有更好的方法"来持续进步成长。生产中的问题不会停止产生,那么改善就是无止境的,将改善持续下去非常重要。

比如丰田的改善,它绝不止于仅排除眼前的浪费,它还注重未来的发展而做持续的改善。即丰田人经常说的"改善之后再进行改善,之后还要进一步改善"。对浪费、问题或异常这些现象观察得越仔细,发现需要改善的地方就会越多。如果一次改善活动完成就觉得结束了,并就此停止改善的话,就可能发现不了下次会发生的潜在问题,改善的萌芽就会被扼杀。

再举个例子,某位制造部部长,他通过5S改善将工作场所整理得十分整洁,并且自己对改善结果也十分满意。然而,有一天,部长抬头时突然发现车间的顶棚上挂着一张蜘蛛网。一看设备底下,发现很多垃圾堆积在设备的下面。于是部长马上提出一个方案:至今为止我们把容易看到的表面的5S做到满意了,接下来我们要推进眼睛比较难看到的内在的5S!于是再度重启5S活动。这个例子也同时告诉大家:如果只做一次性改善,就很难再进步了。后续的改善活动,比起最初的改善更难。因为最初的时候会发现很多浪费或问题,改善推进效果会比较明显。但是,一旦第一次改善结束,显而易见的浪费排除之后,发现潜在的浪费就会变得困难,改善也变得更难了,这个时候就是决定胜负的关键时刻。如果你坚持持续改善,那么就胜利了!

持续改善具有以下一些特点。

第一,持续改善具有风险小的特点。

持续改善既有继承也有发展,持续改善是低成本的改善,如果在改善的过程中,发现该次的改善存在问题,员工可以随时恢复到原来的状态,而不必花费较大的代价。

第二,持续改善易于被人接受,产生的效果好。

持续改善是由一系列的改善组成的,通过一系列的改善一步步地改变生产实践活动,逐步改变人们的思想观念和行为习惯,最终带来重大的改善成果。

第三,持续改善投入小,强调不断突破与持续推进。

持续改善相比于创新有所不同,它依靠的是较小的投入,强调改善不是一次完结的工作,不是一次性的突破,而是不断地、持续地推进。例如,可以是对一个大课题的各个细项任务地不断推进,也可以对一个课题分阶段设立目标效果,通过改善达到某阶段效果后再进行改善以达到更好更高的目标。所谓的持续改善,涉及每一个员工和每一个环节,用不断改善的管理理念消除生产经营过程中的各种浪费,提高管理水平,提高生产效率,促进企业阶梯式的持续稳健发展。

(二)持续改善的意义

大多数的日本公司一直在进行持续改善活动,他们认为管理层应该把50%的精力投入到改善中去,丰田公司的两大支柱——准时化(just in time,JIT)和自动化就是在持续改善的基础上建立的,并产生了巨大的经济效益。

持续改善可以提高产品的性价比。持续改善可以提高产品生产率,提高产品质量,改善产品性能,延长产品的寿命。同时持续改善可以促进新产品的研发,节约研发成本。

持续改善是企业生存发展的重要保障。通过对产品设计和生产工艺的改善,可以更有效地利用资金和技术,充分挖掘企业的潜力,提高企业的市场竞争力。

持续改善有利于企业文化的培养。持续改善给予员工精神上的尊重和物质上的奖励,可以增加员工对企业的归属感,有利于企业凝聚力的产生,有利于形成企业积极进取、精益求精的企业文化。

制造方法的改变会产生新的浪费和问题。发现浪费并改善这事是没有终结的。将改善的地方再进一步改善,听上去好像很难做到,但是其实很简单,因为只要把改善变成习惯就简单了。

二、支撑持续改善的机制

(一)组织角度

从组织角度,建立改善推进事务局,自主研修小组,改善小组等,并明确各组织的责任及互相配合的事项。

1.改善推进事务局的职责

为了有效地推进持续改善活动,需要建立一个符合企业条件的推进组织——改善推进事务局。改善推进事务局应该由一部分企业领导和部分持续改善专家等组成。改善推进事务局的职责如下。

(1)制订持续改善推进计划,并监督计划的实施

组织各部门经理、主管和其他领导高层制订企业年度或更长时间的持续改善计划,并根据企业现状,派遣事务局的人员定期定点对持续改善计划的实施进行监督。

(2)对员工进行持续改善的培训

聘请专家授课,提高员工的认知水平;高层领导最好列席上课;建立企业内部培训师资力量,以部门经理、主管和优秀改善代表等为优先的筛选对象;培训的形式可以多样化,如授课、播放视频、讲解典型持续改善案例和推行学习手册等。

(3)负责对持续改善活动的宣传

高层主管公开发表宣言;企业内部通过海报、内部刊物、宣传栏等多种形式进行宣传。设置必要的持续改善记录工具和看板,便于开展改善活动,同时注意保存原始改善资料等。

(4)制定改善推进办法和奖惩措施

根据企业不同部门、不同改善效果等制定综合、合理的持续改善推进办法和奖惩制度是极为重要的。奖惩制度可以考虑持续改善的困难、人数、面积、水平等,同时考虑企业内部的实际情况,设置奖惩评比的时间点和奖惩力度。

(5)主导全公司持续改善活动的开展

作为公司持续改善活动的主要负责单位,主导公司持续改善活动的开展,拥有处理持续改善进程中的突发事件的权力。

2.改善小组的职责

改善小组作为持续改善活动的直接参与者和基本单元,对持续改善活动的进行起着极其重要的作用。改善小组一般由不同部门不同生产线或车间的管理者、设备操作员等组成,但需要设置组长,组长可以由组员选举产生。为了促进员工的进一步参与,改善推进小组组长应该给予组员一定的权限,使组员得到授权并明确自身的职责,识别业绩的改进机会。

改善小组应该根据推进事务局的推进计划,根据实际生产情况,通过小组讨论等形式不断进行持续改善,并分阶段向改善推进事务局汇报。

(二)职场氛围角度

职场氛围是在一个单位逐渐形成的,具有一定特色的,被单位成员感知和认同的气氛或

者环境。主要包括环境氛围和人文氛围。环境氛围是指办公空间和生产空间的环境或气氛,人文氛围指的是团队员工言行举止对团队的影响。良好的工作环境可以使员工工作在轻松愉快的氛围中,团队成员之间、员工与管理者之间有充分的信任和沟通,有共同的目标,可以敞开心扉发表意见进行交流和学习。在良好的气氛下,团队的创造力和潜力得以激发,极大提升了改善动机和质量,促进了公司业务的提高。相反,如果形成不好的职场气氛,员工间关系冷漠,上下级之间缺乏信任与沟通,部门之间相互推脱责任,很容易导致部门内讧,预定的改善目标无法实现。因此,建设能让员工信任管理者,能轻松发表自己意见的环境是极为重要的。

积极的职场氛围是怎样的?积极的职场氛围能让人学到知识,每天都能看到自己的进步;部门福利好,有吸引力;身边的同事都很棒,沟通流畅;部门的业绩高,有荣誉感;感觉自己在进行一项伟大的事业;工资还不错,未来有可能加薪。马斯洛需求层次理论把需求分成生存、安全感、归属感/爱、自尊、自我实现 5 个层次。这些积极的职场氛围产生的情况可以划分到马斯洛需求层次中去,如表 4-1 所示。

表 4-1 积极职场氛围的马斯洛需求层次划分

自我实现	感觉自己在进行一项伟大的事业
自尊	部门的业绩高,有荣誉感
归属感/爱	部门福利好,有吸引力 身边的同事都很棒,沟通流畅
安全感	能学到知识,每天都能看到自己的进步
生存	工资还不错,未来有可能加薪

根据表 4-1,可以考虑如何营造积极的职场氛围。例如企业可以积极落实员工的身心健康计划。如可以对员工进行体检费用补助,帮助员工(包括海外在职人员)及其家属进行健康管理,设立心理健康服务站,应对来自职场、员工的心理健康咨询,必要时采取治疗手段。

公司的部门经理可以根据员工的个人业绩情况,给业绩好的员工加薪奖励;部门经理或者领导可以定期与部门员工沟通交流,为其规划未来的发展方向和应该提升的能力等;部门经理或者领导者可以给予员工内部的奖励,如请部门员工旅游等;部门经理或主管可以和员工多交流改善的问题,多在会议上表扬改善做得好的员工,给予其物质和精神上的奖励,有利于其他员工积极改善,形成全员改善、持续改善的局面。

(三)实施角度

从实施角度来看,要建立对改善实施者的援助指导体系,实施者的上一级要负起指导、建议及确认改善效果的职责,可以通过出席下一级的会议,当场提出意见的方式,也可以通过对下级的书面材料进行批注等方式,改善实施者可以根据反馈更好地进行改善,进一步提高改善质量,提高自身改善的能力。

推进持续改善的公司委员会对改善整体把握并对已完成的改善给出评价,包括经验和教训,以确定进一步改善的必要性,这种评价结论应以书面形式出具评价报告,作为业绩评价的参考资料。

在公司会议上对推行的改善的人和事项做介绍，并进行企业层次的宣传，形成"我要改善""我能改善""我会改善"的氛围。

三、推进持续改善的方法——活用改善记录

(一)改善记录的意义

在实际改善的过程中，会出现各种各样的问题，在第三章学习了改善提案制度，也就是将发现的问题用改善提案的形式整理并提交给上级，公司通过制度规定经过审核并给予适当的奖励，从而推进全员改善。本章，以改善提案为基础，对提出来的问题进行实际改善，在改善过程中将实际改善问题、对策、效果等进行记录。常用的一种方法是使用改善记录表来记录，改善记录表也将成为员工业绩的评价材料和改善宣传的资料。

改善记录表最好对应改善提案表，需要写明改善提出人及改善实施人、改善记录表记录者及表格制作者，表格内容包括改善课题、工序、目标，改善前的状况，改善对策及改善后效果的描述等。改善记录表格式示例如表 4-2 所示。

表 4-2　改善记录表格式示例

改善提案者：
改善实施者：
日期：

改善记录表	
课题	
工序名	
目标	
改善前状况	
改善对策	
改善后效果	
标准化及横向展开情况	
持续改善跟踪	

(二)改善记录表必要内容的说明

1.课题

在改善提案制度下,员工带着问题意识去观察所在的工作岗位,这样做安全吗?这样工作是否更容易?这样做费用会不会降低?这样做效率会不会提高?还有没有更好的方式方法?为了持续改善,平时要不断去留意并发现浪费与问题,课题可以是自己提案的改善课题,也可以是其他员工提案的自己现场的问题点。

2.工序名

对于要改善的课题(问题),首先要知道在哪里发生的,现场操作有哪些工序需要做记录。

3.目标

目标类似于改善提案书中的预想效果,即通过对这个课题的解决希望达到什么效果。

4.改善前状况

改善前的描述,主要是对问题现状的描述,为了简明扼要地描述,使用的语句和术语应通俗易懂,便于他人理解,这就需要调查相关的数据,并且将能体现问题点的现状用图片的形式展现出来,这样才能更加一目了然。

5.改善对策

根据对问题的分析,找出切实可行的改善措施,简明扼要叙述如何改善及改善的过程,应当附图说明。改善措施应当具有实际可操作性,不应当带有"加强""重点检查""教育"等没有具体内容的口号,如果涉及制作流程更改的文件,应当具体说明如何更改,更改前后的差别,如何保证改变后制程的执行等。

6.改善后效果

实施改善对策后,填写改善后的效果,最好使用具体数字定量描述改善措施实施后的改善效果,例如,执行上述改善效果后,不良率下降到多少,生产效率提高到多少等。如果可以的话,最好把改善效果转变为金额,即通过本次改善为公司节省了多少费用。

7.标准化及横向展开情况

改善后,为了让改善过的事情不退回到改善前,需要将改善标准化,比如改善了操作方法,那就需要将改善后的操作方法及时更新到作业要领书中,落于书面之后立即进行员工培训,让员工掌握新的操作方法,当然员工需要一个熟练的过程。除标准化之外,还需要进行横向展开,即观察现场有没有类似的问题,类似的工序,可以用同样的改善方式去改善的,将它们整理出来,一个个去做改善。

8.持续改善跟踪

持续改善是对改善了的地方进行再改善,并且不断发现新的问题,不断推进新的改善。因此后续也需要对已经完成的改善课题进行跟踪,观察改善是否稳定,是否有其他需要改善的地方。例如,改善了员工的操作方式、进行了标准化及培训后,后续还需要观察员工是否按照改善后的操作方式进行操作,熟练度如何,还有没有更好的操作方式等。

表 4-3 是改善记录表填写示例。

表 4-3　改善记录表填写示例

改善记录表		

改善提案者:杨＊＊
改善实施者:杨＊＊　王＊＊
日期:

课题	隧道炉清洁工具更换作业改善
工序名	烘烤工序
目标	通过清洁工具的改善,达到快速将隧道炉打扫干净的目的
改善前状况	员工通过软水管浇隧道炉清洗,一个隧道炉一天一次,每次一小时以上,耗时且冲洗不干净。改善前的状况及照片如下图所示 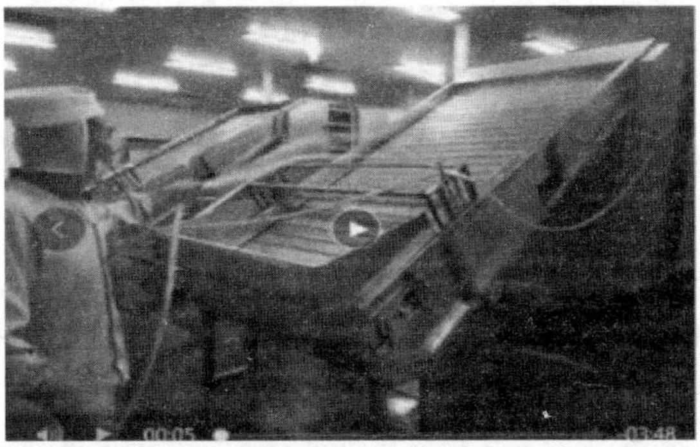
改善对策	通过清洁工具的改善,由原先的水管冲洗改为高压水枪冲洗 改善对策的状况及照片如下图所示 
改善后效果	每天缩短的作业时间:1 小时 每天减少的作业用水:6 吨 每月减少工作时间:1 小时×1 次×24 天＝24 小时 每月减少的用水:6 吨×3.5 元/吨×24 天＝504 元/月 每月减少工时的工资:24 小时×16.8 元/小时＝403.2 元/月 第一个月费用＝1300 元/月(水枪费用)－504 元/月－403.2 元/月＝392.8 元 一年节省金额:(504 元/月＋403 元/月)×12＝10884 元/年
标准化及横向展开情况	标准化:通过对清洁工具的改善,改变了清洁方式,因此对隧道炉清洁要领书做了更新修改,并对员工做了相应的培训。 横向展开情况:计划 18 处,实际实施 5 次
持续改善跟踪	有无改善后回退现象:_____暂无_____ 有无更好的改善方式:_____

改善记录的形式是多样的,除了文字也可以是录像或照片等形式。总而言之,改善记录的目的是为了记录改善,包括改善前的问题、改善的措施、改善后的效果等,可以采用多种改善记录方式,也可以根据现场实际情况和员工操作方便性自己设计更好的记录方式。

练习题

1.什么是改善?改善的意义和作用有哪些?

2.改善的对象是什么?发现改善对象的方法有哪些?

3.什么是全员改善?

4.全员改善有哪些作用?请从公司层面和个人层面分别阐述。

5.“建立改善提案制度后,公司的全员改善就可以顺利进行下去。”你赞同吗?请阐述理由。

6.什么是持续改善?

7.持续改善有哪些特点?

8.支持持续改善的机制主要有哪些?

9.推进持续改善的改善记录表的必要内容有哪些?

10.结合课程内容,思索在自己的学习生活里、做事过程中,有哪些浪费,哪些可改善,并阐述理由(附加题)。

11.请带着问题意识从自己的周边事物中选取一个改善课题,并思考提出改善提案。提交格式可参考本章中提及的“改善提案表”,注意图文结合(附加题)。

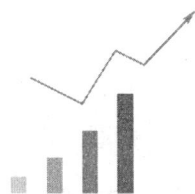

第五章
精益智能制造中的生产管理

本章目的

本章内容对于即将涉足管理或刚担任管理职位的人来说,可形成对生产管理和流水生产方式的基本认识,了解流水生产的初步分工,为后续作业分担及产线编排等具体管理内容的学习奠定基础;了解作业分担时需要避免的问题,理解线平衡和山积表,学习制作山积表等知识并能应用于实践;学会运用山积表发现问题,找出并改善瓶颈工序,学习调整工序,达到线平衡,提高生产效率的具体实践方法;了解可视化管理在生产管理中的重要性,以及作为生产管理可视化的工具——生产管理板的应用。

内容要点

1. 从定义及意义角度去理解生产管理及其必要性。

2. 从起源和发展角度去理解流水生产方式。

3. 从对具体事务操作流程的模拟演练初步理解流水线设计、作业分担的工作内容。

4. 作业分担中需避免的问题。

5. 了解线平衡及其意义、计算方式。

6. 了解山积表及其作用、使用场合。

7. 学习制作山积表的具体方法。

8. 学习发现瓶颈工序的方法。

9. 学习改善瓶颈工序、提高线平衡率的方法。

10. 掌握作业重组及问题改善后的标准化管理及员工培训方法。

11. 了解改善后正式上线实施时的问题对应机制。

12. 了解可视化管理的含义及作用。

13. 了解可视化管理在生产管理中的作用。

14. 生产管理可视化的工具——生产管理板的定义、作用及在现场的运用。

第一节　生产管理概要

一、生产管理的定义

对于制造型企业而言,生产是企业的核心任务。所谓生产管理,顾名思义,是为了让生产活动顺利进行所必需的管理活动的统称。从狭义上来讲是指生产流程内的生产统制管理,也称工序管理。具体来说,是指有效利用人(作业员)、物(设备、资材)、金(资金等)和信息(沟通和软件系统)等各类资源,为了在规定期间内(D,delivery),按所期待的成本(C,cost)和所要求的质量(Q,quality),只生产所需要数量的产品,而进行需求预测、生产计划、生产实施(制造)、生产控制,以求生产活动最高效的过程。

Q、C、D 这 3 个重要指标,需要同时关注吗? 以前,一家企业在 3 个重要指标中的某一个指标上有突出表现就能取得不错的业绩,但是这并不适用于现在了。如今,国内、国外产品极大丰富,生产技术、信息技术突飞猛进,竞争对手也急剧增加,越南等东南亚国家无论是在产品价格和质量方面的优势也越来越明显。因此,同时追求并达成 Q、C、D 就十分必要。

生产管理主要分为需求预测、生产计划、生产实施和生产控制四大活动。

需求预测,即企业运用各种预测方法把握、分析本公司产品在市场中的定位,预测生产品种、产量、生产时期的活动。作为长期市场需求预测,需要预测到未来几年的情况。就像航海灯一样,为企业的业务展开提供方向性指导。

生产计划,即制订生产计划的活动,是生产管理中最重要的功能。根据需求预测,决定生产品种、产量和生产时期,制订生产计划,而生产计划又分为大日程计划、中日程计划和小日程计划,也可以说是按月、周、日制订的生产计划。然后再根据产品的生产计划,制订零部件、原材料的采购供应计划。

生产实施,即根据生产计划,有效率地实施生产的活动。由实际负责生产的制造部和起支撑辅助作用的工作人员共同参与,进行产品制造、质量管理、资材购买等。

生产控制,即为了使生产按计划阶段所制订的计划进行,而对整个生产活动进行控制的活动。讲求对计划的实施进度进行把控,检查是否按照计划进行生产活动。除了进度管理,还需要进行包括资材、半成品、产品在内的库存管理,以及对现场生产能力的余力管理等。

在这四大活动中,最重要的是制订产品的生产计划,然后根据产品的生产计划制订零部件和原材料等所需物品的采购供应计划。

二、生产管理的必要性

也许有人会怀疑,生产管理有这么重要吗? 可以从当前企业面临的实际问题去分析生产管理的必要性。

很多企业都面临比较共性的问题:产品供不应求的时库存不够,产品滞销时库存过剩。零部件和原材料也是一样的。想要生产产品的时候所需的零部件和原材料不够,零部件和原材料充足的时候却没有订单。其结果就体现为企业的销售额和利润减少。当有了不必要的库存的时候,零部件和原材料的购买成本和库存的保管成本肯定会增加。如果说这些库存的产品、零部件和原材料到了后来没有市场需求,就只能废弃处理掉,又会造成损失,利润也会减少。这样一来,企业的"资金周转"变得很困难,周转用的现金不足的话企业甚至会有倒闭的风险。

　　解决上述实际难题的方法就是进行生产管理。生产管理可以说是制造销售型企业最重要的环节,因为生产管理涉及销售、资材购买、制造、物流、产品质量等很多方面,所以活动范围很广很复杂。但是在性质上又和"财务会计管理""销售管理""出货管理""库存管理""质量管理"等不同。例如,"财务会计管理"是对实际交易结果的金额管理。"销售管理"是指对接单和接到订单后,对订单的发货结果进行管理。而"生产管理"要做到如何用最少的库存满足客户的要求(交期)。通过有效的"生产管理",可以提高企业的销售额和利润,就可以解决刚才我们提到的企业所面临的实际问题。

三、生产管理的范围

　　从时代变革和产品寿命角度来分析,生产管理也显得愈发重要,而且生产管理的范围也在发生变化。以前是卖方市场,做了多少能卖多少,不愁卖,但到了如今企业只有制造市场需求的产品才能卖得出去,才能创造实际价值。随着技术的不断发展和时代的进步,市场上的产品寿命变短,越来越要求企业迅速将产品投入市场,并决定适当的退出时机。

(一)生产管理流程的变化

以新产品投放市场的流程为例,来看生产管理所涉及的流程变化。

(1)市场调查。

(2)事业战略立案。

(3)商品企划立案。

(4)产品设计。

(5)销售预测。

(6)制订投资计划、销售利润计划。

(7)销售计划。

(8)生产计划。

(9)资材采购供应。

(10)制造。

(11)出货。

在以前,生产管理的范围仅仅是从第(8)个流程的"生产计划"到第(11)个流程的"出货",而现在企业应及时对应市场需求的变化,做到与时俱进,生产管理的范围从第(3)个流程"商品企划立案"就开始了。像这样对从企划、开发到设计、制造、生产、出货、生产销售结束的整个产品过程进行的管理也称为产品寿命管理(product lifecycle management,PLM)。通过流程更全面的产品寿命管理,可以缩短开发周期,提高生产效率,将市场需求的商品迅速投入市场。而开发到生产的周期大幅度缩短是战胜竞争公司的必要条件。因此可以说,生产管理的好坏决定企业的未来。

(二)通过生产管理减少库存的例子

以下我们学习通过生产管理来减少零部件和原材料库存量的方法。要减少工厂库存,制约条件非常多。假设我们有以下几个制约条件。

(1)产品种类少。

(2)该产品供给的客户多样化,属于通用产品。

(3)产品的生产周期是1天。

(4)从接到订单到交货期限的交付周期是2天。

(5)生产能力上没有问题,可以满足生产。

(6)产品所需的零部件、原材料数量多。

(7)零部件、原材料从下单订货到交货的周期时间为7天。

(8)客户的订单计划只给到1周后(7天)。

首先看在这种情况下,有什么库存问题。对于产品而言,可以进行接单生产。接到订单后再生产也能完成交付。理论上,只要备有1天的库存(半成品)就能应对客户的需求。如果有紧急插单的产品,例如当天接单、当天发货的情况,就可以多备一些安全库存。

问题在于如何采购零部件和原材料来供应产品生产。因为采购周期需要7天,生产周期需要1天,所以需要在7+1=8天前,将需要的零部件和原材料下单订货。但是有一个矛盾点:因为订单交货周期为7天,所以8天前还不能下单采购。这时候,可以与零部件和原材料的供应商根据预测事先沟通"订货计划",供应商根据此订货计划信息来准备零部件和原材料。当接到产品的正式订单时,再进行零部件、原材料的正式订货。照此流程,能够在生产产品的时候拿到所需的零部件和原材料。在这个生产管理的过程中最重要的是制订正确的生产计划和正确计算订货所需的零部件、原材料的数量。并且由于订单信息只有未来一周的信息,所以用月别的计划是不行的,就需要每周制订2次以上的"采购计划"。通过准确有效的生产管理,可以避免产生过多的、不需要的零部件、原材料的库存,又能避免库存不足的情况。

第二节　流水生产方式

一、流水生产方式的起源和发展

现在绝大多数制造型企业都实行流水生产或流水线作业。而所谓流水生产,简单地说,就是按照流程顺序制造产品,即按照生产节拍,将单件产品按照生产工艺顺序,根据标准作业的要求逐步加工。讲究尽可能减少从原材料到成品流程中的搬运和停滞,将产品加工不断往下推进。因为一旦有停滞,就会产生在库。一定时间的存放也会影响到产品的生产周期,就没办法更快地生产出产品投入市场,这会降低企业竞争力。

进入一家制造型企业,肯定会接触到流水生产,为什么要实行流水生产?因为没有流动的地方,比如说孤岛生产的方式,就会产生停滞和库存。图5-1中一个工位的边上会堆积很多胶框,这就产生了中间库存。产生中间库存之后,就会产生出诸多浪费,比如为了放置库存而产生的空间浪费,从仓库转运、换包装箱等产生的搬运浪费,栈板、收容胶箱、叉车等运输用工具使用的浪费,市场需求中断时的库存风险浪费,长期存放,还会导致质量劣化、陈旧等风险,以及为了进行在库管理而产生的人力、能源等浪费。其结果导致库存和资金无法周转,现金流动恶化,影响企业的生存。

图 5-1 孤岛生产情形

通过生产流程的流动化,实行流水生产,将设备按工艺顺序排列,取消工序间的分岔、结合,使工序间按节奏加工同期化,通过减少过程中各工序间的不必要搬运、转箱、走动、摆放等浪费,提高生产效率;通过流水化生产的过程控制,实行作业分担,每个环节确保质量,及时对应,降低了不良品的产生概率;通过流动化生产取消工序间的分岔、结合,避免了不必要的在制品及成品库存,减少经营风险及财务成本;由于通过工序的连接减少了前面提到的各种浪费,缩短了产品的生产周期。比如说以前某产品需要提前 10 天开始安排生产,实行流水生产后,一定程度上缩短了生产产品所需的时间,可以适当缩短前置安排生产的时间,比如说提前 9 天安排生产就可以,可以更加灵活对应市场变化。这些都是实行流水生产能够给企业带来的积极效果。

现代流水生产方式起源于 1914—1920 年的福特制。20 世纪初,美国人亨利·福特首先采用了流水生产线方法,在他的工厂内专业化分工非常细,仅一个生产单元的工序竟然多达7882 种,为了提高工人的劳工效率,福特反复试验,确定了一条装配线上所需的工人及每道工序之间的距离。这样一来,每个汽车底盘的装配时间从 12 小时 28 分缩短到 1 小时33 分。

像这样大批量生产的主要生产组织方式被称为流水生产,其基础是由设备、工作地和传送装置构成的设施系统,即流水生产线。最典型的流水生产线就是汽车装配生产线,驰名世界的丰田汽车公司也是一样,采用流水生产方式在科学组织生产的前提下谋求高效率和低成本。

流水生产方式初见成效后,又不断改善,不断发展,形成了单品种生产线(即专线)和多品种混合生产线的形式。单品种流水线,又称不变流水线,是指流水线上只固定生产一种产品,要求产品的数量足够大,以保证流水线上的设备有足够的负荷。而多品种流水线是指将结构、工艺相似的两种以上制品,统一组织到一条流水线上生产。著名的丰田公司也是采取混合生产的方式。比如说丰田公司的工厂混线生产 3 种车型,它的加固焊接工序对每辆汽车的车身需要焊接 400 多个零部件,大约 70 台焊接机器人根据系统信息,对各个车辆的不同焊接要求准确地进行复杂作业。在丰田的装配线上,不管是哪一种车型,员工都能根据不同车型的具体要求完成装配(见图 5-2)。

图 5-2　丰田装配车间生产情形

二、流水生产方式的特点

鉴于流水生产方式的有效性,流水生产已成为现代生产管理的一个重要方法,广泛应用于产品的装配、零部件的机械加工、锻压、铸造、热处理、电镀、焊接、油漆及包装等领域。总结起来,流水生产方式有以下 5 个特点,也是实行流水生产需要满足的条件。

(一)顺序性

流水线上的加工对象是按照工艺加工的顺序从一个工位传送到另一个工位,加工对象在流水线上做单向运动。如果有反复,物的流动顺序有交叉的话,动线变长,就会影响工序的正常生产,降低效率。

(二)工位专业化程度高

每一条流水线只固定生产一种或少数几种产品或零部件,各个工位只需完成一种或几种作业。通过精细化分工,可提高岗位作业员的熟练程度。

(三)节奏性

加工对象在各道工序之间按一定的时间间隔投入或产出,两批相同的产品之间也按一定的时间间隔投入流水线或从流水线产出,保持一定的节奏,也就是指流水线生产要按照生产节拍进行,尽可能减少各工位间作业量和作业时间的波动。

（四）连续性

加工对象在各个工位之间做平行移动或平行顺序移动,在流水线设计时就要按照产品加工工艺布局好流程,以免出现反复交叉的情况,可以最大限度地减少停工等待时间,减少空手等待、空机等待的浪费。

（五）比例性

流水线上各道工序的生产能力是平衡的、成比例的,即各道工序的工位(设备)数同各道工序单件产品的加工时间大致相等,以免出现瓶颈工序,拉低整体生产效率。

三、流水生产的作业分担

制造型公司作为一个整体,要为客户提供新产品,这项工作肯定包含了各个流程,而且有一定的顺序。就像从新产品开发到生产交付,涉及了工程研发、销售、计划、采购、生产、质量等部门,为了完成公司整体的业务,按照流程顺序进行作业分担细化,每个部门承担自己相应的责任工作内容,并由指定的责任人在指定时间点或者一定周期内,切实执行本部门的职责,这样才能按照新产品开发投产的流程顺序依次往下推进。

不管是从公司整体业务,还是从企业内部某个制造车间某个产品的生产环节来说,都是按照作业分担的思想进行精细分工的。流水生产的作业分担就是把一个作业内容分为好几个部分,让几个人共同分担进行作业,使每个作业人员都能熟练自己负责部分的作业,以求实现高效率的生产。工序分割也有基本原则,在分割每个工序作业内容时,分割的每个工序的作业时间应在满足制造工艺先后顺序的前提下,尽可能地接近生产节拍时间。首先需要确定生产节拍(关于生产节拍在标准化管理章节已有介绍,这里不做详细说明),然后按照工艺分配进行作业分担。

其实这种作业分担的历史可以追溯到1769年英国人乔赛亚·韦奇伍德在陶瓷业上的管理方式。他于1769年开办埃特鲁利亚陶瓷工厂,在场内实行精细的劳动分工,把原来由一个人从头到尾完成的制陶流程分成几十道专门工序,分别由专人完成。这样一来,原来意义上的"制陶工"就不复存在了,存在的只是挖泥工、运泥工、扮土工、制坯工等。以前的制陶工匠变成了制陶工场的工人,他们必须按固定的工作节奏(也就是生产节拍)劳动,服从统一的劳动管理。

完全由一个人来做的话,对工人的水平能力要求会很高,一位员工需要学会做陶瓷所需的全部工作,并要掌握好工作技巧,而且从训练到能正式上岗,需要花费很长的培训时间,不然对工作内容不熟悉,没有掌握产品质量、安全等注意要点的话,对产品的质量和成品都会产生负面作用。相反地,可以归纳出作业分担的以下优点。

第一,根据分工不同,可以划分不同的工作难度,强调专业化分工,在工资金额上也会有差异。如果不分担工作的任务,有人可能无法完成需要较高技能的工作。但是把工作内容分难、易之后,难的工作可由具备较高技能的人去做,简单的工作即使技能不高的普工也能完成。然后,根据技能的多寡在工资上体现差异,从而可以削减成本提高经营效率。提出这个想法的是一位名叫查尔斯·巴贝奇的人,所以这个理论被称为"巴贝奇理论"。

第二,通过作业分担可以提高生产效率,从而降低生产成本。因为分工之后,一个人负责同样的工作的话就会形成习惯,与此同时,员工在反复实践中掌握工作技巧,可快速提高工作技能,提高熟练度,完成单件产品所需的工作时间缩短,从而降低成本。

第三,实行作业分担后,流水生产的可扩展性更高,通过整合生产工艺,可在流水线上布置多种工位,可根据产品的市场需求和工厂生产情况,将工艺过程划分为简单的工序,或相互合并,调整设计符合产品生产需求的流水线。比如说两种产品生产工艺类似,可以进行混合生产。把不同作业步骤分配给不同的人员,一个作业员不仅可以负责 A 产品的装配面板作业,由于工艺类似,也可以负责 B 产品的装配面板作业,在一定程度上可以灵活根据产品的比率需求调节工位和生产工人数量,节约工厂的劳务成本。

工序作业分割表如表 5-1 所示。

表 5-1　工序作业分割表

产品系列:　电热器　　　车间:＊＊车间装配线　图号:　　　　批准:　　　　审核:　　　　编制:　　　

基准型号:88865L　　　产量:　　　节拍:　　　直接作业人员:　　　生产效率:　　　秒

工序名称	上线	装挂板坐垫块	套外壳	外壳辘边清洁	装水管定位工装	
主要作业内容	放下胆泡沫 2 个	上限位泡沫 2 块	装左端盖 2 件	清洁外壳	装水管定位工装	
	上内胆 1 个	装挂板坐垫块 4 块	将外壳套在内胆 1 件		装排污口定位工装 2 件	
	装螺母支架 8 个	贴粘胶海绵				
		装水管挡泡沫				
主要物料	下胆泡沫、内胆组件、螺母支架	小橡胶锤、贴胶海绵				
工具、夹具						
辅助材料						
作业时间	52 秒	65 秒	51 秒	60 秒	45 秒	
作业者	1 人	1 人	1 人	1 人	1 人	
作业区域						

实施了作业分担后,相关工序之间的作业量平均与否必然直接影响整个生产过程的整体效率,接下来将着重从线平衡的视角去学习如何合理进行作业分担。

第三节 工序编排基础

一、作业分担的注意事项

第二节学习了流水生产的作业分担及作业分担的优点。接下来介绍作业分担中需避免的问题。

作为现场管理者,在进行流水作业的作业分担时需要考量作业分担是否合理,作业分担说起来简单,但做起来难,如果分担不合理,则会导致生产效率低下,浪费多的现象。在流水作业时,作业是由一个团队所完成的,作业分担是否合理直接影响团队整体的作业效率。因此需要特别注意以下四点。

(一)适才适用,注意作业步骤的分割与分配

在进行作业分担前,作为现场管理者,自身要充分理解作业的内容,理解员工的长短处,要能正确地判断这个工作适合谁来做。比如一条流水作业分成了6道工序,安排了6位作业员,但是有一位作业员因自身是左利手,而分配给他的作业却多数需要用右手,这样他操作起来就会很不顺手,作业效率也会大大降低。而在6位员工中有一个员工动作十分灵敏,同样的作业能比普通人快一倍速度完成,对于这样的员工可以多分配一些步骤给他,避免他产生空手等待的浪费,当然也需要给予适当的奖励。

(二)要有共同的目标,不要过于看重个人的利益

作为一个团队去完成一个产品,虽然每个人分担的作业不同,但是目标需要统一,避免出现有人超前完成,而有人落后的情况。由于每个人都是不一样的,而且人的变化点很难预测,身体不舒服或心情不好时会影响工作效率,心情大好时又有可能会超前完成自己的工作。人还存在“只要自己的事不受影响,其他事情与自己无关”“自己的工作越轻松越好”的心理。因此,在作业分担时,不要拘泥于眼前的工作,这样容易失去目标,在一开始,管理者就要让团队统一目标,统一工作意识,让大家团结一致,互帮互助,并且作业过程中不断确认目标达成情况。

(三)避免作业分担成为给员工施加压力的工具

在进行作业分担时,考虑生产效率、生产成本的问题,希望员工干得越多越好,越快越好,于是,明明需要6个人完成的工作,缩减到5个人,增加了员工的压力。比如做一个产品,需要6道工序,平均每道工序作业时间为2分钟,作为管理者希望降低生产成本,而将其缩短为5道工序,而2分钟的节拍不变,这样每位作业员的速度被迫加快,如果超出了本身的实力,则会成为精神上和身体上的负担,容易造成不良品的产生。

还有一种情况,当作业员作业有延误时,管理者也不要过于责备,而是一起探讨如何挽回延误部分。因此作业分担时,要给员工留有一点余地,当作业有延误时,其他有余力的作

业员也能对延误的人员进行一定的援助,这也是团队意识的体现。为了避免给员工施加过多的压力,在分担作业及平时工作中要多与员工进行谈话,了解他们的心理状态和身体状态,这样才能更好、更有效率地进行作业分担。

(四)注意是否存在瓶颈工序

什么是瓶颈工序?瓶颈工序指的是生产一个产品分成好几道工序形成流水作业,而在这一条流水作业中最慢的一道工序则被称为瓶颈工序。瓶颈工序会影响生产线整体的节拍,比如一条流水线有 6 道工序,第 3 道工序需要 3 分钟完成,其他 5 道工序只需 2 分钟左右的时间,则第 3 道工序就是这条生产线的瓶颈工序。因为这导致整条流水线的生产节拍不是 2 分钟,而是 3 分钟。那么当管理者在进行作业分担时,就要注意是否存在这样的瓶颈工序,这将会直接影响生产效率。那么如何去发现瓶颈工序呢?接下来第三部分我们将介绍发现瓶颈工序的工具——山积表。

二、生产线平衡

(一)什么是线平衡

在了解山积表之前先了解一下线平衡。制造业的生产线多半是进行了细分化之后的多工序流水化连续作业生产线,此时由于分工作业,简化了作业难度,作业熟练度容易提高,从而生产效率也容易提高。

然而经过了这样的作业细化之后,各工序的作业时间在理论上、现实上都不能完全相同,这就势必存在工序间作业负荷不均的现象。除了造成无畏的工时损失外,还造成大量的工序堆积即存滞品发生,严重的话会造成生产的中止。为了解决上述问题就必须对各工序的作业时间进行平均化,同时对作业进行标准化,以使生产线顺畅流动。

生产线平衡即是对生产的全部工序进行平均化,调整作业负荷,以使各作业时间尽可能相近的技术手段与方法。它是生产流程设计及作业标准化中重要的方法。生产线平衡的目的是通过平衡生产线,使现场员工更加容易理解"一个流"的必要性及单元生产方式的编制方法。

(二)生产线平衡的意义

生产线平衡的意义在于提高作业员及设备工装的工作效率;减少单件产品的工时消耗,降低成本(等同于提高人均产量);减少工序的在制品,真正实现"一个流";在平衡的生产线基础上实现单元生产,提高生产应变能力,对应市场变化,实现柔性生产系统;通过平衡生产线可以综合应用到程序分析、动作分析、Layout 布局分析、搬运分析、时间研究等全部的 IE (industry engineering,工业工程)手法,提高全员的综合素质。

(三)生产线平衡率的计算

要衡量生产线平衡的好坏,必须设定一个定量值来表示,即生产线平衡率,以百分率来表示。

首先,要明确一点,虽然各工序时间长短不同,但如前所述,决定生产线的作业节拍的是耗时最长的那个工序时间,这一般指的就是此生产线的节拍时间(takt time,TT),而实际节拍(cycle time,CT)不一定是最长工序节拍,因为一般的流水线都是一个工位一位员工,也有一位员工负责两道及两道以上的工位的情况,特别是人机协作的作业,当机器在作业时,作业员回到 01 工位进行设置。所以这时候就要进行合理的作业组合,让 CT 能接近于 TT,提高生产效率。那么生产线最长工序时间为 TT,实际节拍 CT 的计算方式,一般按照实际 1 小时的生产量计算,通常用于设计流水线时用(注:Q 为每小时产量),具体公式如下

$$CT = 3600/Q \qquad (5-1)$$

生产线的平衡率计算公式为

$$平衡率 = \frac{\sum 工序作业时间}{CT \times 工序数} \times 100\% \qquad (5-2)$$

三、提升线平衡的工具——山积表

(一)什么是山积表

山积表是发现问题并实现线平衡的工具之一,多用于制造业的生产线或流水作业中,也可用于搬运作业、保全作业等。它是为了明确这个作业的实际状态,测量每个作业单位(作业步骤)的时间,然后将每个工序与实际测量时间的关系用图表的形式展现出来的一种工具。

如图 5-3 所示,山积表就是形象地表现一条生产流水线各作业人员的作业时间、作业内容等信息的一种柱状分析图表。

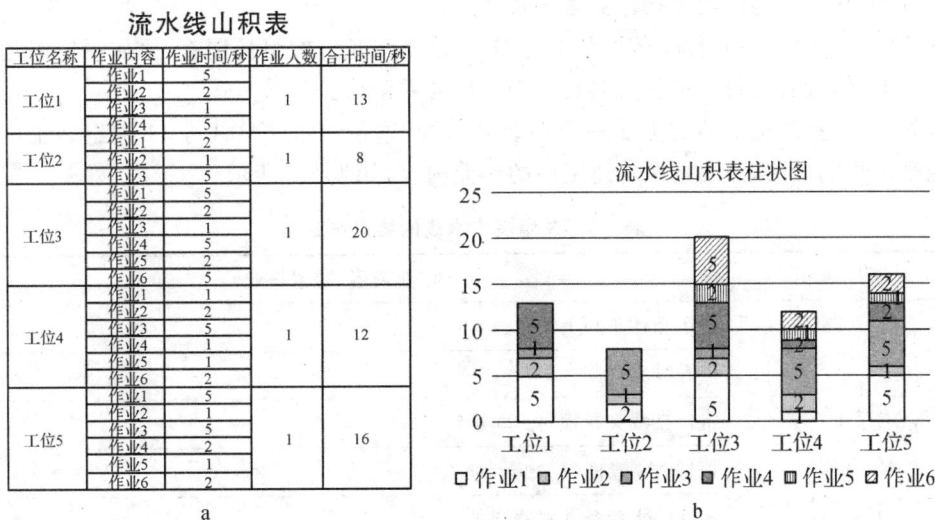

图 5-3 流水线山积表及柱状图

将山积表以柱状图的形式展现出来后会发现柱状图的各柱子(一根柱子代表一道工序)长短不一,整个图呈现出凹凸状。这就意味着资源活用或作业分担中存在不平衡,存在改善的空间。为了进行高效率的生产,需要将资源均等活用起来,也就是说需要通过改善将山积表中的凹凸程度尽可能减小、变平,这个过程即为线平衡改善,也有更加形象的叫法为"山

崩",可以想象一下之所以叫"山积",就是因为有高低不平(凹凸不平)的小山(柱子),积累在一起,那么在改善过程中将这些高低不平的小山变平整,越平越好,这样就相当于山地变成平地一般。

通过编制山积表,相关管理人员可以清楚了解该生产线的生产能力、生产平衡率等信息,并针对瓶颈工序实施作业改善、平衡率改善,以达到消除浪费,提升生产效率的目的。

(二)山积表的使用场合

(1)在流水作业中,进行班组单位的改善活动时,山积表作为其手段、工具之一使用。

(2)在改善工序之间作业平衡(线平衡),使各工序平准化或削减工序时使用。

(3)在工序发生变更时,需要工序重组时使用。

(三)制作山积表的具体方法

了解山积表的作用和意义后,接下来介绍制作山积表的具体方法(实施步骤及制作时的注意点等)。

1. 第一步:确定改善对象(一般为一条流水作业)

把握作业顺序,明确工序数量及每道工序的作业内容(要素作业)。

要素作业,这里为了方便理解,也称为作业内容,在 IE 工程分析中,有种典型的叫法为"时间研究"(time study),在进行时间研究时,其对象作业就是要素作业,比如"将零部件从零部件箱中取出,放到工位桌上"这一作业本身持有一定的价值,是一个要素作业。而时间研究就是将各工序的作业进行分割,分割成一个一个要素作业,进行把握及时间测定。所以在一条流水作业中,这样的要素作业是比较多的。

注意:在工序较多的情况下,可分工合作,由改善组长分配组员调查,比如一位组员调查一到两道工序,最后将每位组员所调查好的内容合并即可。

例如,某企业的生产 A 产品的一条组装流水线,这条流水线总共有 11 道组装工序。那么按照第一步的做法,需要把握每道工序的作业内容,如表 5-2 所示。

表 5-2　某组装流水线的要素作业

序号	作业内容(要素作业)
工序 1	搬运箱体来料上线
	点螺纹紧固胶×2
	组付夹线夹并锁付 M3 螺钉×2
	锁付 M4 螺钉×2
	扣好防水胶条并将物料放好
工序 2	锁付接地螺钉
	组付灯镜并锁付 M3 螺钉×2
	贴灯镜盖
	自检

序号	作业内容（要素作业）
工序3	在门盖上组付左右支架
	点螺纹紧固胶×4
	组付门盖并锁付 M3 螺钉×4
工序4	拿取螺钉和挂耳并组合
	将来料立起点螺纹紧固胶
	组付挂耳并锁付 M4 螺钉×2
	翻转物料锁付门盖 M5 螺钉×3，放平物料
工序5	将流水线上来料搬到作业台上
	锁付气密检测前工装1
	锁付气密检测前工装2
	锁付气密检测前工装3
	锁付气密检测前工装4
	将物料立起
工序6	将待检物料放至检测台上并推到检测位置
	按下气密紧固和测试仪启动按钮
	按下测试仪停止与松脱按钮
	搬下箱体到作业台
工序6	取下气密检测前工装1并放至工装盒
	将检测完成品放至流水线上
	记录气密检测数据
工序7	撕下胶纸
	夹取标签1、抬起物料，贴付标签1
	贴付标签2
	盖气密章印
	自检
工序8	拿取空心销钉涂上螺纹胶并锁付
	松脱气密工装块并放至盒子
	将物料立起，松脱3个门盖螺钉
工序9	销钉间距检测
	立起物料，拿取透气阀并锁付
	组付钣金片，锁付 M6 螺钉×2，放平物料

续　表

序号	作业内容（要素作业）
工序 10	贴付接地标签
	翻转物料,贴付标签 1
	贴付标签 2
	翻转物料,贴付标签 3
	贴付标签 4
	将物料翻转放平
工序 11	翻转,检查空心销钉是否松动
	检查箱体有无异物
	查看外观

2.第二步:测定各个作业内容的时间及每道工序的总时间

每个要素作业一般测 5 次,记录,并取平均值。

注意:此处的时间数据是取整数还是需要精确到小数点后一位还是后两位,根据具体情况可灵活调整抉择,一般时间以秒为单位,取整数即可。

沿用第一步的示例,这一步在第一步的基础上将各个作业内容时间测定即可。由于工序较多,可以按工序分配组员测定,最终合并在一起,如表5-3所示。

表 5-3　某组装流水线的要素作业时间测定

序号	作业内容（要素作业测定）	时间测定/秒						合计/秒
		时间 1	时间 2	时间 3	时间 4	时间 5	平均	
工位 1	搬运箱体来料上线	3.7	4.5	5.7	3.2	2.9	4.0	24.5
	点螺纹紧固胶×2	2.2	1.6	3.3	5.2	3.2	3.1	
	组付夹线夹并锁付 M3 螺钉×2	7.8	7.5	8.2	9.1	8.9	8.3	
	锁付 M4 螺钉×2	4.6	5.1	4.6	4.2	3.9	4.5	
	扣好防水胶条并将物料放好	3.7	4.4	4.3	4.2	6.3	4.6	
工位 2	锁付接地螺钉	5.9	6.2	5.9	5.4	4.9	5.7	23.2
	组付灯镜并锁付 M3 螺钉×2	9.0	9.4	8.6	9.7	11.4	9.6	
	贴灯镜盖	5.8	4.7	4.7	5.3	4.3	5.0	
	自检	2.3	3.0	1.9	4.5	2.6	2.9	
工位 3	在门盖上组付左右支架	7.1	7.2	7.8	6.7	6.2	7.0	22.6
	点螺纹紧固胶×4	4.7	5.1	3.7	5.7	4.7	4.8	
	组付门盖并锁付 M3 螺钉×4	12.1	10.2	10.9	10.9	9.8	10.8	

序号	作业内容（要素作业测定）	时间测定/秒						合计/秒
		时间 1	时间 2	时间 3	时间 4	时间 5	平均	
工位 4	拿取螺钉和挂耳并组合	3.8	3.5	3.0	3.7	2.8	3.4	22.6
	将来料立起点螺纹紧固胶	4.5	3.6	3.1	4.1	4.0	3.9	
	组付挂耳并锁付 M4 螺钉×2	5.1	5.2	4.9	4.6	5.2	5.0	
	翻转物料锁付门盖 M5 螺钉×3，放平物料	9.6	9.5	9.9	9.5	13.1	10.3	
工位 5	将流水线上来料搬到作业台上	1.3	1.8	1.5	1.2	3.2	1.8	24.4
	锁付气密检测前工装 1	6.5	5.4	5.7	5.2	4.8	5.5	
	锁付气密检测前工装 2	4.5	5.0	4.0	4.7	3.2	4.3	
	锁付气密检测前工装 3	5.0	4.2	4.8	3.9	4.4	4.5	
	锁付气密检测前工装 4	4.8	6.4	5.4	6.4	4.5	5.5	
	将物料立起	2.3	3.6	3.1	2.8	2.1	2.8	
工位 6	将待检物料放至检测台上并推到检测位置	6.0	4.0	3.3	4.6	4.7	4.5	22.2
	按下气密紧固和测试仪启动按钮	2.0	2.0	2.0	2.0	2.0	2.0	
	按下测试仪停止与松脱按钮	2.0	2.0	2.0	2.0	2.0	2.0	
	搬下箱体到作业台	3.0	4.0	3.0	2.8	2.8	3.1	
	取下气密检测前工装 1 并放至工装盒	2.0	3.0	2.0	2.0	2.0	2.2	
	将检测完成品放至流水线上	3.0	2.0	2.0	3.0	4.8	3.0	
	记录气密检测数据	5.0	6.0	6.0	5.0	4.9	5.4	
工位 7	撕下胶纸	1.8	2.9	1.8	1.5	2.8	2.2	15.7
	夹取标签 1、抬起物料，贴付标签 1	5.1	5.3	4.7	4.8	5.2	5.0	
	贴付标签 2	3.6	2.7	3.6	3.1	3.5	3.3	
	盖气密章印	2.0	1.9	1.7	1.9	1.8	1.9	
	自检	3.3	3.7	3.6	3.1	3.0	3.3	
工位 8	拿取空心销钉涂上螺纹胶并锁付	3.6	3.9	3.5	4.7	4.8	4.1	22.2
	松脱气密工装块并放至盒子	10.5	11.2	10.6	9.5	9.6	10.2	
	将物料立起，松脱三个门盖螺钉	7.3	9.7	8.4	6.9	6.7	7.8	
工位 9	销钉间距检测	3.5	3.3	4.6	4.8	4.9	4.2	18.8
	立起物料，拿取透气阀并锁付	2.8	2.7	3.8	2.4	2.5	2.8	
	组付钣金片，锁付 M6 螺钉×2，放平物料	12.3	11.5	12.4	10.7	12.0	11.8	

续 表

序号	作业内容（要素作业测定）	时间测定/秒						合计/秒
		时间 1	时间 2	时间 3	时间 4	时间 5	平均	
工位 10	贴付接地标签	3.3	4.2	3.4	3.3	2.7	3.4	23.6
	翻转物料，贴付标签 1	4.7	5.6	5.5	5.3	6.5	5.5	
	贴付标签 2	4.4	4.5	6.3	4.3	4.9	4.9	
	翻转物料，贴付标签 3	4.4	4.4	4.8	5.2	4.3	4.6	
	贴付标签 4	2.6	4.2	2.3	3.5	3.6	3.2	
	将物料翻转放平	2.2	1.9	2.1	1.7	2.0	2.0	
工位 11	翻转，检查空心销钉是否松动	3.6	3.9	3.4	4.8	4.2	4.0	19.4
	检查箱体有无异物	8.5	7.0	8.0	7.0	9.0	8.0	
	查看外观	8.1	8.0	8.0	6.0	7.0	7.4	

3. 第三步：制作山积表

将作业内容与相应的作业时间调查完后，制成山积表，表为柱状图，每根柱子代表一道工序，每道工序中有好几个要素作业，累积成一根柱子。具体制作山积表的步骤为，提取出每个作业内容的时间，制作成表 5-4 所示的表格，然后将其用图表的形式表现出来（"各工序作业顺序"一栏在山积表中作用不大，可加可不加）。

表 5-4　A 产品组装线山积表

各工序作业顺序	工序 1	工序 2	工序 3	工序 4	工序 5	工序 6	工序 7	工序 8	工序 9	工序 10	工序 11
1	4.0	5.7	7.0	3.4	1.8	4.5	2.2	4.1	4.2	3.4	4.0
2	3.1	9.6	4.8	3.9	5.5	2.0	5.0	10.3	2.8	5.5	7.9
3	8.3	5.0	10.8	5.0	4.3	2.0	3.3	7.8	11.8	4.9	7.4
4	4.5	2.9		10.3	4.5	3.1	1.9			4.6	
5	4.6				5.5	2.2	3.3			3.2	
6					2.8	3.0				2.0	
7					5.4						

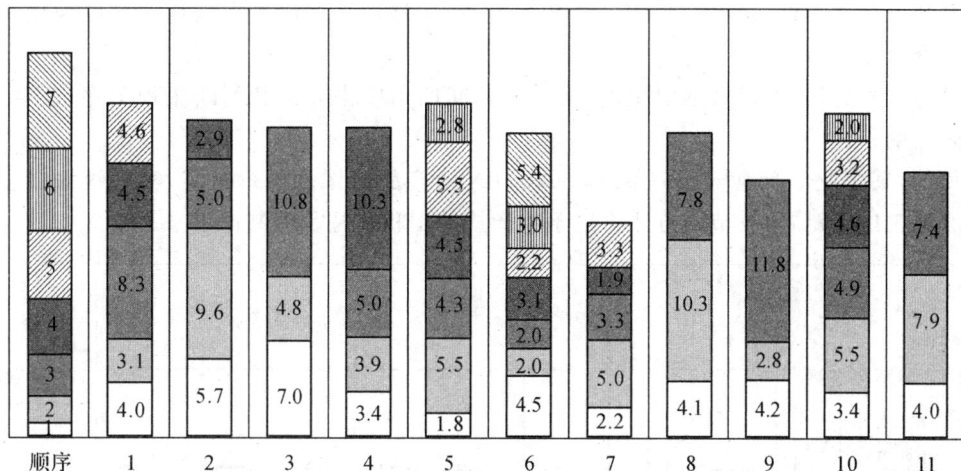

图 5-4 A产品组装线山积表柱状图

制成山积表之后,流水线的平衡情况及瓶颈工序就会一目了然,本节主要是围绕线平衡、山积表及山积表的制作方式来介绍,接下来会介绍如何通过山积表发现问题并决定要改善的工序,如何调整工序达到线平衡,提高生产效率等。

第四节　工序重组流程

一、发现瓶颈工序的方法

第三节学习了何为线平衡、线平衡的意义,以及实现线平衡的工具——山积表。本节将延续上一章的内容,介绍如何利用山积表调整工序达到线平衡,提高生产效率。山积表只是实现线平衡的必要的工具之一,并不是学会了制作山积表就能实现线平衡,要做到线平衡,还需要学习具体的实践方法。

山积表制作完成后,可以通过山积表更清晰地看到一些问题的存在,发现瓶颈工序在哪里,从而进一步把握与分析。这里首先理解一下什么是"瓶颈",瓶颈一词源于啤酒及果汁红酒等的瓶子,瓶子上方变细的部分被称为瓶颈。瓶中的酒因为这个瓶颈的存在不会一下全部倒出来,使其倒出来或流出来的量合适,并且方便直接喝。但在生产线现场对于瓶颈又是另一种理解,这个瓶颈的部分不能让生产流畅地进行,使生产受到限制,作业堵塞,生产效率下降。所以在制造业中,这样的工序被称为"瓶颈工序"。可以从以下几个方面去思考哪些是瓶颈工序。

(1)工作有停滞的地方在哪里?

(2)一天的稼动时间最长的工序是哪个?

(3)在生产线中作业时间最长的工序是哪个?

(4)经常发生问题或故障的工序是哪个?

一天的稼动时间比其他工序长,当别的工序都停止作业时,这道工序仍在继续作业,或是在其他工序作业前,这道工序就已经开始了,说明这道工序追不上其他工序的速度,有可能是瓶颈工序。

还有一种方法,通过观察山积表,从作业时间的角度去分析和判断瓶颈工序,改善方案也会随之明了。

例如,某企业生产现场有一条线对 AUDIX88 产品的尾灯进行组装,实行流水线生产,总共 9 道工序,按照第三节的方法将这条生产线的山积表柱状图制作出来。

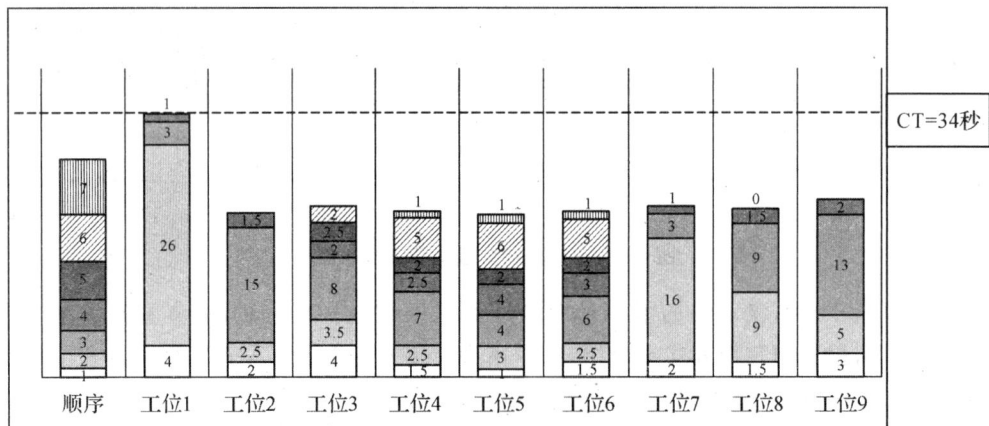

图 5-5 某组装生产线山积表柱状图

从表 5-5 中可以看出工位 1 作业时间最长,由于作业在此堵塞,即使其他工序做得再快,整条线的节拍也不能快于工位 1 的 34 秒,如果能把工位 1 的作业时间缩短,可以直接加快产线节拍,提高产线平衡。那么如何改善瓶颈工序,提高线平衡率呢?下面将详细介绍。

二、改善瓶颈工序、提高线平衡率的方法

改善瓶颈工序,提高线平衡率的方法主要有以下 3 种。

首先要考虑对瓶颈工序进行作业改善,作业改善的方法,请运用程序分析的改善方法及动作分析、工装自动化等方法和手段,提高作业效率,从而降低作业时间。

进行作业重组,根据实际情况,可将瓶颈工序的部分要素作业分配到其他工序,或是合并相关工序,重新排布生产工序。相对来讲,在作业内容相对较多的情况下容易拉平衡,也可分解作业时间较短的工序,把该工序安排到其他工序中去。

提升瓶颈工序的生产能力,用导入设备或增加人员的方式降低作业时间,加快整条线的节拍。

这 3 种方式在实际改善过程中要根据实际情况去使用,改善过程中有可能 3 种全部用上,也有可能只用上其中的 1~2 种就实现了线平衡。以下分别举例介绍这 3 种方法的实际应用。

(一)第一种方法:作业改善

首先要考虑对瓶颈工序进行作业改善。作业改善的方法,可运用程序分析的改善方法,以及动作分析、工装自动化等方法和手段,提高作业效率,从而降低作业时间。

【例 5-1】某配线组装生产线，山积表如图 5-6 所示。

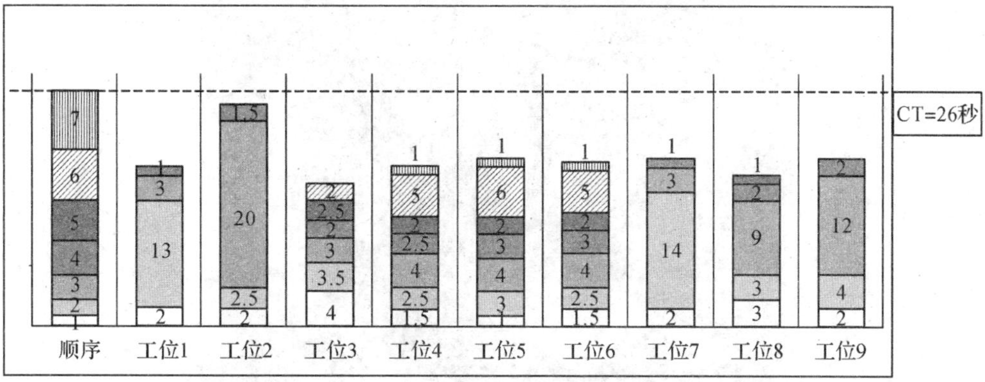

图 5-6　某配线组装生产线山积表柱状图(改善前)

图 5-6 所示工位 2 是瓶颈工序，那么仔细观察工位 2 的作业后，发现占据 20 秒时间的"绕胶带"作业可以通过制作工装夹具进行改善，提高作业效率。通过对改善前作业动作的分析，制作适合产品固定缠绕的工装夹具。生产一个产品的总时间为 177.5 秒，节拍时间为 26 秒，线平衡率为 177.5/(26×9)≈75.9%。

1. 改善前

就两个点固定产品，一条配线有好多线组成，员工需要在不同的位置分离不同的线进行胶带的缠绕，这与员工的熟练度关系很大，新员工不仅慢，而且容易绕错。并且工装夹具是固定的，每道工序一开始需要固定产品，完成后需要取下产品，如图 5-7 所示。

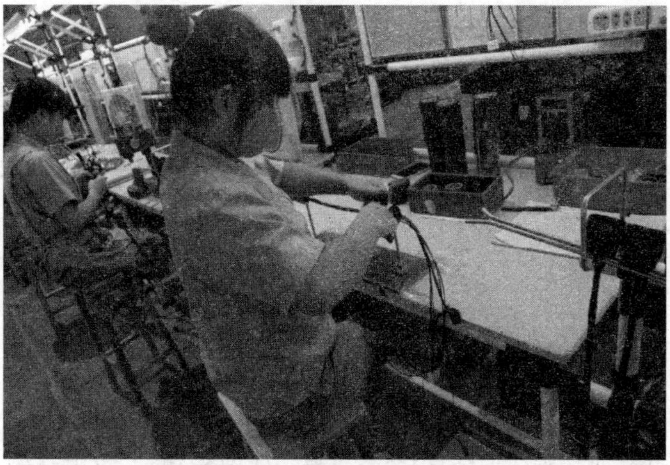

图 5-7　绕胶带作业(改善前)

2. 改善过程

改善小组为了制作出合适的夹具，进行动作的解析与探讨，如图 5-8 所示。

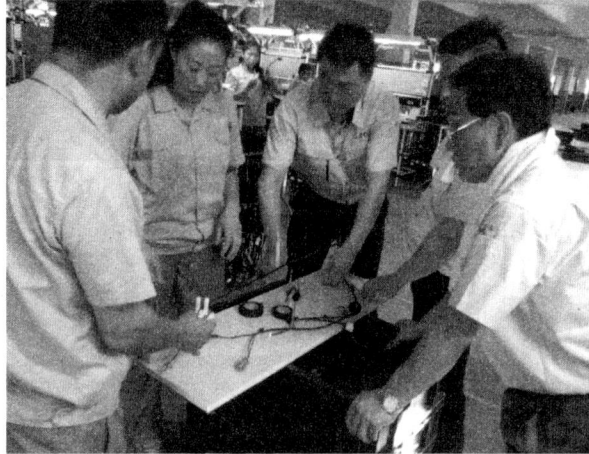

图 5-8　绕胶带作业（改善探讨）

3.改善后

做成了流动式的工装夹具，方便了员工操作，降低了错误率，工位 2 的绕胶带时间从原先的 20 秒减少到 15 秒，并且只要在工位 1 进行固定，最后工位 9 取下即可，省去了中间固定及取下的作业。改善后的山积表柱状图如图 5-9 所示。

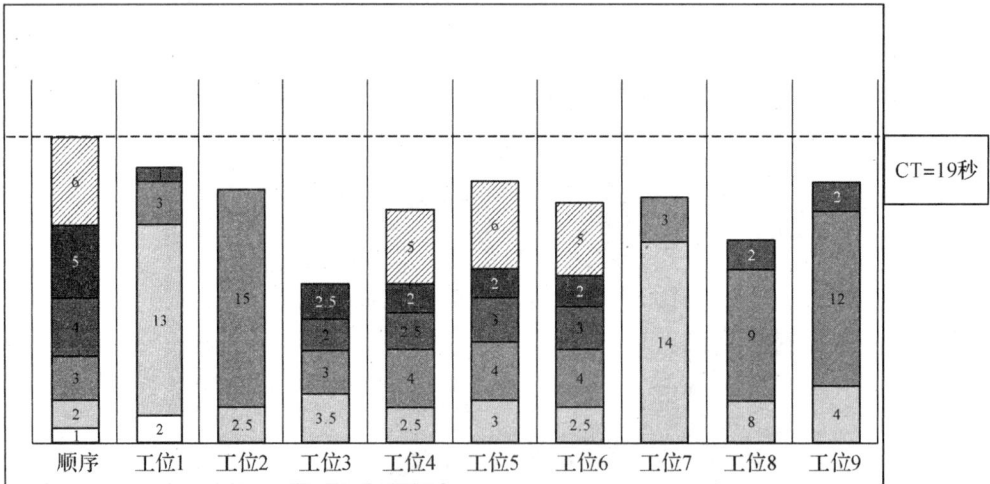

图 5-9　某配线组装生产线山积表柱状图（改善后）

表 5-9 所示，经过瓶颈工序的改善，以及每道工序固定、取下动作的省去，产线的生产节拍由 26 秒降为 19 秒，生产一个产品的总时间为 147 秒，生产效率提升了 21％。线平衡率是 $147/(19×9)≈85.9％$，线平衡率提升了 10％左右。从图 5-9 上可以看出线平衡仍有提升的空间，这就需要用到第二种方法，作业重组。

（二）第二种方法：作业重组

进行作业重组，根据实际情况，可将瓶颈工序的部分要素作业分配到其他工序，或是合并相关工序，重新排布生产工序。相对来讲，在作业内容相对较多的情况下容易拉平衡，或是分解作业时间较短的工序,把该工序安排到其他工序中去。作业重组的方法在调节线平衡中起着非常重要的作用,也是本节要重点介绍的内容。

在作业重组时需要注意的是,要素作业不是随意分配的,有些要素作业虽然从时间上看分配到工序 1 后,能够提高线平衡率,但这个要素作业不一定能分得出去,比如有道工序,有 4 个要素作业,如果将第 3 个要素作业分配到其他工序,则刚好能达到线平衡,但是这第 3 个要素作业必须要在第 2 个要素作业完成的基础上进行,不能独立完成,因此就无法脱离第 2 个要素作业分离出去,强行分离只会增加其他浪费的产生。

继续使用【例 5-1】的实例,已经经过瓶颈工序的改善,接下来进行作业重组,进一步提高线平衡率及生产效率。作为重组的方案:由于工位 3 作业时间最短,作业要素也相对容易分割,所以将工位 3 的各部分作业,分配到了作业时间相对较短的工序中,如图 5-10 所示。

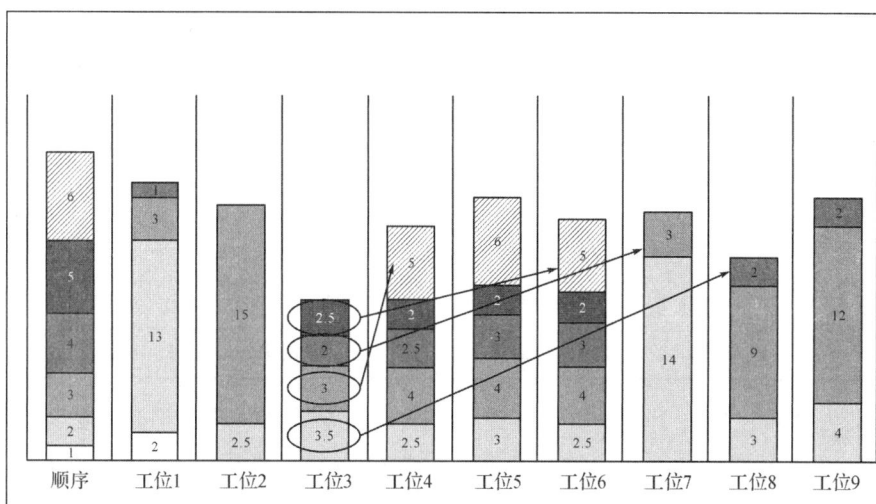

图 5-10　某配线组装生产线山积表柱状图(作业重组方案)

调整之后的山积表柱状图如图 5-11 所示。

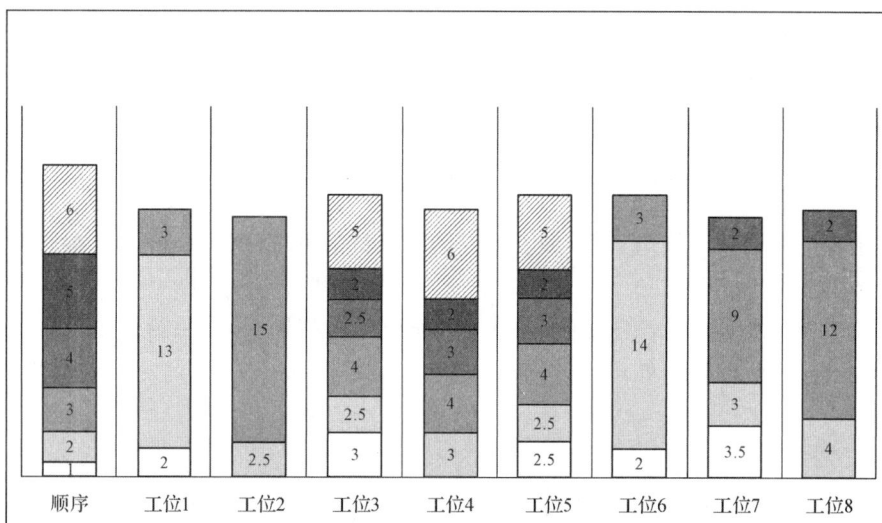

图 5-11　某配线组装生产线山积表柱状图(作业重组后)

由于合并了原来的工位3,少了一个工位,在19秒节拍不变的情况下实现了省人力化。线平衡率为$146/(19×8)≈96.1\%$,如果此方案可行,线平衡率将在第一次工序改善的基础上再提升11%。现实是否可行还需进行方案的测试与修正。即按照作业重组的方案进行试生产,并且记录试生产过程中产生的问题。

在测试过程中遇到的问题可记录在问题记录表中,如表5-5所示。

表5-5　问题记录表

序号	日期	现状问题点	改善方案
1	6月21日	工位3粗线穿塞困难、护套组装困难造成作业时间过长	工序再编
2	6月21日	硅油和绝缘皮的摆放不够合理,需调整	调整简易工装放置,方便取放
3	6月21日	近距离的摆放位置、线的摆放方向需调整	调整摆放位置
4	6月21日	布基胶带使用到内圈时过紧,员工拉扯费力	制定使用方法
5	6月21日	问题反馈不及时,导致停线等待	制定联络单,生产进度板以小时为单位
6	6月21日	产品堆积过高,影响产品品质	制作周转物料架,并做标识
7	6月21日	胶水烘干后到导通处转手两次	制作周转物料架,并做标识

比如问题1,重组后由于作业顺序的变化,有些作业会出现操作变困难的情况,工位3有4项要素作业,为了让新分配过去的作业能更好地融入此工序中,这时就需要再次进行重组,将目前工位3的作业要素按照操作方便性排先后顺序,并且进行调试,直到达到目的。在经过作业重组之后,有些潜在的问题会浮现出来,并且测试时是用发现浪费的视角去观察的,以前没注意到的问题点也会发生。因此在测试的同时也要进行问题点的改善,从能改善的开始做起,接下来会讲到问题对应机制,即对残留问题进行跟踪解决并不断发现新问题进行改善的机制。并且由于作业的调整,对于作业员来说,自己的作业顺序和作业内容发生了一定的变化,在测试时可让熟练工或班组长上线测试,在后续方案合理的情况下在更改项目标准化之后进行系统的员工培训。

(三)第三种方法:提升生产能力

提升瓶颈工序的生产能力,用导入设备或增加人员的方式降低作业时间,加快整条线的节拍。

在图5-12中,根据山积表会发现,工位1的作业时间特别长,如果给这个工位增加一位作业员,作业时间就会减半,如图5-13所示。

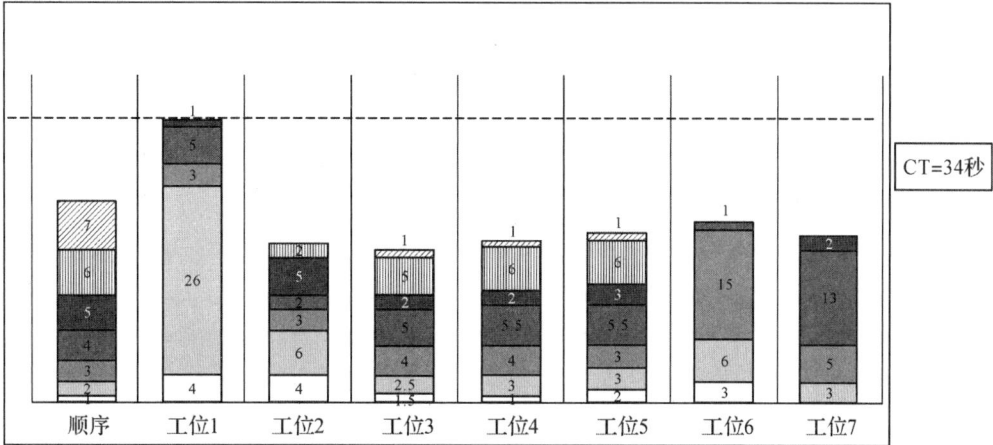

图 5-12 某组装生产线山积表柱状图(增加人员前)

线平衡率为 $176/(34 \times 7) \approx 73.9\%$。

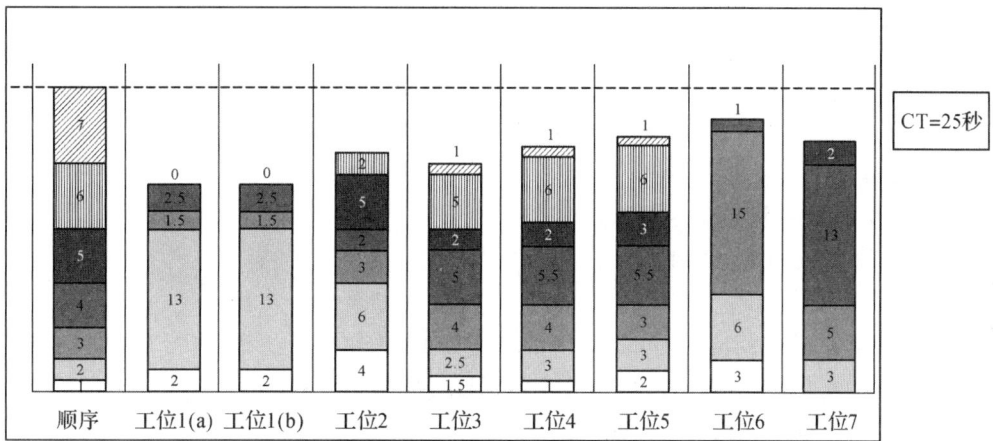

图 5-13 某组装生产线山积表柱状图(增加人员后)

工位 1 分成了"工位 1(a)"和"工位 1(b)",这时会发现瓶颈工序已经转移到了工位 6 上。这时的线平衡率为 $176/(25 \times 8) \approx 88.0\%$,平衡率由 73.9% 提升到了 88.0%,有所提高,但还是需要进一步改善。可以按照第一种和第二种方法进行思考,进行下一步改善和作业重组等。

注意:这种导入设备或增加作业员的方法会提高公司的成本,还需要考虑作业空间够不够的问题,因为导入这种方法之前需要从整体效益出发去判断是否需要这样做。

三、标准化及员工培训

在拟定作业重组方案,对实施方案进行试生产测试,并对部分问题进行改善后,接下来需要进行标准化,标准化的事项必须落于书面,并且进行员工培训。将这些需要标准化的项目制成标准书之后,相应现场管理者(班组长)需要对作业员展开培训,并定期观察、跟踪其熟练程度和准确度。

一般可以按照以下 4 个步骤进行。

第一步,标准化。将改善或调整后的项目进行标准化,制作成相应的标准书,根据改善内容不同,标准书的形式可以是作业要领书(也称为作业指导书)、作业顺序书、现场生产规则、作业组合方式等。

第二步,改变员工意识。培训标准化了的项目,并且向员工说明理由(为什么要这么做),只有员工真正理解了,才是意识转变的开始。

第三步,培养习惯。对于新的这种做法,存在不习惯的现象很正常,只要员工能做到意识转变,接受这种变化,随着熟练度的提升,就能慢慢养成习惯。

第四步,彻底践行。做到以上三步是彻底践行的基础。

以某公司钣金车间 3 号线 A 产品的生产为例。改善小组对生产 A 产品的作业进行了工序重组及问题点的改善,标准化包括新的作业组合方式、喷油方法、各工序作业要领书、废料除去要领、标准手持、生产时的规则(问题对应机制)等的标准化,并且对员工进行标准化培训,让工提高熟练度,按照标准进行作业。

改善小组在作业组合和各种问题改善的过程中,改变了原有的作业方式,那么这些作业方式需要标准化,经过整理,针对 3 号线 A 产品的标准化实施流程如下。

(1)进行 A 产品全工序作业组合。

(2)明确各工序喷油方法(使用的工具、喷油顺序、喷油时间、喷油频率等)。

(3)理清 A 产品生产开始时的工序间库存(数量规定、如何准备等)。

(4)明确各工序作业顺序。

(5)熟悉第 2 工序废料除去要领。

(6)确定 3 号线的现场规则。

......

这些项目都要做成相应的标准书,用于培训员工,比如在经过改善后,3 号线现场规则也产生了较大的变化,管理者必须培训员工熟记这些规则。

现场规则的标准书相关内容如下。

钣金车间 3 号线现场规则

(1)到作业开始时间时,需就位于自己的工序作业范围内。

(2)作业开始前,确认所需工具、用具是否齐全。

(3)根据班长的指示,开始作业。

(4)作业过程中如有需联络的事项,呼叫班长。

(5)发生质量等异常状况时,第一时间联系班长。

(6)发生作业延迟时,联系班长。

(7)不擅自离开自己所在工序。

(8)不增加也不减少工序间库存。

(9)作业人员不需应对品检人员的询问。

(10)作业人员不需应对部外人员的询问。

(11)根据班长的指示,结束作业。

员工培训并不难,难的是员工经过培训后能践行新的标准,因此这需要管理者的持续跟进与确认。

四、改善后正式上线实施时的问题对应机制

我们知道"改善无止境",即使生产线做了改善,生产效率得以提升,但是只要在生产,问题的发生是持续不断的,很多问题也不可能在短时间内就解决掉。因此生产线调整和改善之后还是存在一些遗留问题,在调整后正式开始上线生产时也可能有问题发生,还需要有一个问题对应机制来记录并解决这些问题。可以用5W1H的形式去建立问题对应机制。分别为"what(问题内容)""where(在哪里)""how(怎么做)""why(为什么、目的)""who(担当者)""when(什么时候完成)"。

问题解决一览表如表5-6所示。

表5-6 问题解决一览表

序号	what（问题内容）	where（在哪里）	how（怎么做）	why（为什么、目的）	who（担当者）	when（什么时候完成）	状态确认（完成标明○）
1	原材料台上的放置难操作	3号线拉伸工序	①中间部分重叠②手边的材料用一部分后,后面的材料往前移	提高作业效率	宓	4月3日	○
2	收废料费时,作业台又小又低	3号线切形工序	模具安装刀具	加快收废料的时间,提高作业效率	夏	5月15日	
3	刷油慢,每次费时 55 ~ 126 秒	3号线成型打标工序	用沾满油的布放在模具上进行冲压刷油	刷油快,又可以使油分布更均匀	史	4月15日	
4	完成品的放置台改善	3号线冲孔工序	高度与前工序架子保持一致,改成可以放两列产品的宽度	方便流动,提高作业效率	史	4月12日	○
5	流动架和作业台的高度不合适	3号线	调整流动架的高度、作业台的高度	提高作业效率及降低员工作业强度	刘	5月10日	
6	员工作业强度大,需要休息	钣金车间	设定休息时间,每工作 2 小时休息一次	降低员工作业强度,提高作业效率(工作时间过长会引起倦怠而效率降低)	刘	4月15日	

经过作业组合,以及对浪费或问题的改善与测试,正式上线后的问题或改善的遗留问题需要这样的机制去及时应对并解决。改善的事项能横向推广的要进行横向推广,比如标准化项目等,同时在此基础上还是有改善空间的,接下去更要坚持进行持续改善。

第五节　可视化管理

一、可视化管理的含义及作用

(一)可视化的含义

在日常活动中,人们是通过"五感"(视觉、嗅觉、听觉、触觉、味觉)来感知事物的。其中最常用的是"视觉"。据统计,人的行为 62％ 是从"视觉"的感知开始的。因此,在企业管理中,强调各种管理状态、管理方法清楚明了,一目了然,易于遵守,让员工能够自主地完全理解、接受并执行各项工作,这将给管理者带来极大的好处。

丰田公司所说的可视化就是将现场看不到的东西展现出来,让大家都能看到。不费劲就能看到的东西不能算作可视化。平时在现场看不到的,然后通过一些特殊的方式、手段将其展现出来才叫作可视化。可以思考一下,在眼前能看到的东西就是全部吗？展现的就是事实吗？

有时事实并不能轻而易举地看到。这些看不到的事实并不是说谁有意将其遮蔽,而是因为某些环节、流程被隐藏了。对于一个事实,是有原因和现象的。眼前可见的是现象。虽说现象也是事实,但是只看现象就做决策的话,是无法解决问题的。要将产生此现象的原因找出来才能采取对策,解决问题。但是遗憾的是原因不会轻易在眼前展示出来,所以必须努力去查寻。现象和原因如果看不到,那么就会看不到事实,让人产生误判。可视化的目的就是解决此类问题,它是将异常转化成正常的管理手段,所以丰田公司将可视化称为"可视化管理"。

将轻易看不到的事物、信息等展现出来,使之可见,是需要很多智慧及下很多工夫的。企业之间或内部各部门之间经常以竞争的形式提升可视化管理能力。如果能先于其他公司或部门进行可视化,就能在竞争中名列前茅。

可视化管理就是利用形象直观、色彩适宜的各种视觉感知信息来组织现场生产活动,以提高生产效率、实施质量过程控制、生产过程控制等为目的的一种管理方式。

(二)可视化的作用

可视化管理具体作用可以分为以下 6 个方面。

1.可视化管理形象直观,有利于提高工作效率

现场管理人员组织指挥生产,实质是在发布各种信息。操作工人有秩序地进行生产作业,就是接收信息后采取行动的过程。在机器生产条件下,生产系统高速运转,要求信息传递和处理既快又准。如果与每个操作工人有关的信息都要由管理人员直接传达,那么不难想象,拥有成百上千工人的生产现场,将要配备多少管理人员。

仪器、电视、信号灯、标识牌、图表等都可发出可视信号。其特点是形象直观,容易认读和识别,简单方便。在有条件的岗位,充分利用视觉信号显示手段,可以迅速而准确地传递

信息,无须管理人员现场指挥即可有效组织生产。

2.透明度高,发挥激励和协调作用,有利于提高自主管理、自我控制的能力

实行可视化管理,对生产作业的各种要求可以做到公开化。干什么、怎样干、干多少、什么时间干、在何处干等问题一目了然,这就有利于人们默契配合、互相监督,使违反劳动纪律的现象不容易隐藏。

例如,根据不同车间和工种的特点,规定穿戴不同的工作服和工作帽,很容易使那些擅离职守、串岗聊天的人处于众目睽睽之下,促使其自我约束,逐渐养成良好习惯。又如,车间将对员工的考核数据记录在管理板上,这样可视化管理就能起到鼓励先进、鞭策后进的激励作用。

3.可视化管理有利于产生良好的生理和心理效应

对于改善生产条件和环境,人们往往比较注意从物质技术方面着手,而忽视现场人员生理、心理和社会特点。例如,控制机器设备和生产流程的仪器、仪表必须配齐,这是加强现场管理不可缺少的物质条件。比如,哪种形状的刻度表容易认读,数字和字母的线条粗细的比例多少才最好,白底黑字是否优于黑底白字等问题,人们对此一般考虑不多。然而这些却是降低误读率、减少事故必须予以认真考虑的生理和心理需要。

可视化管理十分重视综合运用管理学、生理学、心理学和社会学等多学科的研究成果,能够比较科学地改善跟现场人员视觉感知有关的各种环境因素,使之既符合现代技术要求,又适应人们的生理和心理特点。这样,就会产生良好的生理和心理效应,调动并保护工人的生产积极性。

4.形象直观地将潜在的问题和浪费现象都显现出来

可视化管理依据人类的生理特征,充分利用信号灯、标识牌、符号颜色等方式来发出视觉信号,鲜明准确地刺激人的神经末梢,快速地传递信息,形象直观地将潜在的问题和浪费现象都显现出来。不管是新进的员工,还是新的操作手,都可以与其他员工一样,一看就明白问题出在哪里。

5.促进企业文化的建立和形成

可视化管理展示员工的合理化建议、员工的优秀事迹,设置公开讨论栏、关怀温情专栏,宣传企业宗旨、远景规划等各种积极向上的内容,能对所有员工产生强烈的凝聚力和向心力,这些都是建立优秀企业文化的重要组成部分。

6.有利于实现自动化和准时化生产

在可视化管理中,有指示灯、牌、报警器灯等各种各样的警示工具,在实施自动化生产的时候,可以采用各种各样的可视化管理手段来监控生产线的状态和生产的流动情况。当生产出现异常情况时,就可以通过这些工具及时显现出来,以达到自律控制的目的,并能预防其再发生。此外,在精益生产中采用看板和各种数字表示的方法,将看板作为组织生产的工具,可以有效地保证及时完成生产计划,实现准时化生产。

可视化管理是实现精益生产的基础工作,在制造型企业可用于安全管理、质量管理、生产管理、成本管理、人事管理等。在现场管理中,这5个管理项目相互影响,相辅相成。

安全管理的可视化项目有着装标准图例、安全日历、安全隐患及解决情况记录表、每日

安全点检表、安全知识学习计划等；质量管理的可视化项目有班组质量目标说明、班组质量信息管理板、质量点检记录表、再发防止处置书、质量问题解析报告等；成本管理的可视化项目有能源管理点检表、材料消耗管理表、成本降低活动提案与报告等；人事管理的可视化项目有组织架构图、出勤状况、各工位操作者及人员配置状况、员工培训计划、多技能工育成表、员工改善情况等；而生产管理的可视化主要体现在"生产管理板""看板"等生产工具上，看板的内容会在之后的章节进行详细说明，本章接下来会对可视化在生产管理中的功效及生产管理板进行详细说明。

二、可视化管理在生产管理中的功效

在生产现场，由于有各种"看不见"的信息与事物，往往会发生生产计划无法按时完成、生产效率低下、生产利润变小、给客户添麻烦、员工辞职等各种超负荷、浪费、不平衡的问题。那么，可视化在生产管理中能起到哪些作用来解决这些问题呢？

（一）通过可视化触发改善行动

通过可视化，在生产现场，就会展示现在应该做什么。

在什么都看不见的状态下，很难通过暗中摸索判断出应该做什么。这时要想办法把看不见的东西展现出来，可以从"三现主义"（现地、现物、现实）的视角，去思考改善方案，采取对策，从而产生改善行动。也就是说，可视化是推动员工去发现问题并解决问题的触发器。触发器就像枪的扳机，起到创造行动契机的作用。

通过可视化—看见—认识—思考—判断—行动这样一连串的连锁反应使浪费显现化，变成改善需求，促发改善行动，从而排除浪费。

（二）通过可视化将知识变为行动

如果有不知道的事情，马上上网搜索就能获得信息。但是，不管你拥有多少知识，如果不能将知识变成智慧活用，赋予实际行动的话，这无异于将知识沉落海底。不行动就无法产生结果，所以可视化也是将知识转化为行动的工具。

（三）通过可视化培养人才

刚说到可视化是行动的触发器，是知识的转化器，那么通过改善行动，人也会随之变化。从原先的"因为看不到所以不行动"到"看见了浪费与问题，不得不做些什么了"的价值观或思考方式发生变化时，员工慢慢地会有当事者意识，自律地建立起意识。意识改变了，行动也会随之改变。这样才能不断培养能行动起来的员工，公司战略也才能得以真正实践，组织及组织作风也会产生变化，最终开花结果。

（四）通过可视化构筑管理、改善的基盘

在制造型企业，都存在实现战略、提高质量、提升销售量、缩短生产周期、降低成本等各种管理课题（经营课题）。这些问题就如同冰面之上能看到、能认识到的课题，通过解决这些课题来构筑企业的机制，那导入这些机制的企业不一定会看到成果。比如我们经常说的"看板方式"，很多企业都模仿着做，结果这些看板只起了物料单的作用，别说实现准时化生产

了,连降低成本都没法实现。

又比如现在很火的 IoT(物联网),导入 IoT 的企业也经常会出现信号异常等情况,但却又不知道该如何处理异常,也不采取任何行动。这种模仿成功的企业,用同样的方式将流行的各种方法单方面导入的做法,会因为各企业的企业文化差异,出现不适用而无法解决问题的情况。

因此,如果想要真正创建适合自己企业的机制,并谋求课题解决,那么首先就要着眼于冰面之下看不见的部分。这下面的部分才是管理、改善的基盘。没有这个基盘,别的公司再好的机制也无法与自家企业的 DNA 相融合。只有基盘打好了,才能顺利导入好的机制,解决问题。

三、生产管理可视化的工具——生产管理板

可视化管理作为一种简单有效的管理手段,可以应用于各种管理领域当中,如安全管理、质量管理、生产管理、成本管理、人事管理等。可视化工具和方法也多种多样。比如红牌、各种管理板、信号灯、识别管理及其他工具等。在这里重点介绍生产管理可视化的重要工具之一——生产管理板。

什么是生产管理板?很多企业每天的生产目标和实际生产量都有记录,但是往往一个月中作业开始时的延迟、机器的停止时间等问题很难表现出来。而生产管理板为了展示生产线稼动状况,除了记录生产计划数、实际数及其比率(达成率)外,还要记录异常或问题点、停线原因、改善对策、对生产计划的影响等,而且是每小时记录一次。目前很多企业可能是一天或一周统计一次问题点,但如果这样的话,容易将一些问题遗漏。并且如果一天统计一次的话,作业开始时的不顺畅、设备故障、异常停止等可能会被统合成一个数据,也不知道是在哪个时间段发生的,这样追踪寻找问题的原因就会变得困难。生产管理板是为了发现改善必要点,才以每小时为单位进行生产状况分析的。也就是说,调查每小时的实际数与生产计划数的差,如果这个差大,那么可能是有原因的,从这里可以发现改善必要点。

生产管理板的作用就是作为生产进度可视化管理的工具,通过生产管理板能看到生产的进度,展示生产管理相关的 KPI(key performance indicator,关键绩效指标)的动态变化,把握 KPI 现状,发现生产是否延迟或是过快;员工目前的生产量是否合理,从而给予合适的生产目标;可以将生产过程中的问题在生产管理板上显现出来,管理者可以快速并及时应对问题和异常,采取措施,并确认改善效果。

生产管理板的内容构成和展示方式会根据各企业生产的产品及方式的不同而不同,但是所体现的作用是差不多的。先看一下丰田公司的生产管理板。

在丰田公司现场有两种生产管理板,一种是以安东的形式展示的,安东的展现形式是在生产现场,安装谁都能看到的电子大屏。以丰田九州的组装车间为例,有两种安东:一种是综合安东,即以一条组装线为单位,展示整个组装车间的生产状况;另一种是工序安东,即以工序为单位,展示每条生产线的生产状况。

综合安东展示的信息有当日生产计划、目前应生产数、目前实际数、可动率,以及每条生产线的实时的稼动状态,处于正常状态是显示绿灯,停线状态是红灯,定位停止拉绳则处于黄灯。如图 5-14 所示,T3 生产线是红色,则代表这条线目前处于停线状态。当显示黄灯或红灯时,班长需要及时到问题发生地进行确认并及时解决问题。

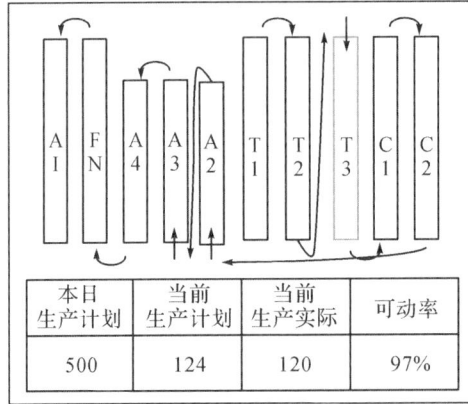

本日 生产计划	当前 生产计划	当前 生产实际	可动率
500	124	120	97%

图 5-14　综合安东

工序安东是综合安东的细化,综合安东上的每条生产线都有一个工序安东,并且安东大屏就安装在生产线的上方,管理者能一眼看到。比如综合安东 T3 生产线显示停线状态,那么发生异常的工序具体在哪里呢,就要看工序安东,如图 5-15 所示,第 4 道工序显示红色,说明异常发生在第 4 道工序,于是班长可以马上赶到相应位置进行处理。

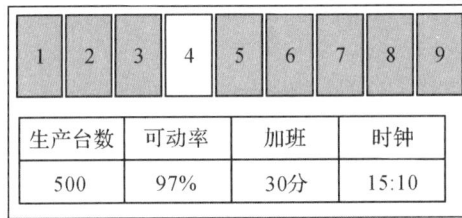

生产台数	可动率	加班	时钟
500	97%	30分	15:10

图 5-15　工序安东

安东的数据后台都有记录,比如停线次数、加班时间、可动率等,各班组长要进行整理分析,并有义务在每月的生产会议中进行汇报。并且在全公司的生产会议上由车间主任、部长进行汇报。

丰田的另一种生产管理板分为每日生产管理板和月度生产管理板,图 5-16 是组装车间的日生产管理板。

线别	编码	时间段	08:00-09:00 20:00-21:00	09:00-10:00 21:00-22:00	10:00-11:00 22:00-23:00	11:00-12:00 23:00-00:00	13:00-14:30 01:00-02:00	14:30-15:30 02:00-03:00	15:30-16:30 03:00-04:00	16:30-17:30 04:00-05:00
一线		计划数	40	40	40	40	40	40	40	40
		实际完成	51							
		差异数	+11							
二线		计划数	40	40	40	40	40	40	40	40
		实际完成	19							
		差异数	-21							
三线		计划数	40	40	40	40	40	40	40	40
		实际完成	30							
		差异数	-10							
四线		计划数	35	35	35	35	35	35	35	35
		实际完成	22							
		差异数	-23							
五线		计划数	33	33	33	33	33	33	33	33
		实际完成	28							
		差异数	-5							

图 5-16 组装车间的日生产管理板

每日生产管理板每小时由相应班长记录一次,记录实际完成数、实际完成数与生产计划数两者的差异数,以及产生差异的原因等,并在最终的组装工序中进行管理。会展现汽车在生产过程中各道生产工序,如冲压、车体、喷涂、组装零部件等过程中的各种问题。与安东形式的生产管理板的区别在于,这种管理板侧重于展示问题的内容,通过安东可以知道异常的次数、停线的时间等数据,但是没有产生异常或停线的原因的数据。

通过对生产管理板的记录与分析,在公司的生产会议或质量会议上由车间主任、部长进行汇报。比如汇报没达成生产目标时,如何处理。如果是质量问题要结合对策内容及实施效果进行汇报,保全部门和物流部门也要参加。生产车间每天都会召开生产会议,由组长、班长、车间主任参加,将前一天的不良问题、稼动率问题等进行汇报,探讨解决对策,如果是质量问题,由质量负责人继续推进下去。

再看看另一个例子,某企业经过丰田公司专家的指导,生产管理板发挥了积极的作用。一开始该企业也有所谓的"生产管理板",但是上面的信息只有计划数和实际完成数的记录,无法通过生产管理板看到问题。如图 5-17 所示。

线别	编码	时间段	08:00-09:00 20:00-21:00	09:00-10:00 21:00-22:00	10:00-11:00 22:00-23:00	11:00-12:00 23:00-00:00	13:30-14:30 00:00-01:00	14:30-15:30 01:00-02:00	15:30-16:30 02:00-03:00	16:30-17:30 03:00-04:00	18:00-20:00 04:00-05:00	合计	原因分析
一线	21211865	计划数	40	40	40	40	40	40	40	40	80		
		实际完成	43	37	30	35							少按数量
		差异数	3	-3	-10	-5							
二线	21211271	计划数	40	40	40	40	40	40	40	40	80		
		实际完成	25	16	22	25							新员工操作不熟练
		差异数	-15	-24	-18	-15							
三线	21212168	计划数	30	30	30	30	30	30	30	30	60		
		实际完成	排线	7	17	6							员工对新料不熟
		差异数		-23	-13	-24							
四线	21211296	计划数	16	16	16	16	16	16	16	66	32		
		实际完成	15	20	17	19							新员工操作不熟悉
		差异数	-1	+4	+1	+3							
五线	21212026	计划数	33	33	33	33	33	33	33	33	66		
		实际完成	30	32	28	29							
		差异数	-3	-1	-5	-4							

图 5-17 日生产管理板

经过丰田公司专家的指导,每日生产管理板的目标是一个小时记录一次,但是由于现在很多企业的生产一线的管理者都没有这样的管理意识,以及分析问题、解决问题的意识,通常只忙于完成今天的产量,如果今天完不成就以加班的形式去完成,不会花时间去分析为什么完不成、如何解决这个问题等。所以根据生产现场实施的难度,可以考虑先半天记录一次,然后慢慢变为两个小时记录一次,在管理者的意识与习惯渐渐养成之后变为每1小时记录一次。

在这里追加了每个时间段的生产情况,以及当实际完成数与计划数有差别时的原因分析栏,从而将问题暴露出来,并且可以知道问题发生在哪个时间段,也可以相对及时地看到生产的进展情况。

图 5-18 是月度生产管理板。

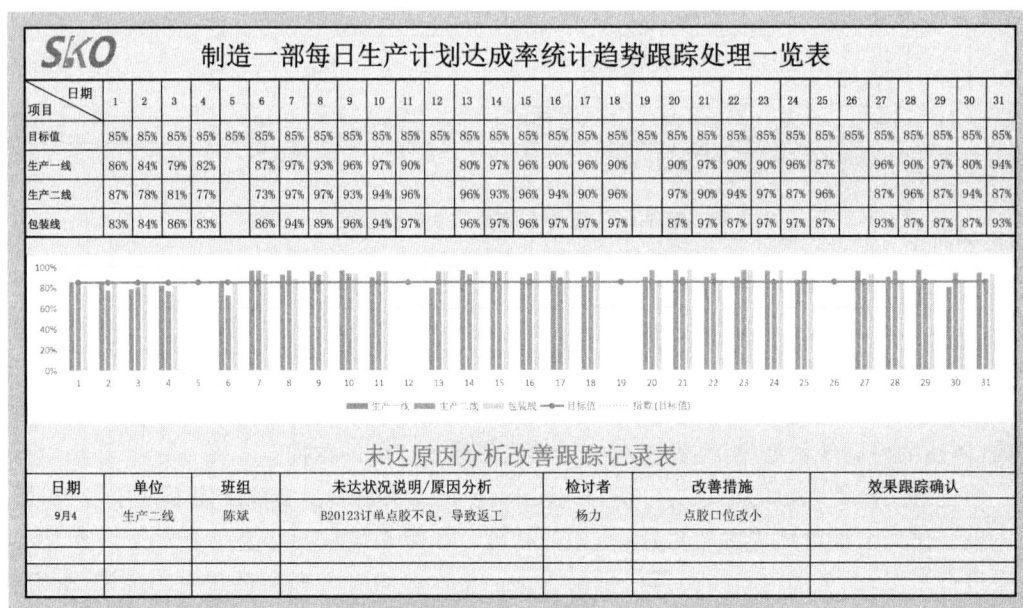

SKO 制造一部每日生产计划达成率统计趋势跟踪处理一览表

项目 \ 日期	1	2	3	4	5	6	7	8	9	10	11	12	13	14	15	16	17	18	19	20	21	22	23	24	25	26	27	28	29	30	31
目标值	85%	85%	85%	85%	85%	85%	85%	85%	85%	85%	85%	85%	85%	85%	85%	85%	85%	85%	85%	85%	85%	85%	85%	85%	85%	85%	85%	85%	85%	85%	85%
生产一线	86%	84%	79%	82%		87%	97%	93%	96%	97%	90%		80%	97%	96%	90%	96%	90%		90%	97%	90%	90%	96%	87%		96%	90%	97%	80%	94%
生产二线	87%	78%	81%	77%		73%	97%	97%	93%	94%	96%		96%	93%	96%	94%	90%	96%		90%	94%	97%	87%	96%			87%	96%	87%	94%	87%
包装线	83%	84%	86%	83%		86%	94%	89%	96%	94%	97%		96%	96%	97%	97%	97%			97%	87%	97%	97%	87%			93%	87%	87%	87%	93%

未达原因分析改善跟踪记录表

日期	单位	班组	未达状况说明/原因分析	检讨者	改善措施	效果跟踪确认
9月4	生产二线	陈斌	B20123订单点胶不良，导致返工	杨力	点胶口位改小	

图 5-18　组装车间的月度生产管理板

在月度生产管理板上能看出每天达成率的推移情况,一目了然,并且也有未达原因分析改善跟踪记录表,将影响其达成率的原因进行分析与记录,并且采取行动解决。

随着全球智能制造的进步与发展,生产管理板可能会被完全电子化,展现形式会变得更加简单智能,但不管是何种形式,其作用和原理是不会变的,作为现场管理者还是要学习并有意识地通过生产管理板暴露问题、发现问题并解决问题。

注意:不管是何种形式的生产管理板,都是展现在生产现场且人人都能看到的地方,而不是放在办公室里面的。

练习题

1.生产管理包含哪些内容?应重点关注什么指标?

2.请从时代变革和产品寿命角度分析生产管理的必要性及生产管理涉及内容的变化。

3.流水生产作为现代生产管理的一种重要方法,与孤岛分散式生产相比有哪些优势?

4.请从流水生产在当代的应用情况分析其具备的特点。

5.请举例说明什么是作业分担?

6.请简要阐述通过实行流水生产的作业分担可以给企业带来哪些积极的影响?

7.进行作业分担时需避免哪些问题?

8.线平衡的计算公式是什么?

9.山积表一般在什么场合下使用?

10.发现瓶颈工序的方法有哪些?

11.改善瓶颈工序,提高线平衡率的方法有哪些?

12.标准化及员工培训的 4 个步骤分别是什么?

13.可视化管理在生产管理中的作用主要有哪几点?

14.什么是生产管理板?

15.生产管理板的作用有哪些?

第六章

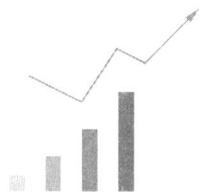

精益智能制造中的设备管理

▶ **本章目的**

　　本章内容对于将要进入制造型企业的人来说,可初步形成对设备管理及 TPM(total productive maintenance,全员生产保全)的基础知识,掌握设备点检表应有的基本形态;对于初步了解设备管理的人来说,可加深对设备点检表制作要点的认识,并基本掌握可持续的设备管理表运用机制的设计技巧。

▶ **内容要点**

　　1.企业内进行设备管理的必要性及其内涵。

　　2.从 TPM 的变迁去了解什么是 TPM,及其所包含的管理范畴。

　　3.学习设备点检表的基本形态,了解初步的设备管理内容。

　　4.综合阐述设备管理与 TPM 相辅相成的关系。

　　5.从不理想点检表事例分析学习设备点检表的制作要点。

　　6.从点检表的理想执行事例去理解什么是机制,如何确保机制的贯彻执行。

　　7.把设备点检与其他设备管理内容相结合,形成闭环、有效的可持续设备管理机制。

第一节　设备管理概要

一、设备管理的必要性及其内涵

　　对于现代制造型企业来说,设备是企业赖以生产、运转的基石,也可以说是企业的生命线。因为现代产品的生产很多离不开设备,一旦设备停止,生产就停止,企业就无法获得生产利润。没有生产利润的企业就像没有血液的人,无法生存。所以管理企业生命线"设备"的设备管理就上升为企业管理中重要的一部分,特别是在导入 TPM 概念后,其重要性也愈发凸显。

　　先进的设备管理是制造型企业生产的最有力的支持工具之一,设备管理的到位能够保证生产计划的如期执行以及时响应客户的市场需求,同时能够有效地降低企业的制造成本,如中间在制、成品在库的积压资金、维修保全成本及其他管理(人工、时间)成本,而且能够有效降低不良品发生率,最终提高企业的经济增值水平。

通过上述说明,可以了解到设备管理的必要性:设备管理是企业内部管理的重点,是企业生产的保证,也是企业提高效益的基础。

设备管理是对设备寿命周期全过程的管理,包括选择设备、正确使用设备、维护修理设备及更新改造设备等。

设备运动过程从物资、资本两个基本面可分为两种基本运动形态。

设备的物资运动形态,是从设备的物质形态的基本面来看,指设备从研究、设计、制造或从选购进厂验收投入生产领域开始,经使用、维护、修理、更新、改造直至报废退出生产领域的全过程,这个层面过程的管理被称为设备的技术管理。

设备的资本运动形态,是从设备资本价值形态来看,包括设备的最初投资、运行费用、维护费用、折旧、收益,以及更新改造的措施和运行费用等,这个层面过程的管理被称为设备的经济管理。

设备管理既包括设备的技术管理,又包括设备的经济管理,是两方面管理的综合和统一,偏重于任何一个层面的管理都不是现代设备管理的最终要求。

二、TPM 的内涵及其范畴

TPM,中文名称译为全员生产保全,其英文原来是 total productive maintenance, maintenance 意指保全,更多的意味在于维护、保养上。但是随着时代发展,TPM 的 M 已经由 maintenance 演变成了 management,一个词的变化背后包含了对 TPM 的要求已经上升到了"管理"层面,而非仅仅是保全。换句话说,TPM 定义的核心在于生产设备的整体效率而非维修。

不过 TPM 的基本思想不变,还是强调全员参与的生产保全活动,维护的是企业生产的整个过程。

TPM 活动是支撑精益生产管理的一个工具,其本身具有被称为"四大支柱"的功能。一是确保质量的设备,二是故障、异常的未然防止,三是做到迅速、准确的修理,四是对设备进行不断地改善。以上四大支柱,也从生产准备、制造准备、批量生产、设备老旧更新等角度对保全技术和技能、预备部件、保全资料、作业管理、保全费用等进行管理。

TPM 管理主要从客户所看不到的企业内部的组织能力,即生产现场的实力着眼,通过现场的持续改善活动,形成具有自律精神的组织机制,促进企业在竞争中获得更强的成本竞争力、变动应对能力、开发能力、质量保证能力,从而在企业核心竞争力上占据优势地位。TPM 管理有明确的四大目标:浪费零化、不良零化、故障零化、灾害零化,不断向浪费、缺陷挑战。

TPM 活动主要包括生产技术部门与工厂的一体化活动,生产保全的开展,使用设备的日常管理(包括彻底实施 4S、始业点检、倾向趋势管理),设备保全费用递减的改善实践活动(如设备备件管理、耐用备件的采购等)。

比如生产技术部门与工厂的一体化活动,要求生产部门与保全部门的问题点做到可视化,共有化。最了解设备的一定是现场的技能员工,因此要求现场与保全部门充分沟通,信息共享,这样保全部门得到准确信息后能够在短时间内快速处理异常,并通过保全人员的快速应对增强相互之间的信赖关系,以此形成良性循环。如此,生产设备整体效率所带来的经济效益将通过操作人员与维护人员之间的良好合作加以实现。

全员的参与意识是推行 TPM 活动中的最核心的指导思想。TPM 不仅涉及维护和操作人员,而且还应包括诸如研发人员、采购人员及管理者在内的全体员工。最理想的企业特有文化是,上自经营层下至第一线的员工,都能形成从小事做起,从我做起,并形成"凡事彻底"的工作作风与责任感,排除影响生产效率和产品质量的消极因素,使工作职场、现场更加稳定,既能给员工提供一个整洁、优美、舒心的工作环境,也能给客户留下一个正面的深刻印象。

三、设备管理与 TPM 相辅相成

首先,TPM 管理围绕生产现场的设备管理展开。

TPM 管理总体划分为 7 个阶段:初期清扫、针对发生源/困难源寻找对策、制定基准书、总点检、自主点检、工程质量保证、自主管理阶段,每一阶段的开展都要围绕设备注入很多的现场实用知识。

比如,初期清扫阶段就是要通过对设备的清扫,在员工和管理者的观念中树立清扫就是点检的概念,通过设备清扫活动培育员工观察设备和检查设备的习惯;分析设备的某一部位产生的缺陷会对产品质量造成什么影响,从而促进设备的操作员学会系统思考,做到能够查找问题,提出改善提案并自我实施;让员工掌握利用 QC 七大工具开展小组课题活动,眼睛盯住员工熟悉的生产现场,一点一滴逐步开展改善活动。在设备缺陷管理、设备自动化改善、设备防呆改善(提醒员工集中注意力,防止走神),解决一个问题后需要标准化一个问题,用标准固化成果及改善价值。

其次,通过 TPM 活动可以强化设备管理能力。

设备管理一般可分为设备分类、设备性能鉴定、设备管理的可视化、设备点检、设备预防性保全计划、关键设备备件在库管理等内容。而 TPM 活动就是要将设备管理的内容在现场实践。

又如设备点检,现场有员工的日常设备点检和专业人员的点检,而点检项目对点检和不合格项目的处理方法均来自现场的制定,员工应了解点检的标准是什么,知道判定异常的基准,并学会一定的处理异常的技能。

又如设备管理的可视化,通过颜色管理,标识出仪表的功能上下限范围、液位加注的上下限范围、转动部位的旋转方向等,员工和管理者就能轻松判定出设备是正常还是异常,从而预防问题的产生。通过各阶段的 TPM 活动能够不断理顺设备的管理流程,培养设备管理专业人才,提高设备综合效率,用设备提升质量,赢得利润。

如何提高设备的综合效率,降低因设备维护不良造成的"六大损失"(开机准备的损失、不良返工的损失、速度降低的损失、频繁停止的损失、调机的损失及设备故障的损失)成为设备管理部门的一大课题。这一大课题在 TPM 管理活动中可以通过生产线小组的课题改善活动和管理人员的课题活动去解决。作业员、班组长、现场的管理监督者,每个人的立场、经验不同,看待问题的角度不同,所得到的想法、结果自然也是大相径庭的。通过生产现场小组的课题改善活动,能够实现课题信息及困扰点的可视化、共有化,找到改善方案的着眼点,

明确改善范围,获得更多不同思考角度的解决提案。所以说,利用 TPM 管理活动加强设备管理是个十分有利的机会。

　　当然,TPM 管理、设备管理都强调实践,都需要在现场进行,都需要树立问题意识和改善意识。管理活动的重点在于培养人,通过工作任务的操作实践培养出能处理、解决现场问题的人才,培养员工型专家。考虑个人的擅长点与团队的长短互补,将每个人的能力发挥到极致,焕发现场活力,建立强大的人才梯队支撑企业持续经营发展。

　　作为公司运营管理的五大任务的达成无不与设备有关,因此其设备管理的重要性随着 TPM 管理活动的深入愈来愈明显。切实做好设备管理,落实推进 TPM 活动,提高设备综合效率,保障企业的正常生产活动,并通过设备管理人才梯队的培养,获得企业持续发展的原动力。

第二节　设备点检方法

一、设备管理的日常点检

(一)设备管理日常点检的意义

　　在实际管理中,设备管理又包含了很多的工作内容,如设备的生产记录、稼动情况记录、不良记录(包括制程中巡检时发现的、部门出货前检查拦截的等)、设备备件更换、维修记录、设备备件管理、设备保全费用管理等。而其中最为基础的当属设备日常点检了。

　　求职后,公司都会要求员工进行体检,并根据体检结果判断员工身体素质是否适合在该公司工作。同样,设备管理里所谓的点检是指为了提高、维持生产设备的原有性能,通过人的"五感"(视、听、嗅、味、触)或者借助工具、仪器,按照预先设定的周期和方法,对设备上的规定部位(点)进行有无异常的预防性周密检查的过程,以使设备的隐患和缺陷能够及早发现、早期预防、早期处理。点检是车间设备管理的一项基本制度,目的是通过点检准确掌握设备技术状况,维持和改善设备工作性能,预防事故发生,减少停机时间,延长设备寿命,降低维修费用,保证正常生产。设备点检又分为操作点检——由岗位操作工承担和专业点检——由专业点检维护人员承担。

(二)设备点检表

　　体检时,医院都会出具详细的体检清单,包括进行体检的大项目,大项目里还会分为小项目,体检结果单上除了体检后的结果还有明确的参考标准,便于判断也便于了解自己的身体情况。

1.点检表的编制

　　对设备进行点检也一样,也需要给到点检人一张标准的点检表,由设备管理部负责设备点检表的编制。参考体检表的格式,可以列出设备点检表应包含的内容:标题、设备相关信息(设备名称、设备编号)、日期、点检分类、点检项目名称、点检方法、点检标准、点检频率、点检人签名栏、备注故障记录栏等。

编制时应根据设备进行分类,依据设备的说明书、操作规程等,制定详细的点检周期、点检内容,重点关注以下几项检查内容。

（1）每日开机前应检查设备各类紧固件有无松动。

（2）设备各种指示灯的指示及各类表计的读数是否正常。

（3）设备各转动部位是否转动灵活,有无卡转、堵转现象,润滑是否到位。

（4）设备各部件气压是否在规定范围之内,气路接头有无漏气现象,以及有无松动现象等其他跑冒滴漏现象。

2.点检内容

（1）设备点检:依靠五感（视、听、嗅、味、触）进行检查。

（2）小修理:小零部件的修理和更换。

（3）紧固、调整:弹簧、皮带、螺栓、制动器及限位器等的紧固和调整。

（4）清扫:隧道、地沟、工作台及各设备的非解体清扫。

（5）给油脂:给油装置的补油和给油部位的加油。

（7）排水:集汽包、储气罐等排水。

（8）使用记录:点检内容及检查结果记录。

即便对点检表应有的点检内容了解了,但是就这样一张表格给到现场员工,实际点检过程还是会出现问题。没有明确规定点检时间,会导致点检实施比较混乱,特别是计件制的条件下,员工会选择先开机进入生产状态,再来填写点检表。这样就没法起到先确认设备是否有故障,是否会影响质量的作用。或者说,有的人点检完所有项目需要 10 分钟,有的人需要 5 分钟。面对这种情况,很多人都会回答说,因为慢的那位员工熟练度不够,还没适应。其实,在反馈出熟练度不一致的同时,也反映了没有实现设备点检作业的标准化。

这样就要求在制作设备点检表的同时,规定实施时的基本事项。比如为了确认设备能够正常生产（why）,明确规定相关设备负责人（who）在上班前的 5 分钟内（when）根据点检表和关键点检项目的图片加备注说明,也可通过点检作业标准书（how）点检完每日点检的项目（what）。

无论是生产产品也好,制作表格也好,我们都要有"后工序是客户"的思考,一定要站在使用者的角度上去思考。点检表特别是关键项目如何点检一定得是清晰易懂的形式,如果有图片备注,可以将关键部位放大加箭头标注。

设备日常点检表（见表 6-1）是由每班的操作者负责对使用的设备进行前期检查,反映具体状态的记录文件,是指导设备修理的重要前提,是让设备修理工作从事后补救转换为提前预防的关键步骤。

表6-1　设备日常点检表

设备名称：铭龙雕刻机　　设备编号：　　　　　　　　　　　　　　BN/Q　　　　　年　　月

项目	检查部位	方法基准	周期	1	2	3	4	5	6	7	8	9	10	11	12	13	14	15	16	17	18	19	20	21	22	23	24	25	26	27	28	29	30	31
清扫	主轴	清除灰尘、油污	每班1次																															
	导轨	清除工作废料	每班1次																															
	设备周围环境	清除异物,灰尘及污染源	每班1次																															
加油	滑块	钽基润滑脂或机械油	每班2次																															
	丝杆	钽基润滑脂或机械油	每月1次																															
	水冷系统	畅通无堵塞	每班1次																															
	限程装置	反应灵敏	每班1次																															
点检	CNC控制键盘	各键操作反应灵敏	每班2次																															
	真空系	无过滤、异常噪音	每班2次																															
	主轴电机	无过滤、异常噪音及运转不畅	每班2次																															
	吸尘系统	无异常噪音,无堵塞	每班2次																															
安全	急停停开关	反应灵敏	每班2次																															

	操作人			
	确认人			

故障栏	日期	故障内容	故障时间	解决措施	实施者
记录重要问题及故障发生的内容,发生了多长时间及维修内容。					

注：以上清扫、加油、点检、安全项目操作人每日上班操作前必须完成。完成后在每日对应的框内打"√"并签字,如机器未使用,则在对应的框内填"○"字,班组长在确认人所对应的框内签字。机器有故障的填在故障栏内。

93

二、设备点检表的制作要点

(一)设备点检表可能存在的问题

设备如同人,难免会出问题会生病,也要讲究养生。养生需要持之以恒,设备管理也同样不能流于形式化,需要长期地贯彻执行。常看到工厂的点检表存在以下异常情况:明明需要不同的填写人却是同一个笔迹;或者当天以后的日期确认栏里都已经画上检查确认符号;还有点检确认会有中断,有几天执行了,有几天没有执行;有时逐一对照点检表和实际的设备状态,能发现有些项目点检确认结果并不符合实际等。这样,连最基础的设备点检都没有落到实处,更不能说做到整体的设备管理效果了。

那为什么会出现这种情况呢?当仔细查看设备点检表,会发现有些设计过于粗放,有的点检项目不够具体,更多的是只有点检项目,没有说明点检方法,或者点检后参照的标准都没有注明等,存在本身点检表设计上的缺陷,或是员工对点检的思考不足。

(二)设备点检表的制作要求

通过对不理想的点检表事例的分析之后,可以归纳出设备点检表的制作要点。

第一,要有明确具体的点检项目、点检方法、点检标准和点检频率。点检表是员工进行设备点检时赖以参考的重要资料,如果以上关键信息都不明确,员工即使拿着表格也不知道如何点检,何谈做好点检记录呢?

下面我们通过举例来说明,想要制作合格的设备点检表,应该把点检标准和方法明确到怎样的程度。

比如说,有一个点检项目是"确认装配流水线的线速",如果针对这个点检项目没有具体对照的点检标准的话,那么简单地备注点检方法就是"目视"。即便目视看了装配流水线,也不知道具体看流水线的哪个部位。点检看的部位不同,得出的数值也不同,可能并不是点检项目中想要的对象值。即便看了之后得出了点检项目中想要的对象值——流水线线速值,但是没有判断当前状态属于正常还是异常的标准,就不能判断点检结果,也就没法进行记录。

以点检项目"确认装配流水线的线速"为例介绍一下合理的设计方式。目前较为常见的流水线,都有一个电机转速调整钮,这个旋转按钮边上会有刻度标识。需要注意的是,这个刻度标识是指电机转速而不是流水线线速。在制定点检标准时,就需要通过调整电机转速测出生产节拍时间相对应的数值,再把这些数值整理成电机速度与线速节拍换算表,并增加到设备点检表上。员工进行点检作业时,需要看电机转速调整钮处得出实际运转速度及节拍,这个"电机转速调整钮"就需要以图片的形式粘贴到相应点检项目处,或者以编号代表相对应的点检项目参照图。但是还有一点,目视后得出的只是实际的节拍,是否正常还需要和标准对照。在这种情况下,标准就应该是该装配流水线安排生产该产品的设定生产节拍时间。如果每次点检还需和相关管理人询问"这条线生产这款产品计划的节拍是多少",这又增加了点检的工作量,拉长了点检作业时间。为了避免信息只掌握在部分人手里,需要制作一个可视化的标识,人人都可以马上确认,比如,可以将写有"设定节拍××秒"的小卡片粘贴在电机调整钮边上,这样员工就可以立马读取实际转速/节拍并设定节拍的数值,并参照换算表给出点检结果,实现点检作业的高效化。

通过刚才的例子相信我们已经较为理解点检标准的重要性了。但是有些时候还会遇到难以直接量化的问题,或因为不同人的认知、意识不同,而使判断标准无法统一的点检项目,这时候可以采用"代用特性"的方法去设计。"代用特性"是指确定某方面的参数来反映真实特性,通常用质量方面的"真正质量特性"和"代用质量特性"的关系来理解一下"代用特性"的含义。一般"真正质量特性"表现为产品的整体质量特性,但不能完全体现在产品制造规范上。在大多数情况下,很难直接定量表示。因此,就需要根据"真正质量特性"(用户需求)相关的一些数据和参数来间接反映它,这些数据和参数就称为"代用质量特性"。由此,"代用特性"本质也就是确定某方面的参数来反映真实特性。比如皮革印染设备,需要控制产品印染层的厚度,但由于染料具有一定的黏着度,很难通过目视来调整印染刀具的高度。这时可以采用通过染料输送管内的流量计显示数值的波动来调整刀具的高度。与目视相比,可以通过流量计做到定量化管控,管控效果反映到皮革印染层的厚度也会更精准。

第二,需要考虑合理的点检表放置位置及填写的便利性。曾在某些工厂看到点检表有的放在设备上,有的放在产品上,没有固定合理位置,容易丢失,不利于管理。另外随意的摆放,也会给员工一个错误信息,设备点检一事并不那么重要,意识影响行动,作为结果反映出来就是设备点检表执行不理想。从使用人角度思考,把点检表放在容易看到的、高度合适的位置,再配备一支笔与点检表连在一起,可以更方便员工的点检及填写。从这些角度设身处地为员工思考,自然而然可以提高员工的点检积极性。

第三,设计时需带有可视化思考方式。把设备点检表放在容易看到的地方,结果的正常与异常可以一眼判别出来,责任人也被醒目显示出来。点检结果和责任人的可视化使得人人可以监督。如此一来,员工们就会想,如果自己没有切实执行设备点检,不仅管理者会监督,其他人也会监督,这也会促使员工们点检更加积极,在一定程度上可以使得设备点检工作持续下去。

第三节 设备管理机制

一、确保点检工作贯彻执行的机制

光靠以上点检表的制作要点就能确保点检工作的长期贯彻执行吗？也不见得。首先需要承认人容易产生惰性,为了克服惰性,需要设计一套可以推动点检工作持续进行的机制。这也是管理的使命。

正如人体活动有四肢,公司运行也需要组织架构。而组织架构的运转需要某种机制进行规范、约束。设备点检作为公司内的一项工作,也同样需要明确的机制进行规范管理。

在企业范围内讲机制,其实指的是运行机制。所谓运行机制,是指生产、企业经营各要素之间的结构关系和运行方式,以及这些因素产生影响、发挥功能的作用过程、作用原理及其运行方式,是决定行为的内外因素及相互关系的总称,也可以简单理解为制度加上方法或者制度化了的方法。

以一个大厦的清洁记录表为例,如果表格的填写人只有清洁员自己,就可能出现没有打扫就提前填写完成的情况。但如果有一位监督者有间隔、定期地去检查核对表格的填写情况,并签上自己的名字,清洁员就会知道上司在关注他做记录这项工作,清洁员也会有意识地按照要求去执行。再进一步,如果监督者的上级对一张填完数天的表格的记录情况进行确认并签上自己的名字,并把签名后的表格送回监督者,监督者也会保持切实监督的意识。这样的机制就可以基本确保清扫的贯彻执行。

同样的运行机制可以用于设备点检表。在点检人执行到位的基础上,由点检人的上司定期地对设备点检及记录情况进行签名确认,点检人上司的上级担当监督者,一个月一次汇总监督,通过这样一个闭环的机制来确保和制约清扫工作的持续进行。

为什么点检人的上司需要有间隔、定期地进行确认、监督呢?作为管理监督者,每天要确认的内容,处理的异常工作很多,根据工作内容的重要程度排序可以提高工作效率,比如说重要的工作可以3天一确认,优先级相对较后的可以设定1周一确认。若定为每周三确认,当点检人的上司不巧周三临时出差无法确认,也可以在周四进行确认,在实际运用过程中可灵活处理。针对设备点检过程中出现的异常及处理,点检人的上司必要时也会在备注栏写下简要点评及建议。既然要上司确认,那么就需要相应地在设备点检表内提前设计确认栏。

二、闭环有效可持续的设备管理机制

由于机制内各要素相互影响、相互制约,在设备管理整个工作系统或者机制中,某项工作要素的执行会影响其他设备管理工作要素,某项工作要素的执行结果也会影响同系统、机制内其他设备管理工作。

比如把设备点检当作设备管理工作的出发点,看如何通过这项工作带动其他设备管理工作。

设备的始业点检也好,设备的日常点检也好,点检结果不可能一直都是正常的,特别是制造型企业的生产现场,每天都有异常发生。这时该项的异常就应该被记录下来,一些简单初级的异常问题,点检人就可以对异常进行描述并进行相应的保全工作。当异常超出点检人的判断、处理能力范围,就会呼叫相应的负责人如班长、组长、技术员等前来进行异常处理,包括描述异常现象,查找异常原因,并采取合适的对策。当然做好记录是必需的。

假设出现的异常为轴承磨损,那么相应的措施就是更换轴承。这样在点检表的备注栏处,我们需简单记录情况及对策,然后在该设备对应的设备台账或者设备维修记录表上,详细记录异常发生时间、异常现象、异常原因、处理措施(包括更换的零部件型号及数量等信息)及对策实施人。这些信息作为设备履历,像档案一样跟随设备整个生涯。

异常发生后,除了临时性的更换零部件等对策,还需要对异常进行分析。为什么影响设备正常运转了才发现轴承磨损了?如果现阶段根本没有到零部件的更换周期,也没有预防保全机制的话,那么参考供应商的寿命周期及加工车间的该零部件更换记录来设定合理的更换周期是非常重要的一项工作。如果加工车间内部对轴承的更换周期及寿命周期建立了参考标准,那么是人为原因导致没有参照零部件的寿命周期进行定期或者定量的预防保全而错失事先保全的良好时机吗?如果是的话,那么需要对保全人员进行培训及工作方式的指导,特别强调预防保全和事后保全。根据设备使用情况,判断出故障的轴承零部件的使用时间或者加工量在寿命管控范围,反映出的问题便是原先该轴承的更换周期标准设定得不合理,不能保障设备的正常运转,会降低设备的生产效率;或者由于设备老化等原因,以前的更换周期标准已经不适合当前的设备状态,亟须在旧标准上,以设备零部件更换记录为准,重新评估调整、制定出新的轴承更换标准。有了准确的标准,并明确人员进行维护工作后,应彻底地按照新标准执行预防保全工作,以提高设备的可动率(利用率),增加产量。

与零部件更换周期标准相关的一项管理工作是设备的备件管理。备件管理涉及备件成本管理、备件采购周期管控、备件在库量管理,以及和生产量的联动。例如在其他条件保持不变的情况下,轴承作为易损件,其更换周期缩短了,就需要适当调高一定系数的该轴承备件安全在库量。这样,可以保障在正常生产磨损时及时更换,或者突发异常时,有该轴承的安全在库可以临时更换,快速恢复正常生产。

看似简单、普通的设备点检工作,在机制内运转时,与其他相关条件要素产生连锁反应,也会影响其他相关设备管理工作的执行,如对设备维修、零部件更换、预防保全及保全人员培训、设备备件管理等产生影响。设备点检的记录作为设备履历的一部分,是一份重要的设备管理参考资料。原始的数据是最宝贵的资料,仅仅记录并不一定能起到作用,一定要注重对数据信息的分析,才能把得出的结果用于改善,形成设备管理方案。

由此,通过点检表的标准化与人性化设计,降低点检工作难度;通过可视化设计,让异常无处遁形;建立双重确认机制,形成闭环;并与其他设备管理工作相结合,终可以形成闭环、有效、可持续的设备管理机制,以此来推动并确保企业内工作的长效运转。

练习题

1. 设备管理的目的及意义是什么?
2. 设备管理的范畴包括哪些内容?
3. TPM 是指什么? TPM 活动的重要变迁又是指什么?
4. 设备点检表的基本形态包括哪些内容?
5. 如何理解设备管理与 TPM 活动之间的关系?
6. 制作设备点检表的要点有哪些?
7. 运行机制是指什么?
8. 确保设备点检表持续运行的机制应该如何设计?
9. 怎样才算闭环、有效、可持续的设备管理机制?

第七章

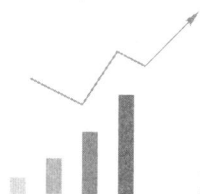

精益智能制造中的质量管理

▶▶**本章目的**

　　理解何为质量管理及自工序完结思想在质量管理中的重要性,学习如何把自工序完结思想导入工作中;掌握使用作业要领书等工具对关键质量点进行质量管理的方法;学习在质量管理中发挥质检应有作用的方法;弘扬敬业奉献、创新拼搏的工匠精神。

▶▶**内容要点**

　　1. 理解质量管理的含义。

　　2. 了解质量管理的误区。

　　3. 领会"质量是设计制造出来的"这句话的内涵。

　　4. 了解自工序完结的重要性及推进步骤。

　　5. 认识作业要领书的作用。

　　6. 理解作业要领书的特点。

　　7. 正确制作和使用作业要领书。

　　8. 学习质量检查的作用。

　　9. 掌握质检的工作内容分类。

　　10. 学习质量异常时质检的应对机制。

第一节　质量管理概要

一、什么是质量管理

　　质量管理是贯穿生产工序管理、质量验证和质量改善3个项目的管理。通过对这3个项目的管理,产品会在现场生产工序中确保质量,并通过质量验证进行保障(见图7-1)。

　　生产工序管理是指:①将正确的作业顺序进行标准化;②为了确保质量能在生产过程中得到保证而进行质量培训和作业培训;③为了防止因设备问题导致不良现象产生而进行设

备的维护管理,确保设备工作能力;④为了防止因工序异常导致不良现象产生而进行确保工序正常的管理。

质量验证是指:①为了验证产品是否符合要求的产品质量检查;②对生产工序是否具备质量保证的能力进行监督;③对工序管理和检查是否在实施进行监督。

质量改善是指:①为了防止已发生的不良现象再次发生而进行改善;②对还未发生过但将来有质量隐患的地方进行改善。

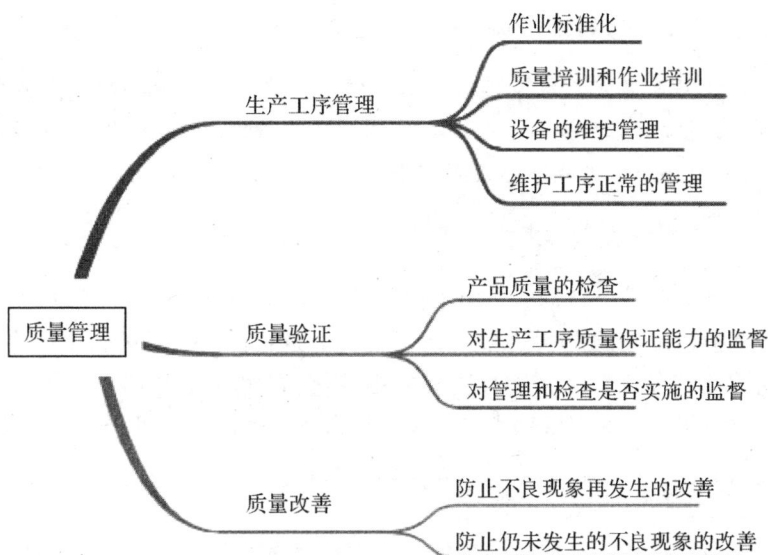

图 7-1　质量管理

在 2016 年的政府工作报告中,李克强总理提到"要鼓励企业开展个性化定制、柔性化生产,培育精益求精的工匠精神"。日本和德国的商品在中国得到认可可以归因于日本和德国产品过硬的质量和精湛的工艺水平。近年来,中国自制产品的质量虽然已大大提高,但较多产品的服务和质量还处于较低水平。为了更好、更规范地进行质量管理,并不断维持和推进质量管理,便有了质量管理体系(quality management system,QMS),有效的质量管理系统可以在很大程度上提高现有水平下的产品质量。

QMS 被定义为一个正式的系统,这个系统记录了实现质量政策和目标的过程、程序及责任,QMS 可帮助协调和指导组织的活动,以满足客户和法规要求,并不断提高其有效性和效率。

ISO 9001:2015 是规定质量管理体系要求的国际标准,是世界上受到广泛认可和实施范围较广的质量管理体系标准。ISO 9001:2015 规定了组织可以用来开发自己的程序的质量管理体系的要求。与质量管理体系有关的其他标准包括 ISO 9001 系列的其余部分(ISO 9000 和 ISO 9004)、ISO 14001 系列(环境管理体系)、ISO 13485(医疗器械质量管理体系)、ISO 19011(审核管理系统)和 ISO/TS 16949(汽车相关产品的质量管理系统)。

质量管理体系有许多目的,包括改善流程、减少浪费、降低成本、促进和确定培训机会、培养敬业的员工、确定组织范围的方向。实施质量管理体系会影响组织绩效的各个方面。文件化的质量管理体系的作用包括以下几方面。

第一,满足客户的需求,有助于树立客户对组织的信心,进而吸引更多的客户、更多的销售和更多的回头客。

第二,满足组织的要求,确保以最节省成本和资源的方式遵守法规并提供产品和服务,为扩展市场、增长利润创造空间。

二、质量管理的误区

(一)误区1:质量归质量部门负责

质量部门的任务确实是提高各部门工作的质量及产品质量,但只依靠质量部门对质量进行管控,其他部门就可能忽视自己平时工作中对质量管理的重视程度。因此,质量部门不应在孤岛上工作,而必须尽可能地融入组织中。

(二)误区2:质量体系会带来更多工作

许多人认为质量体系会导致额外的工作而没有投资回报。这是不正确的。质量体系的一个重要方面是描述过程,删除或重新考虑无意义的过程步骤。通过优化这些过程,公司的工作将更加高效且节省成本。通过对质量的把控,公司将获得质量更好的产品,返工率更低,时间损失减少,组织中的挫败感也将减少。质量管理实际上可以帮助公司获取利益。

(三)误区3:没有参加任何质量认证课程

不要低估培训对提高自身技能的价值。随着时代的发展,质量管理的观念也在不断更新,这需要树立终身学习的概念。当今成功的企业将属于那些学习成长型企业,加强内部培训,提高员工工作创新能力,会使企业欣欣向荣,蒸蒸日上。质量认证课程为提高员工质量管理能力极为有益。因此,仅因为员工觉得自己没有时间去参与质量认证课程而忽略它的价值是不明智的。

(四)误区4:尝试一次更改所有内容

希望在最短时间内完善质量管理体系几乎是不可能的。最好的方法是从一个项目或一个重点领域开始,让所有人参与进来并进行改善活动。一旦员工看到了第一步的成功,下一步将更容易成功。做太多次尝试然后都以失败告终,可能会对员工积极性造成毁灭性的打击,不仅会影响质量策略的成功,而且还会影响质量专业人员的信心。

(五)误区5:专注于损害控制,而不是适当的预防解决方案

日常质量管理人员的角色往往是"救火队员"。过多地关注损害控制时,即使是最好的系统也可能不堪重负。通过寻找好的预防性解决方案,例如找到称职的员工并通过他们的能力不断发现问题并及时改善,就会发现需要扑灭的"火灾"会越来越少(有更多时间用于其他质量目标)。

(六)误区6:在寻找错误时,不要只看局部

一般来说,很容易地将一个错误的原因认为是新工人犯的一个错误。但是,如果不进行

适当的调查或进行可靠的内部审核,则更容易忽略其他潜在风险。应全面排查问题发生的原因,如是因为制造系统故障的原因质量控制过程中出现了问题。应该始终保持全局眼光,进行全面调查,以确保知道错误的原因。

三、质量是设计制造出来的,不是检验出来的

"质量是生产出来的还是检验出来的"这个问题,一直是企业界争论的热点,生产作业者认为质量是检验出来的,质检员没有把好关导致劣质品流入市场;质检员认为质量是生产出来的,生产作业者如果不制造不合格品,市场上就不存在劣质品! 到如今,许多公司,一旦产品出现质量问题,就把责任推向质检部门,认为质检部门没有将劣质品检测出来,之所以这样,是因为许多公司都存在着这样一些错误观点:意外的瑕疵是无法避免的;检验产品质量是质检部门的责任;依赖产品的检验,认为质检人员需要负责检测出瑕疵品。

美国质量管理大师爱德华·戴明和 W.A.休哈特强调,质量是设计制造出来的,不是检验出来的。这句话指出,只有在生产过程中的每个环节严格按照生产工艺和作业指导书要求进行,生产才能保证产品的质量。如果忽略过程控制,只靠检验,是不可能保证产品质量的。因为质量检验,只能剔除残次品,并不能提高产品质量,即质量控制重点应该放在生产制造环节,而不是放在事后把关的检验环节。

第二节　自工序完结

一般来说,某些产品在生产过程中发现质量问题比在检测中发现问题要简单,因为生产作业者显然比质检员对质量问题更了解,如果作业者主动控制质量,再依靠质检员把关,产品质量基本上就可以得到保证。

一、支撑质量管理的基本思考方式——自工序完结

自工序完结(日语舶来语)是指作业者自己保证自己的作业工序做出的产品(工作)质量,即明确良品条件并彻底遵守标准作业,作业者能够清晰地判断自己作业的好坏。简单来说,自工序完结是完成好交给自工序的任务,不制造不良品,不让不良品流到后工序。

自工序完结中的工序并不仅仅指生产现场的工序,还包括设计开发、生产准备等部门工作人员的业务。不仅要重视产品的质量,也追求设计图纸、报告书和业务运营等环节的质量。生产现场之外的部门,也需要进行自工序完结工作。

质量管理的首要目标是生产现场的自工序完结工作。在制造现场,员工要做到自工序完结,就要在作业前、作业中和作业后各个环节为确保质量做好管理工作。

二、自工序完结的重要性

自工序完结是质量保障的核心。自工序完结,可以尽量确保在每个工序不产生不良品,防止不良品流入市场中去。通过检验,防止不良品流进下一个工序,甚至是市场。现阶段主要采用的是自工序完结和检查二者结合的方式,其中自工序完结是核心。产品的质量决定

市场有无未来,产品的质量决定市场竞争力,从而决定企业的存亡。一个企业想要生存和发展,必须保证和提高产品质量。

自工序完结具有极大的优势。作业或设备出现问题时一目了然,当产生不良品时,可以迅速准确地判断发生的原因,并立即采取措施,迅速进行改善效果确认,从而更好地保证产品的质量。

自工序完结是联系维持与改善的纽带。依靠现有的技术设备和经验不能达到完美的"自工序完结(只生产良品)"。这要求以自工序完结为目的进行持续性改善活动,不断向只生产良品的目标迈进,从而保证产品的质量。

自工序完结可以树立企业良好形象和营造公司良好的企业氛围。有利于员工能力和责任感的提升。员工在循环往复的工序中钻研持续完善良品条件,可以不断提升自己的技艺和能力,从而每个员工都可以判断工序的好坏,使之获得精益求精的质量。增强员工对企业的归属感,形成精益求精的企业文化,提高产品质量,增强企业产品的竞争力,从而树立良好的企业形象。

三、自工序完结的推进步骤

(一)自工序完结项目的明确与共享化

将动作要素作为基本单位来整理各步骤,使自工序完结活动达到的目标可视化。

(二)整理准备的管理要素

1. 管理规定

管理者要明确管理的项目,以工厂、部门、车间为单位制定管理标准。

2. 作业标准

用5W1H等来明确具体的作业或实施要领。

3. 点检表

自工序完结项目实施之后,管理者要能对结果的好坏进行确认。

(三)根据工序,制订容易遵守、方便使用的规定与工具

规定自检作业,确保作业标准中有确认要求,确保在作业时间中包含有确认的时间;进一步讨论和明确防止不良品流出的保证措施。

(四)制作管理板,用于目视化

制定能够做到自工序完结的维持体系,防止其再发生,以彻底解决所产生的不良品为目标。

(五)监督与指导

监督生产工序作业遵守情况,定期进行抽检,确认作业是否按照规定进行,并对作业给出相应的指导。

（六）评价与改善

对自工序完结，用自工序完结度进行评价，寻找改善机会，找出改善措施并实施改善。

（七）日常维持

根据作业者的反馈，开展改善提案活动来提升工序保证能力；持之以恒提升现场的作业技能和质量意识，从而更好地落实自工序完结活动。

四、基于安东系统的质量异常应对机制

（一）安东系统介绍

丰田公司作业现场，在人需要临时走开，或工作速度跟不上，或者零部件有异常等情况时，可以拉绳，生产线会定位停止，然后班长或其他员工协助解决。

安东（andon）这个词的起源来自日语"纸灯笼"这个词，这是日本常见的装饰品。在英语中，andon 的意思是"sign"或"signal"。它是一种视觉辅助工具，可警告并突出显示需要采取的措施。例如，生产工厂中的指示灯闪烁，表明该生产线由于某种不正常现象已被一位操作员停下来。

准确来说，安东指的是用于向管理、维护人员或其他的工人通知质量或过程问题的系统。警报可以通过操作员拉动绳线或按按钮来激活它，也可以在检测到问题时由设备自动激活它。该系统可以包括停止生产的装置，以便纠正问题。它源自丰田生产系统中使用的jidoka（自动化）方法，该方法使操作员能够识别问题并主动停止工作，而无须等待管理层做出决定。

安东在精益生产中的要点是停止工作，以便团队可以聚集在一起进行实时根本原因分析，并快速应用解决方案。一旦问题解决并且工作继续进行，则将事件记录为持续改进系统的一部分。

由过程问题触发的任何信号都是某种安东，常见的触发器包括零部件短缺、缺陷、工具故障和安全问题。当工人听到或看到安东警报时，将在其他任何问题发生之前停止生产，并会寻求帮助来解决该问题。使用安东系统将产生质量更高的产品、高效的生产线并减少停机时间。此外，可以记录安东警报，以帮助管理人员确定其设施需要改进的地方。

在日常生活中，许多安东也存在于工作场所之外。当汽车中的燃油警告灯亮起时，这是一个向汽车油箱加油的信号，因此驾驶过程可以继续进行。如果有人将冰箱门在厨房中打开，则某些冰箱将开始发出"哔哔"声，以提醒人们采取行动并关闭冰箱门。

安东的唯一工作方式就是真正授权操作员使用它。这意味着不仅要给操作员许可，而且要在出现问题时停止生产。员工（尤其是制造业员工）由于停机成本高昂或担心出错而犹豫不决。对大多数人来说，完全停止生产似乎适得其反。有些人将尝试解决临时症状并稍后处理根本原因。精益生产中的安东系统假设立即停止工作以使企业避免将来付出重大且高昂的代价。这完全符合"尊重人"的精益原则。

（二）使用安东系统的好处

在精益生产中使用安东系统将在短期和长期内产生许多好处。

1.短期利益

(1)提高生产过程中的可见性和透明度。

(2)提高生产力和效率。

(3)减少浪费。

2.长期利益

(1)降低成本和停机时间。

(2)由于产品质量更好,为客户增加了价值。

(3)负责任的运营商对生产线的运行尽可能高效地负责——使它们在出现问题时能够采取行动,而不是等待管理。

(4)长期改善生产工艺。

如同精益生产中的大多数原理一样,安东本身并没有增加价值。同样,如果在系统发出警报时没有立即采取措施,那么它就无法达到目的,并且实际上可能会损害目标价值。

(三)安东系统的应对机制

安东系统最重要的方面不是光线、声音或工具,而是对安东的预警响应。一个组织不能简单地安排一个安东并期望它工作。可以使用6个步骤来实施和维持一个能应对企业现场异常状况的机制。

(1)定义目标。确保团队成员了解为什么要创建新流程或警报,并清楚他们想要的结果。

(2)确定潜在问题并建立检查点。

(3)确定安东的类型和响应方法。确定它是听觉、视觉还是其他类型的报警方式。例如,紧急情况的安东既是听觉警报(响亮的警报)又是视觉警报(闪烁的灯光将工作人员指引到某个位置),以确保有合适的人员及时赶到现场并采取措施。

(4)对安东制定标准化的应对措施。在将要使用的流程上集思广益,定义并取得共识。

(5)实施安东和响应。培训是确保每个员工的反应都能最好地实现产品质量的关键。

(6)通过使用PDCA流程评估有效性。对问题发生的根本原因分析并发现变得更好的方法。经常重新评估安东的有效性,持续改进。

第三节　质量管理工具

一、质量管理工具——作业要领书的作用

(一)质量管理系统组成

质量管理系统一般是由4个级别(或4种文档类型)组成的金字塔结构:政策(policies)、程序(procedures)、作业要领书(work instructions)、记录(records)。

1. 政策

政策作为行动方针,可以引导和影响决策。ISO 9001:2015 中有相关表述方法。政策简要说明公司、组织或部门的制度规范和目标。政策在企业管理方面类似于任务说明。

2. 程序

程序是第二层次的文档,应更加详细,并描述不同员工在不同时间、不同地点的职务、职责。可能会列出职能部门的活动及负责该程序的职能部门职务或职位。这些程序可以基于文本,也有许多程序使用流程图来传达信息。

在重写应用程序时,请确保根据 ISO 进行修改,以确保所有要求都能得到满足。某些程序的"有效性标准"部分就可能需要更改格式。

3. 作业要领书

作业要领书是为了正确地、快速地、方便地、安全地操作,将机械操作、换模换线、零部件加工、组装等各种作业,在科学思考的基础上,制作成规范的操作文档。一般一个作业就需要一张作业要领书。这与之前学习过的"作业顺序书"有些不同,作业顺序书只需要将作业的操作顺序和作业时间表述清楚就可以。而作业要领书应该包含作业名称、作业顺序、操作关键点、安全关键点、质量关键点、工具等,且一张作业顺序书可能可以制成好几张作业要领书,因为作业要领书更加详细,比如光"拧螺丝"这个动作就需要一张作业要领书,而这可能只是作业顺序书中的一个步骤而已。简单地说,作业要领书是不管由谁来做都可以进行正确地、快速地、方便地、安全地操作的资料。

表 7-1　程序与作业要领书的区别

程序	作业要领书
过程的具体方式	描述执行特定任务的正确步骤
如何执行工作及原因	如何在非常详细的指导下完成流程中的特定任务
强制性方法	强制性指导
它可能包含 0、1 个或更多工作要领书	专注于 1 个任务的指令
跨职能部门或只有 1 个业务部门	只有一个业务部门
参与多个角色	仅参加一个角色
解释如何做,但不了解其完成方式的所有细节	活动中要遵循的所有步骤的所有细节
带有叙述和图像的文档,通常以用例和工作流程图的形式出现	最详细的文档,逐步解释了活动中必须执行的说明

4. 记录

记录包括用于创建记录清单,调查或用于创建产品或服务的其他文件表格。记录是任何程序或工作指令的重要输出。它们构成了过程沟通环节,是审核材料和过程改进计划的基础。

大家容易对程序和作业要领书的概念产生混淆,表 7-1 为两者的详细对比。

(二)作业要领书的作用

1.作业要领书可以提高产品生产的质量和生产的效率

作业要领书是作业人员使用的工具,是作业人员操作的基本依据,如果严格地按照作业要领书进行作业操作,不会有安全隐患,不会产生不良品,安全地、高效率地生产优质产品。

2.为开展技术性质量管理活动提供指导

作业要领书是质量管理系统中最基础的文档,为开展技术性质量管理活动提供指导。

3.操作方法的标准化

以拧螺丝的作业来说,如果要求作业者拧紧的话,拧紧的程度每个人一般是不同的。如果仅仅依靠个人感觉拧紧的话,可能导致有的人其实没有拧紧,造成不良品的发生。但是如果制定相应的作业要领:"拧螺丝直到听到咔咔的声音后停止",那么拧紧的程度基本上能保证一样。不管谁来操作,都能达到一致的效果。

4.节约培训时间,便于员工更快速地进入工作岗位

没有作业要领书,操作员及其主管必须依靠记忆才能以最佳方式继续执行过程。作业要领书并不能代替最初的培训,但是它们确实可以巩固所学到的知识,便于员工更快速地进入工作岗位,进行标准的作业操作。

5.便于监督和改善作业

作业要领书,为主管提供了一种方便的方法,使主管可以检查作业者的行为并进行改善。

二、作业要领书的制作和使用

(一)正确的作业要领书的基本规则

作业要领书应清楚说明员工如何执行任务,应该没有解释的余地。它们不应该含糊,应该最大限度地减少使员工感到困惑的地方。这里有一些基本规则。

1.明显性

作业要领书应清晰简明,操作人员一看就能理解其含义。避免使用艰涩的词、复杂的句子、过于专业的术语、不必要的解释等,以使每位执行任务的员工都易于理解自己的作业方法。

2.可访问

如果员工只能在车间才能看到作业要领书,则意义不大。相关人员应该在需要的任何时间和地点轻松读取其作业要领书。

3.可信度高

作业要领书应当准确、可信、有用,否则,它们可能只流于形式,无法真正起到作用。可以请专业人员解释工作的完成方式,确保作业要领书符合实际情况。

4.一致性高

作业要领书应遵循统一风格,使它们易于遵循,便于理解。

5. 简短明确

正如爱因斯坦所说:"如果你不能简单地解释它,那么你可能还不够理解它。"在遵循作业要领书进行操作前,应花一些时间彻底理解其内容,这样可以避免以后出现错误。

6. 可视化

大脑处理视觉内容的速度比处理文本速度快得多。实践证明,以合适的方式将图像与文本结合起来,可以使指令处理起来更快,更容易理解。为此,请在作业要领书中尽可能使用图像、图纸和视频。

7. 由经验丰富的人撰写

在完成任务方面经验最丰富的人应该是撰写作业要领书的人,请勿将编写作业要领书的任务交给并不是十分熟悉这项工作的人员。否则,你不能期望操作员知道如何充分发挥作业要领书的作用。

(二)作业要领书的必要内容

作业要领书是将某一特定操作的条件和标准进行文件化,作业要领书专注于控制影响质量的因素,而不是只纯粹地描述具体操作。作业要领书应该包含作业名称、作业顺序、操作关键点、安全关键点、质量关键点、工具等。这里主要介绍安全关键点、质量关键点。一般来说,作业要领书的文件化是关键信息(包括质量关键点和安全关键点等)的文件化,而作业的目的、地点、使用的材料与设备等视情况适当取舍。

1. 安全关键点

事故发生的原因主要有物的不安全状态、人的不安全行为、管理缺陷和不良的作业环境。根据美国国家安全局(National Security Agency,NSA)的事故发生原因的统计数据来看,人的不安全行为导致的事故占事故发生原因的 90%,可见控制人的不安全行为对安全管理非常重要。作业要领书需要对作业、执行作业任务的员工职责、基本条件、作业步骤和作业过程的风险如何控制等做出规定。安全标准化作业是减少甚至消除不安全行为和条件的重要手段。

通过对作业现场的风险评估,对重要作业、易发生事故、有较大风险的作业必须编制作业要领书。如输油泵启停等风险较大的作业,必须要编制作业要领书,对于冷水嘴的更换、使用安全电压的灯泡的更换等风险小的作业一般不需要编制作业要领书。

在作业要领书的编写中,要立足于加强预防,对各种可能影响设备、人员安全的因素进行有效的控制,还要注意发现潜在的作业操作的安全隐患并施以预防措施。

2. 质量关键点

以往的作业要领书缺少对产品质量的明确规定,无法满足越来越高的质量要求。没有明确关键质量要点的检查内容和方法,不利于质量控制。一般来说,编制人员应由技术人员和经验丰富的作业者等组成,他们长期在生产一线,对于产品质量的把控有着较为丰富的经验,对作业的相关标准规程较为熟悉。作业要领书专注于控制影响质量的因素,质量关键点在作业要领书中占据重要的地位。操作人员根据质量划分要求确定良品、明确的不良品及低于某个水平就是不良品的界限样本,直观地理解和判断质量好坏,从而较好地把握质量标准,对作业要领书进行书写。

(三)作业要领书的制定步骤

1.获取充分的资料

需要对现有信息进行收集,包括在目前的作业条件下,使用的是什么工具、设备,具体的作业标准、安全标准、质量标准、作业环境情况和一个作业循环的全部作业内容等,为接下来的工作打下基础。

2.作业分解

对于每个作业,划分操作单元,作业分解主要有以下原则。

(1)按照作业顺序排列。

(2)跨区域的操作不应该放在同一个操作单元内。

(3)各单元时间长短适宜,由同一个作业划分出的操作单元不重复、不缺失。

(4)物料搬运检验等操作应该与纯加工动作分开。

(5)不同部件的安装不放在一个单元,用到不同工具的动作也要分开。

3.描述操作单元

描述操作单元应该强调细节动作,特别是操作单元中的关键动作(包括加工部位和操作者的动作)需要描述清晰,图文并茂。

4.细节动作可视化说明

对于作业的细节动作,拍摄图片为后续填写作业要领表格做准备,使得该细节动作可以更好地被理解和接受。

5.填写作业要领书表格

完整地填写作业要领书表格,作业要领书表格的每一格都是精心设计的,需要将空格填写完整。同一件事不要使用不同的短语,应使用简短的句子。句子长度不宜超过15个字。作业要领书中的文字描述要与图片对应,文字尽量简洁,添加注释的图片应该让内容更易理解和接受。

6.验证作业要领书

请作业者按照作业要领书进行工作,不要帮助他/她,也不要提供进一步的解释,观察其工作状况,在作业结束后与之讨论,验证要领书是否准确和易于理解等,记下应在作业要领书添加或更改的内容。

(四)作业要领书的更新

创建作业要领书是重要的一步。但是,跟踪它们以了解工作绩效和可能的改进同样至关重要。作业要领书使作业者能够按照操作步骤进行操作,并从作业者的行为、情感及其反馈中学习。在实际生产中,即使是对过程和/或作业要领书的最小优化也会产生巨大影响。应该定期接受作业者的反馈,与团队讨论采取相应的措施,然后采取行动,对作业要领书的内容进行更新。例如某一个新的不良现象出现,作为对策应及时调整作业方法降低风险。

当以下情况之一发生时,需要对作业要领书进行更新。

(1)过程、产品和产品特性改变。

(2)工位调整或者工人发生变更。

（3）事故或者具有高风险的事件发生。

（4）定期评审发现不合理的作业程序。

（5）作业人员的改善提案被批准通过。

对作业要领书进行修正和更新时，需要填写"作业要领书改善申请表"，管理者认可改善方案，并验证其可行性后，方可对作业要领书进行更新。

（五）作业要领书的放置

作业要领书经过相关人员签字确认后，才能正式发布，作业要领书可以张贴或存放在作业者容易获取的地方。在数字化时代，数字设备在工作场所变得越来越普遍，使用智能手机和平板电脑来显示的作业要领书也越来越常见。

作业要领书示例如表 7-2 所示。

三、配合作业要领书使用的另一个工具——限度样本（界限样本）

限度样本是帮助判断产品是良品还是不良品的样本，也可叫作"标准样本"，即这个产品标准的样子，但是一种产品的标准样本只有一个，而生产过程不可控因素的存在，并不能保证所有的产品都能做到一点瑕疵都没有，和客户要求的样本一模一样。因此在很多时候对产品会有一个可容忍范围，比如产品长度与标准值在±0.5 毫米范围内都可视为良品，且可以用检具去测量其是否在范围之内。但是也有无法用检具去测量的，或者无法用具体数值表示的，这时就需要"限度样本"了，"限度"的意思是给良品与不良品之间画一条明显界限，而"样本"就是提供的可对照的样本，让人能一目了然并且准确地判断。

有了限度样本就能做到不管是谁都能正确判断产品是良品还是不良品。限度样本可以用实物做样本，也可以用照片（或者图片）做样本。实物样本的好处是看到实物马上能判断实物的限度样本与手中的实际产品是否一致。比如喷涂产品的颜色与光泽度、配线的连接方式、铁板上的毛刺等。根据产品不同的性质，有些限度样本是良品，而有些产品也可以用缺陷限度样本展示，即不合格品样本，看到这个样本，马上就能判断产品是否符合不良品的样子。

再举一个生活中的例子，汽车的机油什么时候该换，也就是什么时候机油不良了就该换了，那如何去判断机油是否良好呢？可能对于懂的人来说很容易，但是对于不怎么开车的人来说是很难判断的，这个时候如果有机油的限度样本就能够清楚地判断机油该不该换了。是否更换汽车机油需要看机油的脏度，而机油脏的程度无法用一个标准值去判断，用数值也无法展示，但是它的脏度是有一个范围的，可以用实际的机油做出一个样本，这就是机油的限度样本，有了限度样本谁都能进行对照，并且判断出机油是否良好。

但是也会发生实物样本本身不合适的情况。因此我们的实物样本也不能一直使用下去，需要设置使用有效期限，定期更换确认。

用照片或者图片的好处是可以写入文字描述，根据照片上的展示，将可接受的伤痕的深浅、长短、宽度等范围用文字的形式一起标记上去，这样也一目了然。虽然在实物样本上贴上标签的形式也可以，但是照片和图片会更清晰，因为照片或图片会把重点的地方拍出来或者画出来。并且，照片和图片的形式是没有期限的，即使是随着时间的推移会变脏，也可以马上准备新的换上。

因此，在检查时，这种谁都能正确判断出检查结果的方法是非常重要的，而限度样本正是质量检查非常有效的手段、工具。

表7-2 标准作业要领书

文件编号	MG6-B-JH-30
课长	副课长	CL	GL	TL
	承认印			

关注一汽丰田****制造部设备课
登录NO：保全-原动力保全
计划-30

制定日期：2020年5月1日

第1版
改订者 刘*
皮审 皮**
承认 孙***

改订履历

	年 月 日	改订内容
	2018年4月	格式及部分内容修改
	2020年5月	到期审核
	2021年12月	重新编写

工程序号	原动力保全	工程名	热力车间空气过滤罐滤芯	作业名	热力车间空气过滤罐滤芯更换作业

作业序号	工序名称	步骤	注意事项
	切换过滤罐，打开另外两组过滤罐 注：热力车间共有4组过滤罐	1.缓慢开启进气阀门，防止压过大损坏设备 2.等罐内完全充满空气后将进气阀门完全打开 3.开启出气阀 4.如有有异常件故障，应先进行修理	操作时应确认阀号，不要用力过猛
	关闭要更换滤芯的过滤器阀门	1.先将进气阀门关闭，然后再将出气阀门关闭	确保阀门1有效关闭，指差确认，如图1所示
	放掉过滤罐内的残气	1.打开排水器自身的放压装置，进行放压 2.用活扳手拧下排气阀 3.打开上方球阀，放空罐内残压	上方排水器为关闭状态，如图2所示 人员侧身缓缓打开阀门1，直到所有气体排出
	拆除并取下过滤罐底部密封盖	1.拆除过程中要注意，要分批松动螺栓，如图4所示 2.注意不要磕伤防撞盖的缺片	保留后后两个螺栓与螺母，防止上盖突然脱落而伤人 取下最后两个螺栓时，两个人用力托住住盖，待另一人取下螺栓后，两人再把把盖放下
	取出旧滤芯	用小活扳手拧下旧滤芯下方螺母，将其取出	仰视作业，必须佩戴护目镜，以防伤眼
	按顺序安装新滤芯	安装时要注意做换滤芯的等级规格是否相符	对螺丝孔时要求两人配合，相互呼应，如图6所示
	滤芯装好后把罐底盖装上，把油水分离器装好	1.两个人同时托住罐底盖并将封盖螺丝孔对正，将对角的两个螺栓穿入并适量拧紧防止上盖下伤人 2.穿入其他螺栓，并对角拧面锁紧，防止螺栓松紧度不一致漏气，装上油水分离器 3.为了保证滤芯的使用寿命，不要干阀试气	
	填写热力车间现场，过滤罐使用状态看板 作业4S		

图1 关闭进出口阀门

图2 排水器泄压

图3 过滤罐泄压

图4 拆除底盖

图5 取出旧滤芯

图6 安装新滤芯

安装到二号罐 安装到一号罐
安全部 安全锤

作业必要的保护工具：护目镜线手套		
作业必要的工具：活扳手、圆锯板手		
作业必要的资格说明		
作业必要的点检表		
异常处置方法	判断异常后，停止操作，联络上级领导
特记事项	*通过手触不准完成作业即停作业，向上级报告 *发现对外部环境有影响即停作业，进行报告
遵守事项	保全场所：污水处理站

路径：作成者 → T/L → C/L → C/L → 车间主任 → C/L → C/L → T/L → 管理员

原纸保管者：设备管理员

有效期限：2020年5月

第四节　质量检查

一、质量管理的关卡——质检的作用

(一)什么是质检

质量检查(简称质检)是旨在检查、测量或测试一种或多种产品特性并将结果与要求相关联以确认其是否符合质量标准的措施。此任务通常由专业人员执行,并不属于生产工人的责任。不符合规格的产品将被拒收或退回以进行返工。

质量检查的起源可以追溯到 19 世纪末和 20 世纪初。在快速发展的行业中,泰勒制定了科学管理规则。随着劳动生产率的迅速提高,产品质量无法跟上发展速度,不良产品经常出现。为了减轻客户的沮丧感,可通过用新产品替换有缺陷的产品来解决此问题,但这样做会增加大量成本。为了控制不良品造成的成本升级,制造商引入了质量检查环节。

(二)质量检查与质量控制的区别

质量检查与产品的生产后检查有关。它对生产过程没有直接影响。质量检查员仅对产品进行分类,不让劣质产品离开工厂。质量检查没有反馈回路。这意味着有关故障及其原因的信息不会传递给工人或管理人员。因此,该系统无法自我完善。

质量控制是质量方法演变的下一阶段。在这种方法中,质量检查员和工人之间有着直接的联系。测试不仅应将良品与不良品区分开,还应找出问题的原因。此信息应发送给经理及工人,他们可以随后改善流程。质量控制是一个反馈回路系统。信息传递给工人,他们可以尝试改善其工作,但不能更改系统或产品。

质量检查是质量控制(不是质量保证)的一部分,其目的是将有缺陷的产品与无缺陷的产品区分开。

(三)质量检查的作用

在全球范围内,虽然产品价格在吸引买家方面起着很大的作用,但质量也同样重要。这是因为高质量的产品将吸引老顾客。但是,如果质量令人失望,则无论企业对产品定价有多大竞争力,客户都不会回来。

1.鉴别作用

即按照技术标准、图纸文件、工艺文件的规定,采用相应的检测方法,如观察、测量和试验等来查看产品的质量特性,确认产品质量是否满足规定的要求。鉴别是"把关"的前提,鉴别主要由专职检查人员完成。

2.把关作用

把关是质量检查中最重要、最基本的作用。产品生产过程是一个复杂的过程,必须通过严格的质量检查,剔除不良品并予以"隔离",实现不合格的原料不投产,不合格的产品组成部分及中间产品不放行,不合格的成品不出厂,严把质量关,实现"把关"作用。

3. 预防作用

质量检查不仅仅是事后"把关",还起到预防的作用。检查的预防作用主要体现在以下几个方面:①通过对过程质量统计进行预防;②通过对过程作业的首检与巡检进行预防;③通过对原材料和外购件的进货检查,对过程产品转序或入库前的检查,既起把关作用,又起预防作用。

4. 报告作用

使管理部门及时掌握产品生产过程中的质量情况,评价和分析质量控制的有效性,把质量检查获取的数据和信息,经过汇总和分析后写成报告,为质量控制、质量改善、质量考核,以及有关管理部门、领导进行质量决策提供依据。

5. 防止品牌和声誉受损,减少"未来"成本

当客户想到某个企业的品牌时,就会联想到某些图像、感觉和期望。2011 年,最初设计黑莓手机的 Research in Motion(RIM)公司经历了一场对其品牌产生重大负面影响的事件。他们的电子邮件系统停了整整 3 天,全世界的客户都感到不便和沮丧。RIM 不得不处理大量诉讼并取消订阅,这使得他们的品牌和声誉受损。良好的质量保证措施可以避免这种情况。它涉及每个人都必须遵循的一套标准、规则和程序。

不良品流入市场会带来各种问题,从客户投诉、退货到产生严重故障,危害消费者生命财产安全,不得不全部召回。质量检查可以帮助企业减少未来的成本,如拒收或退回物品的成本(可能由于包装缺陷而在运输过程中损坏)、召回的成本等。质量检查程序看似昂贵且费时,但往往未来产品质量出现问题,召回或者修复这种质量问题的代价反而更加高昂。

6. 减少生产或运输延迟,有利于生产的改善

即使企业的订单出现小问题,也可能需要返工。再加上任何后续检查以验证返工,都可能导致延误,这是新进口商和经验丰富的进口商都会遇到的普遍问题。

质量检查是有关生产流程执行情况的数据和制造情报的来源;质量检查为如何带来更高质量的产品和更少的浪费提供了解决方案。可以对质量检查数据执行统计过程控制(SPC)分析,以了解整个生产过程中的过程改善效果。

7. 有利于质量文化的形成,增强企业的竞争力

当知道应该采取什么步骤并始终如一地遵循这些质量目标时,就可以实现目标。在个人层面和公司层面都一样。一旦前方的道路清晰可见,就可以轻松地跟随它。质量文化应该贯穿企业文化始终,当企业形成良好的质量文化氛围时,员工会发现,为改进流程和最佳实践贡献自己的想法变得更加容易。当企业确保产品或服务的质量始终如一时,就可以在可靠性和一致性方面树立良好的声誉。这增强了消费者对企业的信任和信心,并帮助企业与同一市场中的其他企业竞争。

二、质检的工作内容分类

(一)检查的手段

质量检查的依据主要是技术标准、图纸文件和工艺文件,还包括实样、模具等。质量检查的手段主要有以下4种。

(1)测量:用游标卡尺和千分尺等测量仪器实测数据,并与标准相比较。

(2)观察:肉眼或者借助仪器对产品进行检查,将检测的试样的颜色等外观或内部质量与标准进行比较。

(3)试验:进行试装、试用判定,是否满足要求。

(4)判断:与标准样品比较,做出判断。

(二)质量检查的基本任务

(1)依据技术标准、图样、作业文件的技术要求,对产品生产的全过程包括原料进货、作业过程、产品生产的各阶段、各过程的产品质量,进行质量符合性检查,以确认是否符合规定的质量要求。

(2)对符合质量要求的产品给予放行和交付,并出具检查合格凭证。

(3)按照程序对不符合质量要求的产品实施不良品控制。剔除、标识、登记并有效隔离不良品。

(三)最常见的质量检查类型

1.生产前:生产前检查

对质量监控非常重要的一项是检查从企业的供应商那里到达工厂的物品。在零部件进入工厂之前,确保零部件和原材料的质量或规格正确,这是确保成品总体质量的关键方面。工厂通常不能将有缺陷的输入(组件或原材料)转化为优质产品。一旦将材料嵌入最终产品中,这些问题就很难发现。因此,为了降低质量风险,工厂收到原材料后即进行这些检查。可以随机抽取一些样本并进行目视检查(或发送到实验室进行测试),验证所使用的材料是否符合使用要求,确保工厂已准备好进行生产。

工厂收到的某些产品可能无法通过初始外观检查或质量部门的测试。无论如何,公司都必须确定如何处理质量问题,检查到不合格的供应商物品有如下处理方式。

(1)拒绝收货:如果入库物品未达到要求的质量,则可以拒绝收货并将其发送回供应商。

(2)退回更换:如果物品不符合规格,则可以将物品退回供应商进行更换。

(3)返工零部件:如果已交付的零部件不符合规格,但是质量部门和生产部门认为它们可以使用所提供的零部件,则可以对低于标准的零部件进行返工,以使其达到所需的规格。当需要数周或数月才能从供应商处获得替换件时,这是一种选择。

(4)折扣接受:如果商品不符合规格,但是制造部门想在其他地方使用它们,则采购部门可以与供应商协商以折扣价接受商品。如果供应商不愿意,则将退回物品。

2.生产期间:生产期间检查

是否应该等到生产结束后再进行检查?如果产品有缺陷,则可能会出现以下问题:工厂必须返工(浪费时间);如果产品无法维修,则工厂应重新订购组件并重新生产(这意味着漫长的延误和工厂的财务损失);供应商可能会拒绝维修或重新生产,特别是在先前商定的规格含糊不清的情况下。通常,在在线检查中,会检查下线的首批产品的合格性。如果在此阶段出现问题,工厂可以立即采取一些纠正措施,避免延误。而且,根据生产开始日期和已经完成的产品数量,购买者可以对装运计划有一个清晰的了解。

例如,在化学工业中,应在生产过程中进行检查并在某些阶段测试产品,以确保产品质量在制造公差范围内。在消费产品的生产过程中,应该进行许多检查,以便在组装最终产品时不会出现故障。

3. 生产后:装运前检查

当企业的产品100%完成并且包装了至少80%时,便可进行生产后检查。根据买方定义的标准清单(产品数量、工艺、作用、安全性、外观、尺寸、包装等)检查产品的合格性。这是唯一可以计算产品总数并可以以真正随机的方式抽取成品样本的抽样检查阶段,因此可以代表整个批次。它们可以检查产品质量,并确保成品在出厂前符合要求。

以上3种是最常见的质量检查类型,但是尽早进行质量检查通常会更好。质量管理的基本原则是"越早消除错误越好"。所有行业的许多研究表明,开发、生产、交付过程中的修复的成本比为1:10:100。这意味着每个错误在生产中的修复成本是开发中的修复成本的10倍,而如果不良产品真正到达客户手中,则修复成本将为开发中修复成本的100倍。

三、质量异常时质检的应对机制

(一)什么是质量异常联络报告书?

1. 质量异常联络书内容

"质量异常三表"可以处理质量异常。何为质量异常三表,即"客户投诉、退货处理意见表""质量异常产品处置表""质量异常联络报告表"。针对不同的情况使用不同的表,比如关于客户投诉、退货的处理,则使用"客户投诉、退货处理意见表",关于质量异常产品如何处理,则使用"质量异常产品处置表",在这里,重点介绍现场质量异常时质检的对应机制——"质量异常联络报告表",这里统一称为"质量异常联络报告书",是对现场不良的一种改善联络报告。运用质量异常联络报告书来作为质检部门发现质量问题时与其他部门协调对应的方法。质量检查过程中对生产过程中发现的质量问题应该及时向相关作业员反馈,要求做出纠正,并对纠正结果进行跟踪验证。如作业员采取措施后不能解决的,质检员开具"质量异常联络报告书"交质量部门经理,部门经理将"质量异常联络报告书"上报生产部经理,生产部经理指派责任人,质量部门经理再将"质量异常联络报告书"交给责任人并记录跟踪,生产出来的产品需隔离、标识,等待进一步的检验和处理。以下是质量异常联络书的格式表格和相关说明。

质量异常联络书示例如图7-2所示。

编号：

___年___月___日

质量异常联络书

质量部门	部	组
经理	主任	班长

修订日：20200818　　　　　　风琴夹号：

订单号		发现日期		订单数量		客户编号	
品名规格							

不良项目（现象）

	异常数量	

___年___月___日

原因调查和对策报告书

责任部门	部	组
经理	主任	班长

（要因调查内容）
（对策实施内容）

效果确认		
	现场确认者	发生部门确认者

注：1.字迹工整、清晰、数据准确；不良项目按检验标准的不良项目填写，新出现的异常立即通知质量部相应负责人确认。

2.填写位置不够，可添加附页；禁止拒绝接受改善报告，有异议可以在报告上解释说明。

3.文件路线：质量部门（发行）—接受部门—质量部门（效果确认并保管）。

图7-2 质量异常联络书

整张表格分成质量异常联络(不良现象的说明)与原因调查和对策报告书两大部分,这样设计的好处是既可以成为质量异常联络书,在质量异常解决后即成为相应的质量异常报告书。

2.质量异常联络书填写的要求

(1)质量异常联络书(不良现象的说明)部分

在现场,有质检人员监督并检查产品质量,当发现现场有不良现象产生时,为了对判定结果负责,需要立即汇报质量部相应的班长确认,对不良进行深入了解和确认后,再由相应质检人员填写内容,填写完不良现象内容后,质量部负责人进行签字确认,分别是质量部班长、主任、经理。

(2)要因调查内容部分

原因调查内容由现场相关负责人进行填写。质量部确认不良现象后,将填写好的质量异常联络书反馈给现场负责人,现场管理者对此不良原因进行调查,必要时质量部也需要共同参与要因调查。

(3)对策实施内容部分

该内容由现场相应负责人进行填写,在经过要因调查后,现场要针对发生不良的原因进行对策实施,将采取的对策进行填写即可。现场负责人进行确认签字,分别是该不良产生现场的班长、主任及经理(责任部门一般指的是现场生产部)。

(4)效果确认部分

效果确认以质量部的确认为核心,因此此栏由质量部负责人进行填写,并由现场确认者和质量部确认者共同签字。确认现场实施的对策是否有效果,如果达到效果,则质量部需将此份联络报告书进行保管,如没达到效果,需要重新回到原因分析部分进行再调查。

3.质量异常联络书填写的注意事项

第一,字迹工整、清晰、数据准确;不良项目按检验标准的不良项目填写,新出现的异常立即通知质检部班长确认。

第二,填写位置不够,可添加附页;禁止拒绝接受改善报告,有异议可以在报告上解释说明。

(二)质量异常联络书的运作机制

(1)质量部门发现质量问题并确认质量问题属实后开具质量异常书。

(2)质量异常书会直接交给各责任单位主管,各单位主管接到质量异常单后,按照表单内容进行处理。

(3)质量部门跟踪表单改善措施落实情况,对按照规定时间整改完成的给予结案,超出规定时间或者不回复的按照公司规章制度进行处理。质量部门为"质量异常联络报告书"的发行部门,应对此文件进行管理,表格示例如表7-3所示。

表 7-3　质量异常联络报告书管理表

发行编码	发行日期	发生部门	不良现象	文件回收日	实施确认日期
P00001	20200717	生产部二车间	折印	20200718	20200719

练习题

1.质量管理包括哪几个方面？

2.质量管理体系的目的和好处是什么？

3.在精益生产中使用安东系统会有哪些益处？

4.作业要领书是什么？与作业顺序书有什么不同？

5.好的作业要领书是怎样的？

6.限度样本的作用是什么？

7.质量检查与质量控制的区别是什么？

8.质量检查的作用主要有哪些？

9.质量异常联络报告表由哪个部门发行？又由哪个部门进行保管？

第八章

精益智能制造中的准时化生产管理

▶▶ **本章目的**

    通过本章内容的学习,了解精益生产方式中的准时化生产及其工具——看板的功能;了解企业内部看板的具体使用规则和看板设定方法;从外协供应商角度了解精益生产方式中的准时化生产及其工具——看板的功能;进一步了解一些非常规的看板和看板使用时容易出现的问题及现象。

▶▶ **内容要点**

    1.从成本控制的角度学习准时化生产及其意义。

    2.从准时化生产的运行方法原理了解其常用的工具——看板。

    3.从实际运用的角度了解看板的类型及各自的功能。

    4.掌握工序内看板和工序间领取看板的定义及双看板系统工作原理。

    5.了解实施看板管理的规则。

    6.学习看板设定方法和在各个环节的使用流程。

    7.了解供应商厂家在准时化生产中的地位。

    8.掌握供货厂家和企业用看板连接的联动方法。

    9.了解供货厂家内部的生产管理。

    10.学习信号看板定义及其使用方法。

    11.了解其他特殊看板及其作用。

    12.了解看板使用中容易出现的问题。

第一节　准时化生产概要

一、准时化生产的概念

    精益生产方式有两大支柱:准时化生产和自动化。但在这两大支柱中,自动化又是为准时化生产服务的。而准时化生产来源于丰田汽车创业者丰田喜一郎的创新。

　　日本汽车市场与美国不同,日本乘用车市场规模小,市场需求更是呈现出多品种少数量的特点,如何在保证乘用车质量的前提下追求更低的制造成本是丰田公司的大课题。据说丰田喜一郎在启动设立"举母工厂"(丰田公司当时所在城市是举母市,后来改为丰田市)时,就把"just in time"准时化常常挂在嘴边。他认为,要把不对产品付出多余的劳力和时间的过剩放在首位考虑,也就是不能有浪费和过剩。在零部件移动和加工的过程中不能让员工"等待",准时地整理准备各零部件是很重要的,他认为这是提高效率的第一要义。丰田喜一郎的思考传承到丰田英二,他将这种思想简化为"每天只生产所需数量的所需产品",并提出"来得及就好"的口号,即使现场员工不愿意,但整体工序也不得不进行流水作业。这种排除浪费、划时代的生产方式被称为"just in time"(准时化生产)。受到第二次世界大战的影响,该生产方式一度中断。真正把"just in time"具象化的是在第二次世界大战后。当时日本陷入经济危机,有一段时间不得不进行大规模的裁员。当时,日本和美国相比生产效率非常低下。丰田喜一郎指出,"用 3 年时间赶上美国,否则日本的汽车产业就会原地踏步无法持续"。然后,他彻底研究了日本与美国汽车行业的差距和成本高的原因,又于 1954 年参考超市便利店补充货物的方式,发明了由后工序到前工序只取需要数量的所需物料的"看板方式",使得准时化生产成为现实。

　　虽然现在的时代背景发生了变化,但是起源于丰田喜一郎的"just in time"的基本理念没有改变,从排除浪费、降低成本、提高生产效率等角度,准时化依然是企业精益生产方式的两大支柱之一。并且精益生产方式的运行,是以准时化生产为核心展开的,再顺次将精益生产方式中的构成要素纳入运行过程中来。

　　由此,准时化(just in time,JIT)生产的概念为:为消除生产现场各种各样的浪费,提高生产效率,在需要的时候,只按照所需要的量生产和搬运需要的产品的生产方式。例如,在汽车部件的组装生产线上,各组装工序所需要物料涉及数千种,只要缺少一个零部件就没法组装成成品;相反,如果零部件的供给时机过早,就会在各个工序间堆积,工作环境变得狭窄,使员工活动不便而影响装配质量。所以准时化生产强调仅在需要的时候,按需的数量从其前工序领取材料并送到该组装生产线的相应工位。比如说根据市场需求量设定一条汽车组装生产线,每半个小时的产能是 24 台车,组装一台车需要用到 1 个方向盘和 4 个轮胎,那么按半小时物流来看的话,只需要在生产前半小时把所需要的各自物料数量,如 24 个方向盘和 96 个轮胎送到相应组装工位即可。

表 8-1　JIT 的概念理解

JIT 要求		JIT 观念
时间	需要的时间	后工序或客户需要的时候
数量	需要的数量	后工序或客户需要的数量
产品	需要的产品	后工序或客户需要的产品(有市场需求)

二、准时化生产的具体目标

　　从准时化生产的由来、诞生背景和定义等角度,可以总结出通过实施准时化生产可以达到以下 3 个目的。

(一)提高生产效率

虽然说通过实施准时化生产可以达到提高生产效率的结果,但并不是说导入准时化生产方式后就能直接提高生产效率,导入该生产方式本质上是为了将企业改善成能维持高效生产效率状态的体制,通过改善企业的生产机制来实现生产效率的提高。可以避免生产市场没有需求的产品,可以解放出不必要产品的生产所占用的产能,包括人力、物力、空间区域、工时等成本,更灵活地应对市场需求,提高需求产品的产能和生产效率。

(二)缩短生产周期

缩短生产周期应该可以说是通过实施准时化生产最明显的效果了。通过缩短生产周期,半成品及成品的在库都能得到降低。而且,在制造流程中,从制造到检查的周期也会缩短,所以如果有不良品出现的话,可以在较早的阶段注意到。这也会减少不良品的产生和流出,减少对不良品不必要的加工劳动。

(三)在畅销的时机(根据市场需求)生产

生产周期缩短了之后,有市场需求的部分产品就可以生产,也就不会出现客户需要的产品供不上和客户取消订单的产品却在生产而产生的浪费现象。准时化生产的另一个效果是减少顾客的等待时间。因为通过实施准时化生产,最重要的是能够实现与需求相匹配的生产和供给。从接到订单之后,生产、交货的流程变得顺畅,可以及时交付给客户,尽可能减少让顾客等待的时间,可以达到提高客户满意度,提升企业形象的协同效果。

简单来说,准时化强调适时适量生产,消除非增值的等待时间、搬运时间或其他原因的延误时间,缩短产品生产周期,因此可以消除浪费、降低生产成本。所以,准时化生产的具体目标为:库存量最低、准备时间最短、生产提前期最短、零部件搬运量最小、批量小(多频次)、废品量最低、机器故障率最低。

三、准时化生产实现的方法

拉动式生产,是支撑准时化生产的主要手段。

拉动式生产即是从市场需求出发,由市场需求信息决定产品组装,再由产品组装拉动零部件加工(见图 8-1)的生产方式。每道工序或每个车间都按照当时的需要向前一道工序或上游车间提出需求,发出工作指令,上游工序或车间完全按照这些指令进行生产。这时物流和信息流是结合在一起的,整个过程相当于从后工序向前工序拉动(见图 8-2)。这是采用了一种超常规的生产顺序——以最后组装线向前推进。在丰田公司的生产过程中,以生产工序的最后组装工序为起点,后一道工序的人员按照必需的数量,在必需的时刻,去前一道工序领取所需的零部件,则前一道工序只生产被领取数量的零部件,这种方式被称为拉动式生产。这就是实现准时化所依据的"拉动"原理。

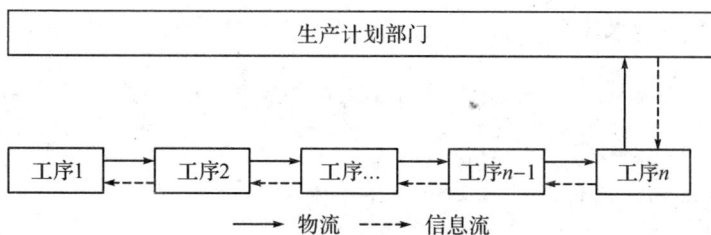

图 8-1　拉动式生产指令传递流程

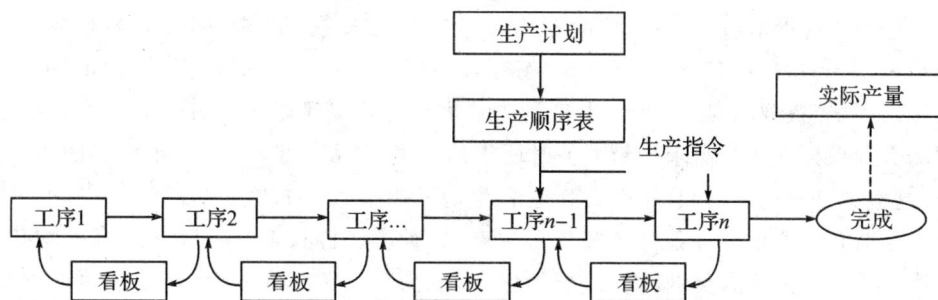

图 8-2　拉动式物流与信息流示意

　　生产计划部门只制订最终产品计划,计划下达到最后车间或工序,其他车间或工序按照下游车间或后工序的指令来确定生产。

　　通过拉动式生产的原则,每道工序都按照下道工序的要求,在适当的时间,按需要的品种与数量进行生产,就不会出现计划产量和实际产量不符的现象了,也就不用出现中间库存。拉动式生产系统可以真正实现按需生产。因此精益生产采用拉动生产系统,生产指令由最后一道工序开始,在需要的时候依次向前传递,这样就使准时化生产成为可能。特别是在采用看板这种管理工具之后,看板就成为精益生产方式中最为显著的管理工具之一,在保证适时适量生产中起着至关重要的连接作用。如图 8-3 所示。

图 8-3　拉动式生产现场

四、准时化生产技术体系

准时化生产的技术体系,包括实现准时化生产的前提条件和实现准时化生产的3个基本原则。

(一)准时化生产的前提条件——平准化生产

实现准时化生产的前提要实施平准化生产、同步化生产,保证质量稳定,通过生产计划层面来控制。在没有在库也没有准时化生产、搬运机制的情况下,当生产量大幅度波动时会增加各工序及供应商对应的难度。比如,今天某产品需求是500个,明天需求是200个,后天需求是800个,像这种产量的波动对前工序来说生产的对应和安排就非常困难,前后工序难以衔接,容易导致现场混乱,也没法实现准时化。为了实现在这种情况下也能安排生产,企业现场必须保证在生产需求量最大值时所需的人、物料和设备等,而对于一般的生产需求量而言,这些就是多余的,会直接引发其他浪费,不断提高生产成本。

所以准时化生产的前提条件是实现将生产量、种类、时间、工时等因素综合平均化的平准化生产。不需要多余人员、物料、设备等储备,减少在库和空间的浪费,缩短生产周期,可以只产有市场需求的产品,并可以根据产品的生产需求比率进行调整,来消除产线生产负荷的波动。假设A、B、C三款产品,前工序是各自分开的产线,后工序是同一条生产线需要3位员工。在批量生产的情况下,前工序需要按品种类别准备和后工序同样的3位员工、设备能力、物料等;而在平准化生产的情况下,假设A、B、C 3款产品的市场需求量的比率是3∶2∶1,就可以灵活调整前工序的人员配置:A产线3人,B产线2人,C产线1人,后工序按照3人,加工产品的比率按照3∶2∶1,A—B—A—C—A—B的顺序进行加工即可,达到柔性化生产。

(二)准时化生产的3个基本原则

1.后工序拉动式

只对最后一道工序指示生产计划,后工序去前工序只领取已生产的量,前工序只生产后工序领走的量,通过这种后工序领取(后补充)的方式来辅佐实现准时化生产。通过后工序的拉动可以排除物料的堆积停滞,暴露的问题也可由下一步工序来改善。而一般的生产方式属于前工序推动式生产,本工序加工完成后送到下道工序,在这种情况下,前工序并不关心后工序的生产进度情况,单方向地向后工序推送产品。比如正常情况下设定前后工序两小时周转300件是平衡的,但后工序发生了较大设备故障,耽误了4个小时,导致没加工完上两批运送过来的600件产品,因为是前工序推动式生产,前工序并不关心也不知道后工序的生产延迟问题,两小时后又送去了300件产品,这样就会导致后工序在库积压900件产品。相反,有时后工序又会出现缺料的情况,无法实现准时化生产。

2.生产流程化

实现准时化生产的方法是生产流程化,包括整流化和一个流,需要生产组织来保证。所谓生产流程化,是指零部件按照后工序的领取一个一个逐步推进加工,不在工序内和工序间产生停滞,也不制造多余的在库和缓冲量。生产流程化不仅可以减少很多浪费,也能缩短生产周期。比如通过把某线束产品从孤岛生产方式进行生产流程化,消除了批量生产时各自工序加工前后摆放着的许多物料箱,减少了在生产过程中从物料箱中取出、再逐一放入、搬运物料箱的浪费。生产流程化追求更快、更细地进行加工生产,其理想方式是适用产线的一个流,以及冲压、铸造等工序的小批量化生产。在推行一个流生产时,也要注意保持工序间的平衡,推进线平衡改善和同期化,不然也会产生空手等待的浪费和在库的积压等问题。比如某产线存在瓶颈工序需要 18 秒,另外一道工序只需要 6 秒,而其他工序基本上需要 12 秒,为了减少空手等待的浪费,提高线平衡和生产效率,思考如何将 18 秒的瓶颈工序通过工装夹具的改善及动作的拆分和重新分配,使得各工序的作业时间尽可能靠近生产节拍时间(如 12 秒)。另外,也需要从整体工艺上梳理流程,使物料的流动不存在积压滞留的情况。生产流程化涉及从单个作业的改善到工序间物的流动改善,需要公司从全局观出发,从全流程进行推进。

3. 根据生产必要数制定生产节拍

实现准时化生产的基础是根据生产必要数制定生产节拍,实行节拍生产,涉及标准作业和少人化,这也需要生产组织来保证。这要求生产计划和销售计划,销售计划和市场需求的时时紧密衔接。因此,在确定生产节拍的时候,不能仅仅根据设备能力进行计算,一定要根据市场需求所需要的生产必要数和稼动时间进行计算,以求生产的柔性化,实现少人化产线。当生产需求量也就是生产必要数多的时候,就需要加快生产节拍,生产必要数少的时候就按照少的方式安排产线生产。比如说某产品该月每天的需求量是 3000 件,稼动时间按 10 小时计算,那么用 12 秒的生产节拍来安排人员配置和作业分担,当产品的需求量降低到 2500 件的时候,就可以按 14.4 秒的生产节拍来安排产线生产,调整部分人员到其他需求量大的产品生产中去。如果当产量降低了,也没有对产线的节拍、人员进行调整,那么就会造成生产过剩的情况。总结成一句话就是,把需要的产品,按照需要的速度,生产出需要的量。

第二节　看板基础认知

看板作为实现丰田生产方式基本的准时化生产的管理工具,主要分为生产指示看板和领取看板,起到指示生产和搬运的指示作用。为了有效发挥看板的作用,对看板的正确理解及对看板规则的切实遵守运用要求很高(具体的看板运行规则会在第八章进行详细阐述),其运行需要依靠工厂现场进行控制。如果在运行过程中没有遵守看板的规则将会不断产生以下这些浪费、波动、超负荷的问题。比如说看板与实物信息有偏差,后工序需要的零部件缺料出现停机待料的情况。或者说增加了看板发行张数,不按照看板的数量等信息进行生产、搬运,导致整体的在库量增加。在库量增加成安心在库后,虽然不会出现后工序停机待料的情况,但是会掩盖问题点,看不到现场的紧张感,也发现不了现场的改善需求等。最终结果就是只是导入了看板这种形式,却没法实现准时地生产和搬运,导致生产现场混乱,提高生产成本。所以看板的发行、运转、回收等环节中的防错功能也需要有组织有机制保障,让现场遵守看板的运行规则进行操作,以免麻痹现场员工的自律神经。

一、看板的概念、类型和功能

(一)看板的概念

看板一词起源于日语,是传递信号控制生产的工具,它可以是某种"板",如卡片、揭示牌、电子信息屏等,也可以是能表示某种信息的任何其他方式,如彩色乒乓球、容器位置、方格标识、信号灯等。

(二)看板管理

看板管理是协调管理全公司的一个生产信息系统,就是利用看板在各工序、各车间、各工厂及与协作厂之间传递作业命令,使各工序都按照看板所传递的信息执行,以此保证在必要时间制造必要数量的必要产品,最终达到准时化生产的目的。看板管理是精益生产中的重要子系统。

(三)看板类型

看板按用途可以划分为生产指示看板、领取看板、特殊用途看板,其中,生产指示看板可分为工序内看板和三角看板,领取看板可分为工序间领取看板、材料领取看板和外协领取看板;按形式可以划分为一般形式看板和特殊形式看板。一般形式看板为卡片;特殊形式看板为彩色乒乓球、容器、方格标识、信号灯等只要能表示生产和搬运信息的任何形式;特殊用途看板和特殊形式看板统称为特殊看板。看板类型如表 8-2 所示。

表 8-2　看板类型

序号	分类方法	大类	子类
1	按用途	生产指示看板	工序内看板、三角看板
		领取看板	工序间领取看板、材料领取看板、外协领取看板
		特殊用途看板	特急看板、临时看板、接受订货生产看板、连续看板、共用看板、标签
2	按形式	一般形式	卡片
		特殊形式	彩色乒乓球、容器、方格标识、信号灯、电子看板等

(四)看板功能

看板是实现准时化生产的工具。具有指示生产与搬运的功能、目视管理的功能和现场改善的功能。

1.指示的功能

只按照看板指示的信息进行生产与搬运,这是看板的最基本的功能,也可以说看板具有作业指示的功能。作业现场的管理人员对生产的优先顺序能够一目了然。在拉动式生产系统中,一般生产管理部根据市场预测及订货而制定的生产指令,下达到总装配线,各个前工序的生产均根据看板来进行。看板中记载着生产量、时间、方法、顺序,以及运送量、运送时

间、运送目的地、放置场所、搬运工具等信息,从最后的装配工序逐次向前工序领取,如图 8-4
所示,"后工序领取"及"适时适量生产"通过看板来实现。

图 8-4　凭看板向前工序领取

2.目视管理的功能

(1)起到物料标识的作用。一方面,零部件或产品的货架上若附有看板,则可以明确地
判断库存量、产品编号、产品名称,也易于搬运,如图 8-5 所示。另一方面,到位的工序内看
板挂在该生产线的最初工位,这样,很容易判断现在正在生产的产品、将要生产的产品和各
生产线的负荷状况。

图 8-5　目视管理的工具

(2)自动控制生产过量、搬运过量的作用。通过看板管理者容易发现生产与搬运是否过
量。各工序如果没有看板,既不能进行生产,也不能进行运送;看板数量减少,则在制品也相
应减少。因此看板的运用能够自动防止过量生产及过量运送,达到控制制造过剩的目的。

（3）反映生产线进度的作用。操作者在看板发放时按看板所示的数量进行生产，即按必要的物品、必要的时间、必要的量进行生产。例如，在制品看板箱看板变少，表示后工序的生产发生延迟；反之则表示后工序的生产进度过快。

3.现场改善功能

看板作为目视化管理的工具，如果能正确理解、正确应用看板，就会发现它还可作为改善的工具而发挥重要作用。通过看板管理者容易发现异常，并及时采取措施来减少事故发生及对异常问题进行改善。

看板数量过多，表明库存（或在制品）量多，有必要减少看板数量。看板数量波动时，同样需要调查原因，采取必要的改善对策。另外，从后工序领取数量的增减也可判断出紧迫程度（优先顺序），必要时需修订标准作业程序。

二、看板使用过程中的常见问题

（一）看板使用的常见错误

看板使用过程中，难免发生各种各样的错误操作，如早摘、迟摘、丢失看板等，如表8-3所示。

表 8-3　看板使用中常犯的错误

序号	问题点	责任人
1	没有在拿取第一个部件之前摘掉看板	生产作业人员
2	摘掉的看板没有放到看板回收袋中,造成看板丢失	生产作业人员
3	忘记摘看板,造成看板和空箱一起返回厂家	生产作业人员
4	看板回收不及时,造成看板晚发出	看板回收人员
5	大零部件(无看板袋)被运送上线时看板跌落,造成看板丢失	送货人员

针对看板迟摘的情况，如果零部件已经使用完，但是领取看板没摘或者晚摘，当物流人员去零部件暂放区取货时发现所需用品已经没有了，容易造成产线缺料停线，影响正常的生产。如果看板早摘，则造成前工序制造产品过多或过早，造成在库量增大。如果看板丢失，其影响与看板迟摘一样，将会导致停线，产生不必要的损失。因此，在看板使用过程中，要重视表8-4所示的5条注意事项。

表 8-4　使用看板的注意事项

序号	注意事项	责任人
1	将零部件运送上线时,小心不要把看板弄丢	物流人员
2	摘看板一定要在拿取整箱部件的第一件之前	生产作业人员
3	摘掉的看板要及时放到看板回收箱内	生产作业人员
4	发现零部件箱上没有插看板或看板与部件不符,要及时通知班长	生产作业人员
5	一旦发生晚摘看板情况不要自行处理,要及时通知班长或物流员	生产作业人员

特别强调一点,在看板出现问题之后,管理人员需要对出现问题的原因进行分析,并根据原因实施对策。例如,管理人员可以加强对作业人员及相关人员进行看板知识的培训,培训的目的是让相关人员认识到看板就相当于换取零部件的货币,提高对看板使用规则的遵守自觉性。根据情况,管理人员需要重新审视现有的看板回收操作步骤和方法是否有缺陷,或者是否有更能防止出错的方法。

(二)看板使用的注意点

看板管理必须以均衡生产为前提,避免各生产工序领取物料数量的不均衡。如果没有以均衡计划为依据,前工序必须按最高峰需求配置设备、人员和在制品,而造成资源配置的浪费;同时外协厂家供货将会造成忙闲不均,可能难以保证供货。

传统的看板管理有一定的局限性,主要体现在以下方面。

(1)看板以持有安全基准库存为前提,从初始就没打算实现零库存;即使是丰田公司也有支撑产线两小时生产的安全库存,完全零库存是未来挑战的目标。

(2)由于看板必须附在物品上,随物品移动,还要用手回收,所以看板的搬运花费时间。如果使用现代的通信系统,看板的信息瞬间就可以电传过来,避免搬运的人工浪费。

(3)若生产线上混流品种过多,看板方式容易导致现场的大量库存,这种情况下看板生产方式就没有优势,需要企业生产线对产品进行梳理分流。

看板可以说是企业在实现准时化生产时的一个很便利的工具。随着时代的发展,看板的形式等可能发生变化,但通过看板传达信息的思想本质是未变的。准时化生产方式是企业精益生产方式的两大支柱之一,运用看板等工具落实准时化生产方式,对于引导企业在精益化道路上前进的管理者来说,是必要也必须去思考的。

第三节　企业内部看板

一、工序内看板和工序间领取看板的定义

第二节从由来、定义等角度学习了准时化生产,但是目前较多企业还是对产品涉及的各道工序制订出各自的生产计划,并分车间、工序下达,各车间工序之间的连接存在断层,难免存在较多的中间在库浪费,这也就是所谓的一般性的生产方式。但是看板作为准时化生产的工具,当其被成熟运用于企业内的生产管理时,整个生产过程中的各个工序不需要逐一制订生产计划,只需要对最后一道工序发布生产计划指令,各个工序的生产衔接依靠工序内看板和领取看板系统进行运转,实现逐级将后工序所需的信息往前工序传递,形成后工序拉动式生产。

(一)工序内看板

工序内看板是指示工序必须生产的产品种类和数量信息的看板,只在工作地和它的出口存放处来回循环。工序内看板也常常被称为生产指示看板,要求按照被后工序领取的顺

序,只生产被后工序所领取的量,进行这样的后补充生产活动。比如说后工序按 A—B—A—A—B 的顺序领取了 A 和 B 两种类型的螺母,那么就需要按照后工序领料的顺序生产补充,也就是说按照 A—B—A—A—B 的顺序对生产发出指令。表 8-5 为典型的工序内看板。

表 8-5　典型的工序内看板

零部件号		SX507866	
自工序	成型	后工序	组装
收容数	4	看板发行张数	1/5
看板编号	3068	安全库存	3
车型	31-59SY	储位	M102

(二)工序间领取看板

工序间领取看板是指示后工序到前工序领取所需的产品种类(编号)、数量和放置位置(储位)等信息的搬运看板。比如,某企业生产现场的装配车间属于产品的最后一道工序,涉及多种零部件的铆压组装,产品的表面盖板需要按照工序间领取看板的指示,即在本工序使用的顺序和量去盖板的前工序——喷涂工序进行领取,铆压时需要用到的铆钉也和表面盖板一样,带上工序间领取看板按照使用的顺序和量去前工序机加车间进行领取。表 8-6 为典型的工序间领取看板。

表 8-6　典型的工序间领取看板

工序间领取看板		发行张数	8/15	看板代号	2015
品名	20-2411SASY			前工序	表面
				储位	C122
箱容数	V20			自工序	装配
备注				储位	M150

二、双看板系统工作原理

图 8-6 为双看板系统工作原理。依靠工序内看板和工序间领取看板分别来传递生产指令和搬运指令的生产信息系统称为双看板系统。

双看板系统运行循环按照以下几个步骤进行。

(1)当后工序摘下的工序间领取看板积存在领取看板接收箱到规定数量(或到规定好的时间)时,物料配送人员把看板接收箱中的工序间领取看板和空容器装到搬运车上,走向前工序的零部件存放区。

(2)如果物料配送人员在物料存放场 A 领取零部件的话,就取下附在容器上的工序内看板,并将这些看板放入生产看板接收箱。配送人员还要把空容器放到前工序指定的区域。

(3)配送人员在取下每一张工序内看板时,需换取一张工序间领取看板附到容器上。在交换两种看板的时候,要注意仔细核对工序间领取看板和同种物品的工序内看板是否相符。

(4)在后工序,作业人员每开始使用一箱物料时,就必须把附在容器上的工序间领取看板摘下并放入领取看板接收箱中。

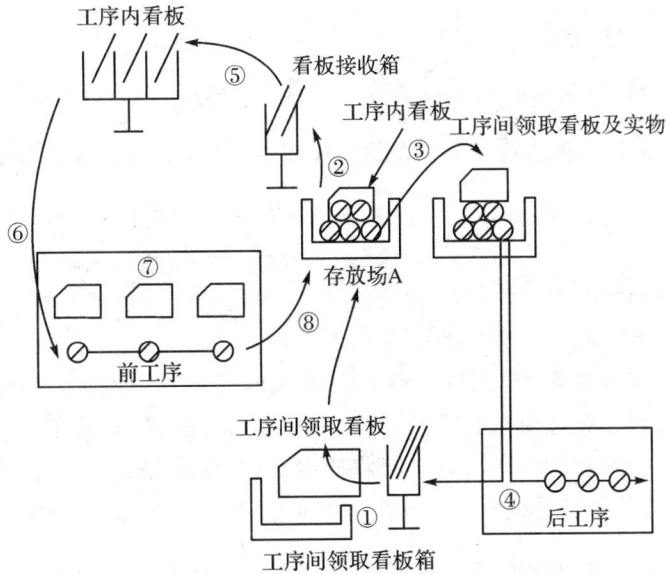

图 8-6　双看板运用循环

　　每箱用前还是用完后摘下看板与所需要的看板数量有关。在图 8-7 中,每箱中有 8 个零部件,如果在使用每箱零部件前摘下看板,箱中还留 7 个零部件,若搬运工在这几个部件没用完之前,拿着被摘下的看板到上一工序去运零部件的话,1 张看板就可以维持运转。若在用完每箱零部件后再摘下看板,则箱中是空的,这样就必须用下一箱的零部件。若搬运工到上一工序运回部件时,下一箱零部件还没用完的话,需要 2 张看板来维持运转,如图 8-8 所示。

图 8-7　使用零部件前摘下看板

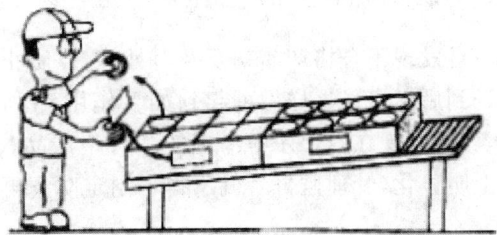

图 8-8　使用完零部件后摘下看板

　　(5)在前工序,生产了一定数量的零部件时,必须从看板接收箱中收集工序内看板。
　　(6)按照在存放地 A 摘下的顺序,放入工序内看板箱。
　　(7)前工序按放入工序内看板箱的顺序进行生产。
　　(8)在前工序零部件加工完成装满一箱后,附上工序内看板,一起放到物料存放地,以便后配送人员随时领取。
　　工序内看板和工序间领取看板的连锁运作,必须不间断地存在于各工序中。结果各工序在必要的时间,仅按必要的数量,领取、生产必需的物品,全部工序自然就实现了准时化生产。

三、实施看板管理规则

为了实现看板管理,在使用看板时必须遵守以下 5 条规则。

(一)规则 1:后工序必须在必需的时候,只按必需的数量,从前工序领取必需的物品

要改变传统"供给后工序"的观点,而要求后工序在必要的时候仅以需要的数量到前工序领取物品,简单地说就是"由后工序领取"。从最终的成品装配到最初材料出库的所有工序,如果都在需要的时间,获取需要的数量的话,任何一个工序也就没有必要从其他渠道得到向后工序供给物品的时间和数量的信息。

将"供给"这一观点转换为"领取",就可以有效地消除各种浪费,实现准时化生产。因此,在使用看板中,后工序必须在必需的时候,只按必需的数量,从前工序领取必需的物品。同时,为了防止后工序任意地领取,有必要将原则具体化,附加 3 个条件:①如果没有看板,领取一概不能进行;②超过看板数量的领取一概不能进行;③看板必须附在实物上。

(二)规则 2:前工序仅按被后工序领取的物品和数量进行生产

前工序仅补充被后工序领走的物品。为了做到这一条,需附加 2 个条件:①生产数量不能超过看板规定的数量,没有看板不进行生产;②当前工序生产多种零部件时,必须按各看板送达的顺序进行生产。

遵守了这样的附加条件,规则 2 才能发挥它的效力。更重要的是,通过严格遵守规则 1 和规则 2,所有的生产工序如同被一条传送带联结,形成了一种流水作业的形式,如果某个工序出现了问题,虽然所有的工序都有可能停止生产,但是至少保持了各工序之间的平衡,即实现同步生产,将各个工序的库存控制在最小限度。

(三)规则 3:不合格产品绝对不能送到后工序

一旦发现不合格产品就要及时处理,以防止对不合格产品再继续制造,更不能把不合格产品送到后工序。这样做可起到如下作用:①如果遵守"不合格品绝对不能送到后工序"的原则,就要发现在本工序中出现的不合格产品;②不合格产品积压在本工序中,使工序的问题马上明显化,管理监督者就不得不制定防止再发生的对策。

(四)规则 4:必须把看板数量减少到最低程度

因为看板的数量表示着某种零部件的最大库存量,所以有必要把它控制到最低程度。通过有计划地主动减少看板,可及时发现问题,并找出原因。当需要找出某工序生产存在的问题时,则减少发出的工序内看板;当需要找出搬运方面或后工序工作点存在的问题时,则减少发出的工序间领取看板数。如此,通过不断地减少看板数量,使得现场的改善活动不断进行。

(五)规则 5:通过看板对生产进行微调

看板的主要功能之一是作为生产和搬运的指令。因此,在使用看板的时候,不需要另外提供如工作计划表、搬运计划表这样的信息,仅用看板作为生产和搬运指示的信息,作业者只依赖看板进行作业。

由于市场上的需求和生产上的紧急事态都是不确定的,计划部门不会把生产计划的变更通知到所有工序,关键是控制最终装配线工序上摘下来的看板数量的情况。例如,计划每天生产 100 台某产品,一个批次 5 台,共领取 20 次看板,现在要求减少 10 台,则每天共领取 18 次看板,提前终止,可进行改善活动;若要求增产 10 台,则每天共领取 22 次看板,采用加班方法,如图 8-9 所示。通过对看板微调以应对市场的需求变化。

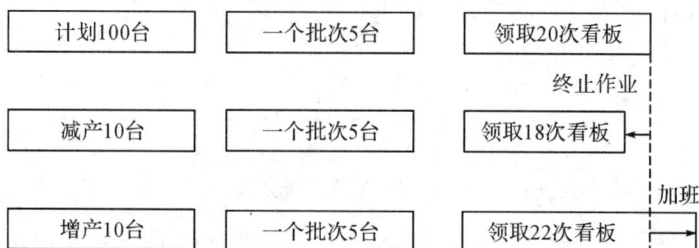

图 8-9　生产波动通过看板微调示意

像这样通过看板对生产进行微调,在需求小幅度变化的情况下是可行的。如果产量变化在 10％左右的话,不变更看板的总数量,只通过改变看板送达的次数就可以应对。但是如果产量变化很大的话,就必须重新计算节拍时间或者增减看板的数量。可见,通过看板可对实际生产数量进行微调,以应对需求的波动,这样才能发挥看板的强大功能。

要遵守以上 5 个规则,必须要做大量持续的改善工作。可是,如果不遵守这样的规则,即使引入看板,也无法发挥它的效果,也不能够推进降低成本的活动。注意在遵循上述规则的同时,还必须将生产的均衡化、合理的设备布置及标准作业 3 个条件贯穿到看板方式中。

四、看板数量计算

看板数量就是在生产现场实施拉动生产所必需的看板数量。在拉动生产中,可以用物料包装单位"箱"数表示物料数量,一箱物料对应一张看板卡片。因此,卡片数量确定了物料数量,卡片数量就是物料数量。因此,计算合理的看板数量就是计算合理的物料箱数。

(一)理论基础——订货点理论

看板管理是"拉动"方式。也就是说,某一制造工序从它的前工序领取零部件,接着前工序只按被领走的数量开始生产零部件。在某种意义上,是后工序到前工序在适当的时候按适当的量"订购"必需的零部件。因此,看板管理可以从库存管理方式的观点来观察。

在库存管理中,物品订货点的确定方式有定量订货方式和定期订货方式。

图 8-10 为定量订货方式。当库存水平下降到订货点 B(也就是从订货到交货这段时间的期望需要量)时,就按预定的固定数量(一般以经济订货批量为准)订货。这时,虽然订货量是一定的,但是订货的间隔周期 T 不确定。L 则表示采购提前期。

131

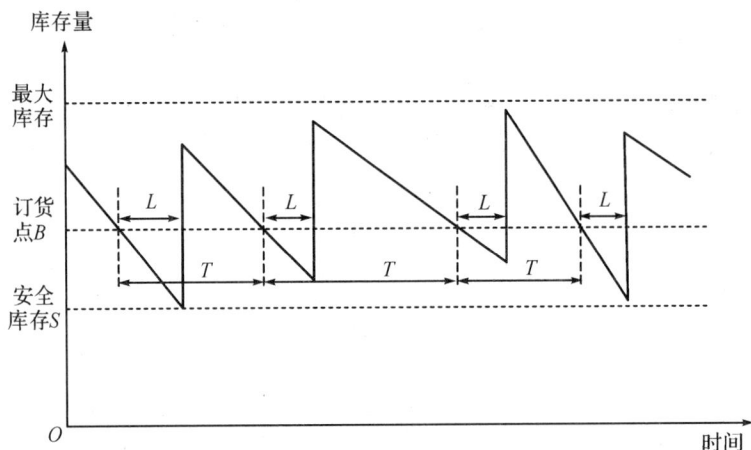

图 8-10　定量订货方式

图 8-11 为定期订货方式。在定期订货方式下,订货的时间间隔 T 是固定的,按照预先确定的订货周期 T 进行订货补充,因此每次的订货量是不同的。

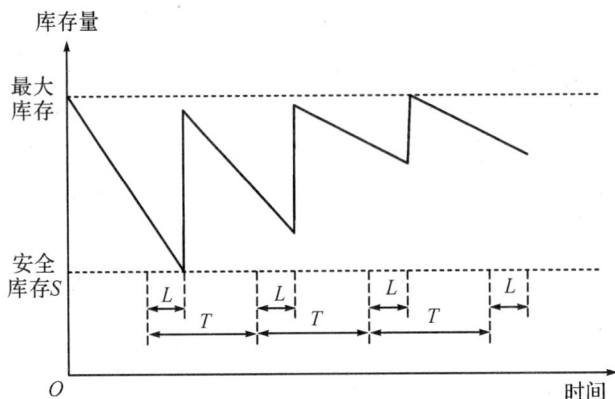

图 8-11　定期订货方式

(二)工序内看板数量

在双看板循环系统中,为了便于领取看板回收,后工序一般采用定期领取的方式,定期去物料存放处领取所需零部件并将工序内看板放入看板接收箱,而前工序则是定量生产方式,也就是相当于定量订货方式,如图 8-12 所示。前工序看板接收箱不断收集工序内看板,当某一型号物料的工序内看板累积到规定量时,放入工序内看板箱进行排序生产。

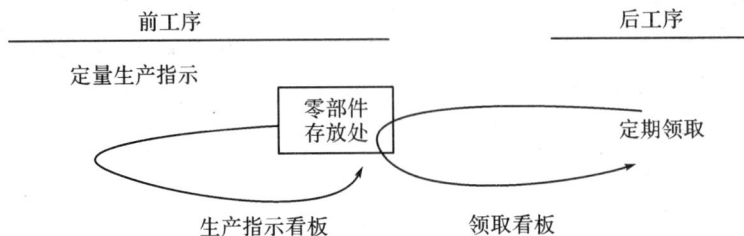

图 8-12　双看板循环系统定期领取和定量生产指示方式

在这种方式下,必需的最大库存量应为订货点库存量,所以,看板总数量应满足必需的最大库存量的需要。在定量订货的库存管理模式中,订货点的库存量为

$$B = D \times L + S \tag{8-1}$$

式中相关参数含义如下。

B 为订货点库存量。

D 为平均日需求量。

L 为采购提前期。

S 为安全库存量。

根据式(8-1)的原理,可以得出工序内看板的数量为

$$N = \frac{D \times L(1+a)}{C} \tag{8-2}$$

式(8-2)中相关参数含义如下。

N 为看板数量。

a 为安全系数,安全库存量用安全系数来表示,即需求量的百分数。

C 为盛放物料容器的容量。

L 为工序内看板摘下至物料到达存放处的过程时间,简称为生产过程时间[相当于式(8-1)的采购提前期 L],一般包括物料加工时间、物料搬运时间、看板回收时间和等待时间等。

【例 8-1】某汽车零部件公司生产四轮车的转向器及暂停系统中的游戏杆手臂组合。一般一箱零部件在制造周期中需要 0.02 天的加工时间及 0.08 天的物料处理、等待和看板回收时间,每箱有 22 个零部件,零部件每日的需求为 2000 个。考虑到游戏杆手臂组合需求的不确定性,其安全库存量定为需求量的 10%,试计算需要的工序内看板的数量是多少?

解:根据式(8-2),$D=2000$,$L=0.02+0.08$,$a=10\%$,$C=22$,则授权的看板数量为

$$N = [2000 \times (0.02+0.08) \times (1+10\%)] \div 22 = 10(张)$$

(三)工序间领取看板数量

后工序采用定期领取方式,相当于库存管理中的定期订货方式。在这种方式下,订货量是不确定的,需要根据一个订货周期需求量、采购提前期需求量、当前实际库存量、已订货未到量进行确定,即

订货量＝订货间隔期需求量＋采购提前期需求量－现有库存－订货未到量

采购提前期和订货间隔期的合计时间内的需求量称为基准量,也常称为补充过程时间。

基准量为

$$M = D \times (L+T) + S \tag{8-3}$$

式中相关参数含义如下。

M 为基准量。

D 为平均日需求量。

L 为采购提前期,即从订货至到货的时间。

T 为订货间隔期,即相邻两次订货之间的时间间隔。

S 为安全库存量。

根据式(8-3)的原理,可以得出工序间领取看板数量为

$$N = \frac{D \times (L + T + Ts)}{C} \qquad (8-4)$$

式(8-4)中,L 为生产过程时间,由加工时间、等待时间、看板回收时间组成。其中,加工时间是指从发出生产指示开始到生产结束的时间间隔,这个间隔相当于在生产线内部的存放的、在加工的在制品库存的看板数量;看板回收时间是指在后工序摘下来看板从接收箱中取出的时间与前工序发出生产指示的时间之间的时间间隔,与领取看板箱、看板接收箱、生产指示看板箱中各自看板拥有量的总数相等。

式(8-4)中,T 为订货周期,即两次领取之间的时间间隔(以天计算),也叫作看板周期。

Ts 为安全库存时间,相当于零部件在存放处的停留时间。这些库存是为了应对不合格品和设备故障等准备的。为了确定安全库存的水准,必须分别预测各种不正常因素发生的概率。

五、看板运行案例及流程

一汽轿车公司总装车间看板运行流程由看板回收操作人员工作流程、物流配货操作人员工作流程、物流发件操作人员工作流程、生产线操作人员工作流程等 4 个流程组成。图 8-13 为总装车间使用的一种领取看板实例。

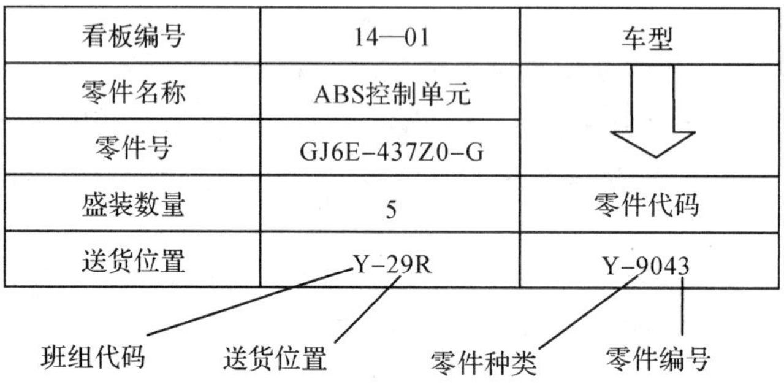

看板编号	14—01	车型
零件名称	ABS控制单元	
零件号	GJ6E-437Z0-G	
盛装数量	5	零件代码
送货位置	Y-29R	Y-9043

班组代码　　送货位置　　零件种类　　零件编号

图 8-13　领取看板实例

(一)看板回收操作人员工作流程

图 8-14 为看板回收操作人员工作流程。它的工作内容包括:①收到生产线播报发件信息;②将工序内领取看板发放至物流零部件货架的看板回收盒内;③到生产线零部件货架的回收工序内领取看板;④按看板回收路线回收看板后,回到起始位置等待下次生产线播报信息。

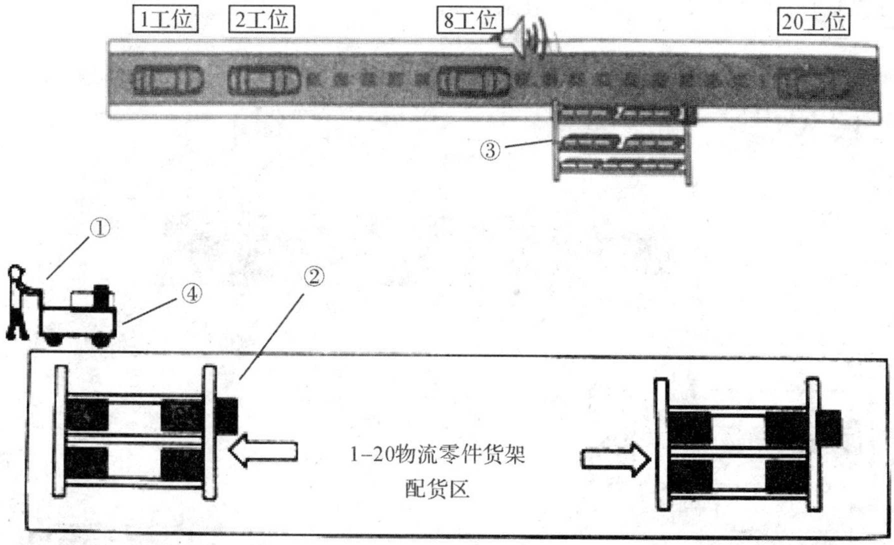

图 8-14　看板回收操作人员工作流程

(二)物流配货操作人员工作流程

图 8-15 为物流配货操作人员工作流程。它的工作内容包括:①从看板回收盒内领取看板;②根据工序内领取看板上的零部件代码和盛放数量、平板车号配货,并对零部件箱单上的零部件号和看板上的零部件号进行确认;③再次确认实物和看板是否相符后,把看板放入零部件箱看板箱内;④将配完零部件的平板车放至待发区。

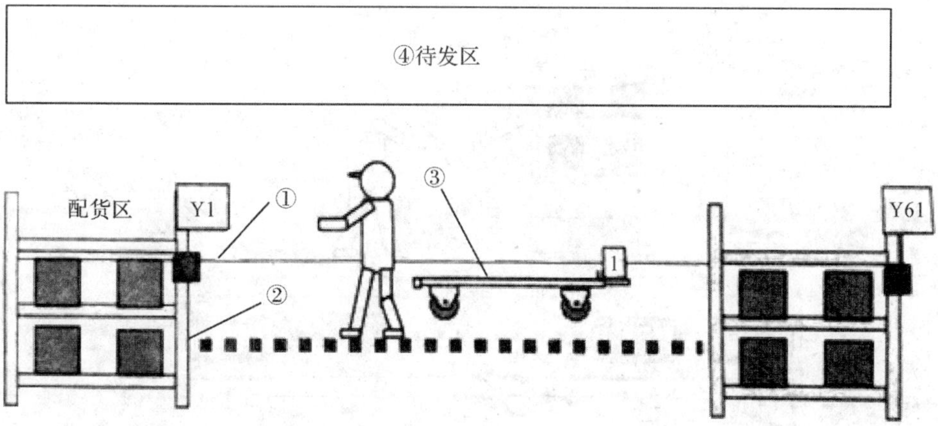

图 8-15　物流配货操作人员工作流程

(三)物流发件操作人员工作流程

图 8-16 为物流发件操作人员工作流程。它的工作内容包括:①收到生产线播报发件信息;②在待发区将配好货的平板车牵引上生产线;③将零部件箱有看板一侧对着操作者方向投货;④回收生产垃圾;⑤按零部件发放路线发件后,将生产垃圾放置在零部件货架上部;

⑥回到待发货区等待下次生产线播报信息。

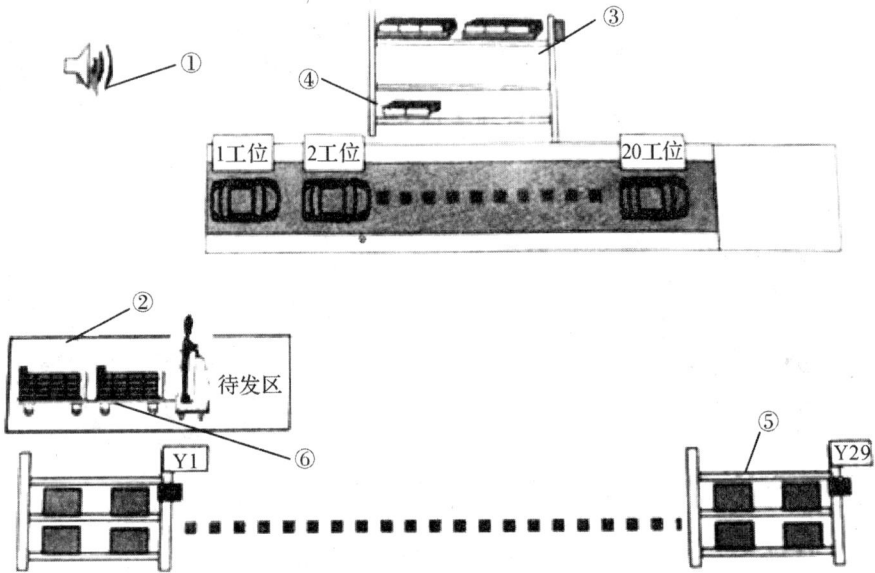

图 8-16　物流发件操作人员工作流程

(四)生产线操作人员工作流程

图 8-17 为生产线操作人员工作流程。它的工作内容包括:①在拿取零部件箱内第一个零部件时,将工序看板取下;②确认零部件与看板是否相符;③将工序内领取看板放置在看板回收盒内。

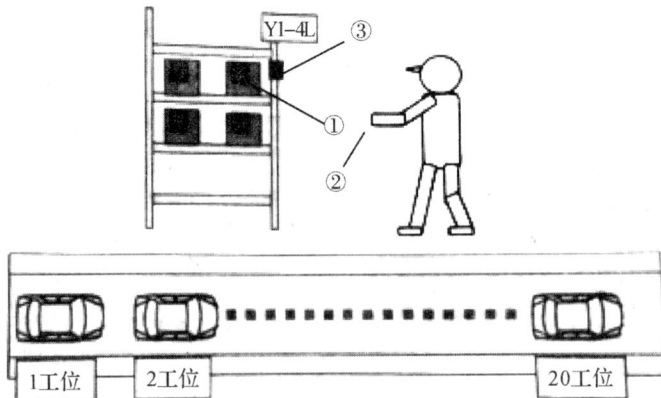

图 8-17　生产线操作人员工作流程

第四节 外协领取看板

一、什么是外协领取看板

生产需要使用物料。一般来说,企业生产需用物料的调配途径,分为从外部购买直接可用于生产的物料或者购买原料后内部加工成形后再用于生产。外部提供物料的厂家一般被称之为外协供货厂家(简称外协),在准时化生产中,物料等外协供货厂家的协助是必不可少的。外协在准时化生产中需要按照客户的需求在必要的时候供给必要数量的必要物品。在这个过程中,外协和客户的准时化生产需要无缝衔接,也就是客户的生产看板在外协也能发挥生产指示的作用。同时,外协本身的生产体制要能对应看板拉动式生产方式,否则会出现不能及时供应,或者库存过多的现象。

换句话说,一般企业的准时化生产可以分为内部环节和外部环节,两部分环节相互关联。如果要实现完全意义上的准时化,就需要对这两部分环节都进行系统化的管理。相对于内部环节,对外部环节,也就是对外协的管理,关联的因素更多,所以需要考量的内容也会更多。例如,外协和企业之间的距离、运输方式等会关系到供货时间和运输成本,这些因素需要提前测算,纳入管理。

企业和外协的衔接可以使用外协领取看板这一工具。外协领取看板是针对供货厂家使用的订货看板。与前面章节中讲的工序间领取看板的概念类似,只是"前工序"不是内部的工序而是供应商。外协看板上必须记载进货单位的名称和进货时间、每次进货的数量和信息等,如图8-18所示。图8-19是外协领取看板实例。外协领取看板是给外协厂家传达供货指示的工具,因此它的信息包含了从外协工厂物料装车准备运输开始到把物料卸车发到客户指定位置为止的各项信息。概括来说,这些信息包含"谁""什么时间",把"多少""什么物品"送到"哪里"这些内容。并且外协领取看板上的信息设计需要一目了然、便于管理的目的。例如,给企业供货的外协往往不止一家,即使同样的材料都有可能来自几家外协,这就需要标明外协厂家名称信息,以便追溯。对于面积比较大的工厂,交入场所的信息就很实用。因为根据物料要搬送去的生产车间地点,设定合理的交入场所,可以让物料到生产车间的搬送更方便。同时,运送物料的运输人员也可以清楚地知道应该把物料运到哪个位置,避免了到达后临时询问等待信息的过程。

进货时间	品名：＿＿＿＿＿＿＿＿ 供货厂：＿＿＿＿＿＿＿ 交入场所：＿＿＿＿＿＿ 车种类别：＿＿＿＿＿＿		储位
9:30 15:30			
进货循环	容器	收容数	看板张数	后工序
1-8-3		20		

图8-18 外协领取看板

生产线
存放位置

代表总
装车间

供货单位

部件编号

内物流储
存区域位置

部件名称

零部件
物流代码

进货物流门

图 8-19　外协领取看板实例

二、外协领取看板的使用方法及内、外部看板联动的全过程

图 8-20 为外协领取看板的使用步骤。具体步骤为：①卡车司机把 A 厂的外协领取看板和空箱送到供货厂家 B 厂，外协看板放到看板室，然后，将空箱放回仓库；②将前次送到的外协领取看板的零部件装入卡车，送货入 A 厂；③经过登记后，卸货送入 A 厂指定的地点；④A厂的物流配送人员把零部件送入 A 厂的生产线；⑤卡车司机到 A 厂的外协看板回收处拿汇集的外协领取看板和空箱出厂。

这里补充说明一下，②环节中已经准备好的零部件所搭配的外协领取看板一般情况下不是这次卡车司机带回来的。因为外协是在收到外协领取看板之后，安排相应的生产和出货准备，这个准备过程根据产品不同而不同，但一般来说需要几个小时。客户企业如果对该零部件的使用频度比较高，一般会避免出现让卡车等待的情况，卡车会将之前带回来的外协领取看板的零部件运走。这个可以由进货循环系数明确规定，例如图 8-18 中有进货循环这一栏显示"1-8-3"，第一个"1"代表 1 天，第二个"8"代表 8 趟运送，末尾的"3"就代表某一次带回去的外协领取看板在隔 3 趟之后和零部件一起返回。也就是说该零部件要求外协厂家 1天里运送 8 趟，每一次带到外协的外协领取看板，在隔 3 趟后和零部件一起返回。这 3 个数字是需要根据该零部件的使用频率、货车运载量，以及路途运输时间和外协准备出货的时间等设定的。例如一家距离比较远的外协，零部件使用频度不算很高，那么有可能会把进货循环设为 2-1-1。

还有一点补充说明，⑤环节中卡车拿走的外协领取看板，并不是从刚运到的零部件容器上收回来的，而是 A 厂生产车间使用了以前运来的零部件时，回收起来的外协领取看板。一般企业会备有零部件的安全库存，即使丰田公司也没有完全做到零库存，而是有可以支撑两个小时生产的库存。每个企业准备的安全库存数量不同，原则上是考虑万一外协供货出现小意外，也不影响企业本身生产，能支撑生产的库存数量。生产线使用零部件是先从安全库存中拿取，外协送来的零部件逐次补充进安全库存。这一过程后面将详细说明。

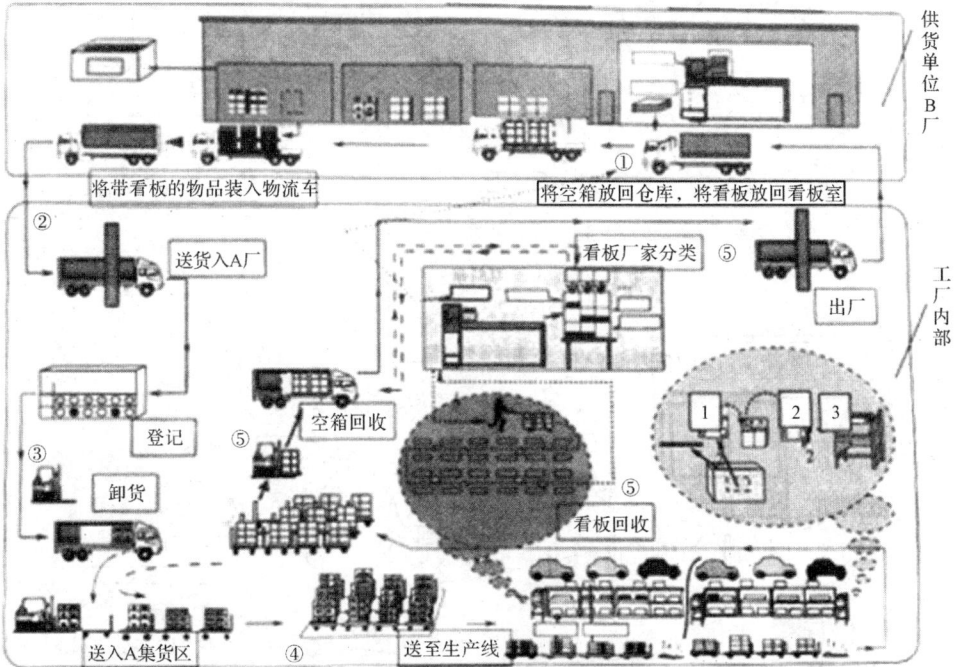

将带看板的物品装入物流车
将空箱放回仓库，将看板放回看板室
送货入A厂
看板厂家分类
出厂
空箱回收
登记
卸货
看板回收
送入A集货区
送至生产线
供货单位B厂
工厂内部

图 8-20　外协领取看板的使用步骤

一般生产线与零部件存放区域的距离较远，从零部件送入生产线并要求外协厂家供应原材料（即补外协补货）需经历 7 个阶段，如图 8-21 所示。

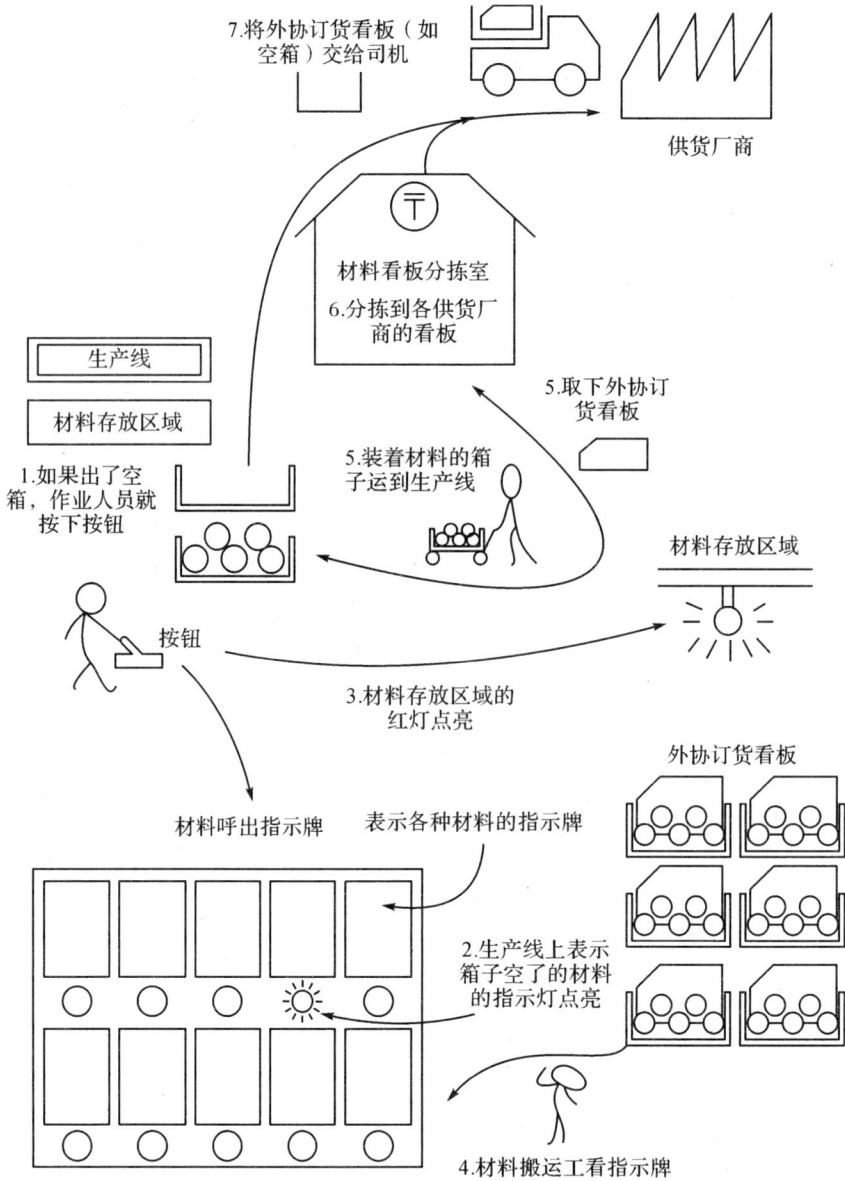

图 8-21 供货厂家供应原材料的 7 个阶段

(1)生产线上的作业人员如果发现材料箱空了,就按生产线旁的按钮。

(2)设置在材料存放区域旁边的材料呼出指示灯牌,如果生产线出了空箱,指示这种材料的指示牌下面的灯点亮。

(3)材料存放区域的红灯同时点亮。

(4)存放区域中的物料配送人员看到材料呼出指示灯牌,确认是哪个指示灯牌下面的呼叫灯亮了。

(5)配送人员把装满这种材料的箱子运到生产线上。虽然这个材料箱还放着外协订货看板,但是配送人员在把箱子运往生产线之前,必须摘下这张看板。

(6)把这张外协领取看板送到看板分拣室,按供货商单位进行分拣,如图 8-22 所示。该分拣室设在材料存放区的旁边或内部。

=	=	=	—	=	=	=
65	66	67	68	69	70	71
—		=		=		=
72	73	74	75	76	77	78
=			=	=		
79	80	81	82	83	84	85
		=			=	=
86	87	88	89	90	91	92
=	=		=			
93	94	95	96	97	98	99
=						
100	101	102	103	104	105	106

图 8-22　看板邮局构造

(7)经过这样处理分类的外协订货看板,为了发送到供货厂家,要交给卡车司机。这时,卡车已经装好了要带回外协的空箱子。

三、外协看板数量计算

因为供货厂家离订货公司有一定距离,所以整个供货过程时间变长,使用定量领取方式可能会发生零部件缺货的情况。如果订货厂家对这些供货厂家采取定量领取方式的话,对各供货厂家的订货时点就不一样,而要从远处的各个供货厂家非常频繁地领取少量的零部件,搬运成本也会较高。因此,外协领取看板只使用"定时不定量"方式,通常订货厂家从各个协作企业采用定期混载的形式同时领取各种零部件。因此,各种外协订货看板的总数量,可根据定期订货原理[式(8-3)]得出

$$N = \frac{D \times (T + P + Ts)}{C} \tag{8-5}$$

式中,N 为看板数量。

D 为平均日需求量。

T 为订货周期,也叫看板周期,是给协作厂家发出二次领取看板的时间间隔。

P 为供货厂家的生产过程时间,从给该货厂家发出领取看板开始到这批生产完成并可以领取为止的时间间隔。

Ts 为安全库存天数。

C 为盛放容器的容量。

在式(8-5)中,订货周期 T 为

$$T = a/b \tag{8-6}$$

式(8-6)中,a 为一次领取搬运所需的时间(天),搬运不足 1 天,按 1 天计算。

b 为一天搬运的次数。

在式(8-5)中,生产过程时间 P 可通过下式计算

$$P = T \times d \tag{8-7}$$

式(8-7)中,d为一次订货时间内的看板搬运次数,即向外协厂发出订货后直到交货时间内发出的订货次数,简称搬运间隔,主要由该协作厂同订货厂家之间的距离决定。

把式(8-6)、式(8-7)代入式(8-5)可以得出外协领取看板数量为

$$N = \frac{D}{C} \times \left[\frac{a \times (1+d)}{b} + Ts \right] \tag{8-8}$$

【例8-2】在图8-18外协领取看板中,看板循环为"1-8-3",假设使用量为200个/日,安全在库为4小时,1天工作16小时,每箱盛装零部件数量为20个,要求计算外协领取看板数量。

解:看板循环为"1-8-3",意味着这种零部件1天需要发送8次,搬运间隔为3。在采用外协领取看板方式中,订货周期和搬运间隔通常都写在外协订货看板上。

根据题意可知,$D=200,C=20,a=1,b=8,d=3,Ts=4/16=0.25$(天)。则外协领取看板数量为

$N = (200/20) \times \{[(1 \times (1+3)/8] + 0.25\} = 7.5$(张),取整后为8张。

四、供货厂家内部生产管理

在配合客户的外协领取看板的运营过程中,供货厂家内部的生产体制如果也是采用看板拉动式生产方式,可以有效控制成本和确保供货。当然供货厂家想要实施看板拉动式生产方式,必须把生产管理机制和组织架构调整到能对应的状态。

供货厂家内部的生产指示看板的运营方式和客户内部的生产指示看板的运营方式相似,不同之处在于之后一道工序的生产指示看板可以是直接来自客户的外协领取看板的。前面提到,往客户处运货的卡车司机会带回来外协领取看板,并将外协领取看板放在外协供货厂家的看板室内。在看板室内,外协厂家需要将外协领取看板对应换成自己工厂内生产指示看板,并把生产指示看板送到生产车间,生产车间按照接到的生产指示看板进行生产。如果外协能够按照这样的看板拉动式生产方式去生产,就不会出现生产过量、库存增大的情况。

外协厂内的生产指示看板和前面章节中讲的生产指示看板是同样的内容,只是为了和外协领取看板清楚区别,往往采用明显不同的颜色或形状,以做区别。

需要注意,现实中,很多外协厂家会因为担心客户企业突然下订单,担心自己的生产能力不能及时供货,就堆积了大量库存求个安心。但是过多的库存就是浪费,而且也违背了准时化的意义。这就需要客户企业和外协共同建立顺畅的信息沟通机制,及时和准确的信息沟通是解决问题的方法。首先,客户企业和外协配合实施看板拉动式生产方式,可以约定只生产接到外协领取看板的数量。其次,客户企业和外协提前沟通下一个时期(以月为单位或季度为单位)的预估需求数量,并使实际数量变化控制在一定范围内,例如10%。在此基础上,客户企业的实际日需求量信息需要提前给到,例如最少提前3天给到外协。

除了上述的企业和外协的信息沟通方式外,企业在必要时,也需要了解外协的内部生产管理状况,并协助外协调整内部生产管理方式,使其能对应准时化生产方式。以丰田公司为例,丰田公司有专门的视察外协生产状况的部门,并且会在必要时,派出管理者去协助外协解决问题,提高外协的生产管理能力。

总的来说,外协领取看板的顺利运行,除了制定合理看板的运行机制和使用方法,还需

要客户企业和外协的紧密配合,使产品各个环节形成顺畅的整流化生产方式。

第五节　非常规看板

一、信号看板定义

前面介绍了企业内比较普遍的看板类型,还有一些看板会使用在一些特定场合,本节对这一类看板的特点及使用目的做一个总的介绍。

信号看板是指在批量生产工序内(如冲压工序和锻压工序)使用的看板。

信号看板有两种类型:三角看板和材料领取看板,如图 8-23 所示。

三角看板一般挂在一个批量(若干箱)的某个物料箱子上,如图 8-23(c)所示。如果领取到挂着这张看板的物料箱时,生产指示就必须下达,其功能相当于工序内看板。图 8-23(b)为冲压工序的三角看板,如果零部件箱领取到下数第 2 箱时,就指示生产 200 个左车门。

材料领取看板也叫材料准备看板,材料看板如图 8-23(a)所示。如果领取到挂着这张看板的地方时,搬运指示就必须下达,其功能相当于工序间领取看板。图 8-23(c)为看板使用方法,如果领取到第 3 箱的时候,即材料领取看板所挂位置,则冲压工序就必须到物料存放处去领取一个批量(5 箱即 200 张)的钢板。

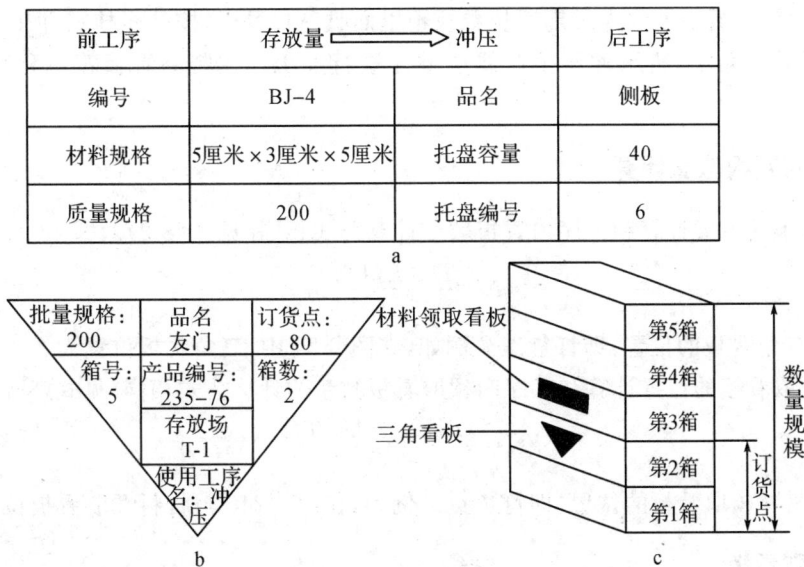

图 8-23　信号看板

二、信号看板的使用方法

以冲压工序为例,介绍信号看板的运行方法。

在冲压工厂,有卷材剪切和冲压两条生产线,如图 8-24 所示。在卷材剪切生产线的右侧有卷材存放区域,供原材料卷材存放。在卷材剪切生产线的左面,在剪切后的钢板半成品存放区域。冲压生产线的左侧有完成加工的钣金半成品存放区。托盘上装着各种各样的冲压零部件,在信号看板的位置挂着三角看板和材料领取看板。

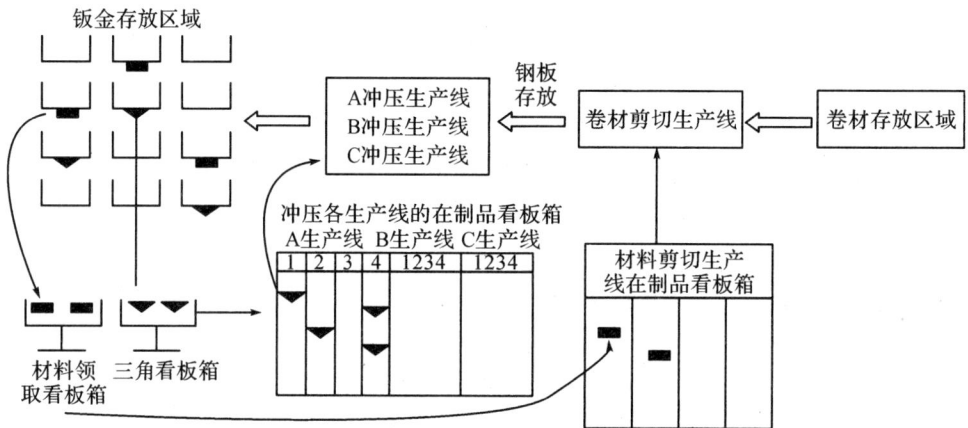

图 8-24　冲压工序信号看板的传递方法

如果物料使用到材料领取看板的位置,就摘下这张材料领取看板,并放入材料领取看板箱内。当箱内材料领取看板积攒到一定数量时,被回收到材料剪切生产线加工指示看板箱内,这时卷材剪切生产线开始安排生产。

如果物料使用到三角看板的位置(订货点),就摘下三角看板,同时三角看板被放入三角看板箱内。然后,看板回收人员定期从看板箱里回收三角看板,按顺序挂在冲压生产线开始端的在制品看板箱上,指示冲压生产线按顺序进行加工。在制品看板箱也称生产指示管理板。

三、信号看板位置计算

三角看板的位置计算和工序内看板数量计算公式相同[见式(8-2)],即

$$N = \frac{D \times L(1+a)}{C}$$

式中,N 为三角看板的位置,即订货点。例如,在图 8-24 中,三角看板位置为 2。

材料领取看板的位置计算和工序间领取看板数量的计算公式相同[见式(8-4)],即

$$N = \frac{D \times (L+T+Ts)}{C}$$

式中,N 为材料领取看板的位置,即订货点。例如,在图 8-24 中,材料领取看板位置为 3。

四、特殊看板

特殊看板按用途可分为特急看板、临时看板、接受订货生产看板、连续看板、共用看板、标签等;按形式可分为彩色乒乓球、容器、方格标识、信号灯、电子看板等。

（一）特殊用途看板

1.特急看板

在零部件发生不足时发行特急看板。特急看板只在出现异常事态的情况下发出,使用后必须马上收回。特急看板的样式如图 8-25 所示。

自　　　至	领取看板		
第三工厂	存放场 3D315	编号	A3-14
	产品编号	S780E04	
	品名	曲轴	
	型式 P×406BC-10	收容数 10	1/20

图 8-25　特急看板

2.临时看板

为了处理出现不合格产品和设备故障、插单生产等情况,或需要增加某些库存时,发行临时看板。临时看板由高阶主管授权,其张数有限。

这种看板仍采取领取看板或生产指示看板的形式,使用后必须马上收回。临时看板的样式如图 8-26 所示。

生产指示看板		工序
存放场		
产品编号		
品种		
型号	发行时间	

图 8-26　临时看板

3.接受订货生产看板

接受订货生产看板是为生产专用的生产线而准备的,在每次订货时发出。接受订货生产看板的样式如图 8-27 所示。接受订货生产看板不同于前面介绍的生产指示看板,前者用于单次专用件的生产,而后者用于多次相同物品的生产。

生产指示看板			工序
存放场			
产品编号			
品种			
车种	收容数	发行编号	

图 8-27 接受订货生产看板

图 8-28 为汽车装配线专用件顺序配货的工作流程。分 5 个步骤:①保管员从生产计划和物料管理系统中领取上线产品顺序的打印信息,交给配货人员;②操作者按此信息进行配货;③将打印的信息放到配好货的首件上面,用于生产线的操作者的确认;④发件人员按生产播报信息放至生产线;⑤产线操作者根据打印的信息进行首件确认。

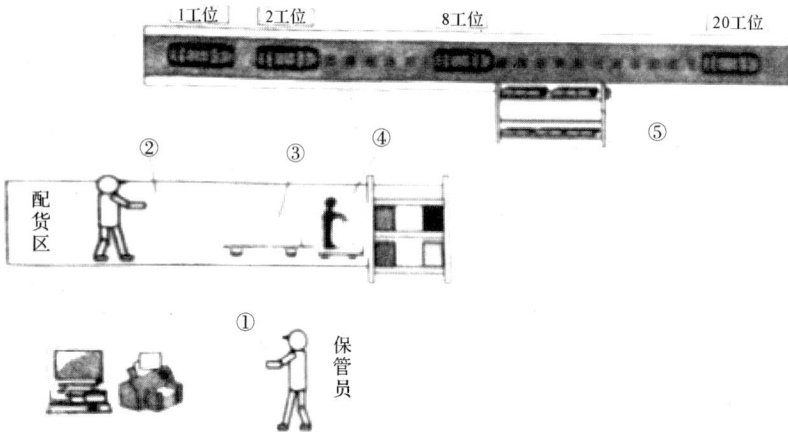

图 8-28 汽车装配线专用件顺序配货的工作流程

4. 连续看板

如果两个或者两个以上的工序紧密相连,例如产品在某个工序生产以后,马上就用溜槽送到下一工序,或者在电镀、清洗、涂装等生产线上,多个工序可以看成一个工序,在这些工序相邻的工序之间就没有必要交换看板。因此,在多个工序中使用一张通用看板,这样的看板叫作连续看板。

5. 共用看板

两个工序之间的距离非常近,在一名操作人员操作两个工序的情况下,领取看板也作为生产指示看板使用,称为共用看板,也称单看板方式。单看板方式的运行过程与规则类似双看板系统。图 8-29 为共用看板的运作流程。具体内容为:①后工序搬运工带空箱子和共用看板到前工序零部件存放地;②将该看板带到看板接受箱,按看板指示的数量领取零部件箱数,这时在物料存放地不需要交换看板;③在前工序,当看板箱内看板积攒到一定数量或一定时期时,便开始按照看板顺序生产;④前工序把生产好的零部件和看板一同运至物料存放地。

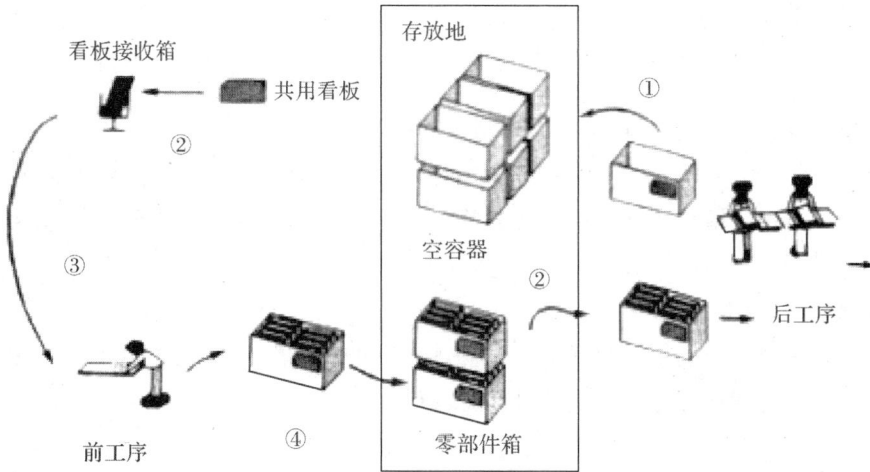

图 8-29　共用看板运作流程

6.标签

　　在输送线上贴有标明需要运送的零部件、数量、时间的卡片称为标签。标签常常贴在输送线悬挂零部件的悬挂件上。

　　在这种情况下,虽然标签实际上不叫看板,但是它具有指示作业人员往悬挂架上悬挂存放地的各种零部件,指示装配线上人员组装这些零部件的指示功能,因此,也被当作一种看板使用。结果是,零部件组装工序可以只生产所必需的零部件。

　　标签也作为指示最终装配线按顺序依次组装产品的手段使用,图 8-30 是一汽总装线上的标签应用实例。

图 8-30　标签使用实例

(二)特殊形式看板

1.彩色乒乓球

应用彩色乒乓球作为信息传递手段,效果良好。

例如,当位于 2 楼的一条组装线上的零部件数量降到规定数量,作业人员就将相应的彩色乒乓球通过专用管道传送到位于一楼的前生产车间,以此作为"领取看板"的信号,通知前工序应该提供和生产的品种与数量,在乒乓球上也可予以文字说明。

2.容器

容器本身也可以作为发出信号的工具。例如,在指定位置上,如果出现空容器,就意味着需要补充这种容器所装的品种及数量的零部件。

3.方格标识

在地面或作业台面上画上有标记的方格来明确应该存放什么零部件,当方格为空时,就表示发出生产指令,如图 8-31 所示。

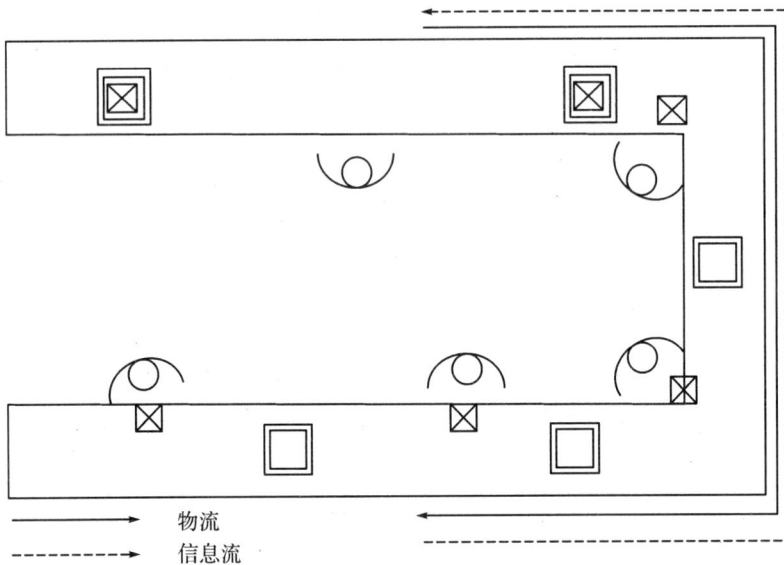

物流

信息流

图 8-31 方格标识

4.信号灯

在墙上设置若干个信号灯,当某个信号灯开启后即表示需要提供某种物料。

5.电子看板

很多对看板系统情有独钟的人,会反对把信息系统引入传统的看板系统,认为用了计算机反而降低看板系统操作简单、成本降低等优势。引入信息系统尽管在一定程度上会增加投资,但可以把以上各种的看板做成电子化看板(其表现形式尽量地保持手工看板的简单和直观),有许多潜在的优势。例如,不需要对看板运行和维护投入太多,不会丢失看板,看板自动产生、回收,可以进行看板数据汇总分析,可与 ERP(enterprise resource planning,企业资源计划)、MES(manufacturing execution system,制造企业生产过程执行系统)等其他系统集成等。

练习题

1. 请从准时化生产的由来说明准时化生产的定义是什么？

2. 请简要说明准时化生产的技术体系包含哪些内容？

3. 信号看板是什么？它的特点是什么？

4. 列举3个特殊看板并说明使用这些特殊看板的目的。

5. 看板作为准时化生产的工具，从用途和形式分各有什么类型？

6. 看板作为准时化生产的工具，从哪些方面发挥了作用？

7. 某企业有款订单量大且稳定的产品散热器，其生产工艺是领料后开始生产，经过下断、冲压、砂面、表面处理、装配工序成为成品。现在想以该款产品为试点，通过导入看板工具做准时化生产尝试。请画出该产品的拉动式生产指令传递图，并做简要说明。

8. 看板使用时容易出现哪些问题？出现问题后应该怎么处理？

9. 请结合两种看板上的展示内容，简要说明工序内看板和工序间领取看板的作用。

10. 请手画示意图简要说明双看板系统的工作原理。

11. 看板运行需要遵守哪些管理规则？为配合看板方式的运行，还应同时满足哪些条件呢？

12. 看板运行一般分为哪几个流程？

13. 某通信类电子公司生产散热条产品，一般一箱产品在制造周期中需要0.02天的加工时间，以及0.07天的物料处理、等待时间和看板回收时间，每箱有33个，每日的需求为3000个。考虑到客户调货需求存在不确定性，其安全库存量定为需求量的10%，请计算需要多少张工序内看板来运行？

14. 什么是外协领取看板？它起到了什么作用？

15. 外协领取看板应包含哪些信息内容？

16. 外协领取看板和企业厂内的工序间领取看板的相同点和不同点各是什么？

第九章

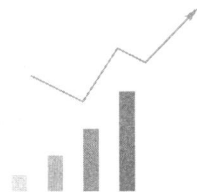

精益智能制造中的软件联动

▶ **本章目的**

全面简要地了解制造业企业信息化,通过实例学习如何通过软件实现多部门(包括间接部门和直接部门)联动;了解在工厂车间现场运行的软件系统,学习 MES 如何为生产管理服务,切实把党的创新理论贯彻落实到制造业企业信息化事业全过程。

▶ **内容要点**

1. 整体了解与制造业企业日常业务相关的各种软件技术。

2. 通过模拟小车生产线体验 MES 软件如何与 ERP 联动。

3. 通过实例了解制造业现场运行的各种软件系统。

4. 了解 MES 系统的目的、功能和未来发展趋势。

5. 以乐高小车生产线为例,体验软件如何服务于精益生产管理。

第一节 制造业软件概要

一、制造业软件分类

目前我们正生活在一个日益软件化的世界。

现代计算机技术登上人类历史舞台只有短短半个多世纪的时间,却早已经成为日常工作和生活中不可或缺的一部分。一家现代企业是否善于合理运用信息技术,会极大地影响它的业务效率和商业业绩。新兴企业利用最新技术颠覆传统行业巨头的事例更是屡见不鲜。

虽然经历了半个多世纪的高速发展,计算机和软件行业今天依然是世界上进步最快、最充满活力的领域之一。特别是最近十年以来,移动互联网、物联网、大数据和人工智能等领域的技术取得了长足的进步,这些技术在工业领域都有着广阔的应用场景,并很可能在未来数十年间推动制造效率的大幅提升,相应的也会给行业本身带来极大的改变。对于有兴趣进入制造行业的人来说,了解这些技术的行业应用图景及它们今后的发展趋势是非常有必要的。

本节主要介绍制造企业使用的各种软件技术。首先以总体视角对各种不同应用做一个概要式的梳理,随后将聚焦于生产车间,进一步介绍软件是如何在生产管理现场发挥作用的。

在现实世界里,制造业企业除了需要在工厂车间完成实际的生产加工,还需要进行市场营销、产品设计、交付和售后服务等其他各种各样的工作。而为了维持企业本身的正常运转,人力资源、财务、法务及各种其他行政管理事务同样不可或缺。在当今世界上比较有规模的制造业企业中,上述每一类业务、每一个工作环节中都能找到软件的身影。

不同企业日常运作模式不同,选择应用软件的种类也会非常不同,并没有统一的规范。计算机和软件技术的发展是日新月异的,有时候同样功能的软件,仅仅因为导入时间的不同,其架构和功能也会大相径庭。而且企业采购软件系统,往往还会在已有产品的基础上根据自身特点进行定制开发。因此,对制造业的各个应用场景下使用的各类不同软件进行统一的分类整理是困难的。图 9-1 从整体上对制造业企业的应用软件做一简要梳理。

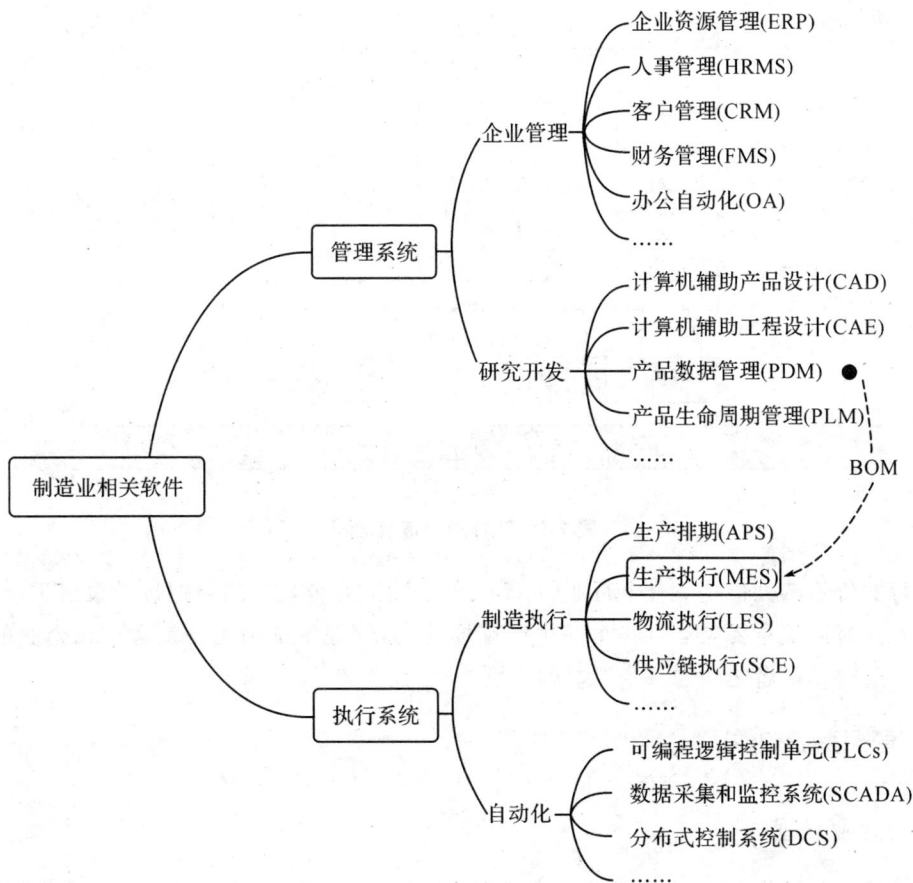

图 9-1　制造业企业的应用软件举例

首先尝试把所有软件划分为"管理"系统和"执行"系统两大类别。

管理学大师迈克尔·波特的价值链(Porter's value chain)模型可以帮助我们更好地理

解两者的区别。在这个分析模型里,企业的活动被分为基本活动(primary activities,如输入物流、生产、输出物流、市场和销售、服务等)和支持活动(supporting activities,如组织架构、人力资源、技术研发、供应链和采购管理等)。

基础活动也就是人们常说的企业的"核心业务"。比如对于一家快餐店来说,将原材料搬运到各家店铺的厨房,制造汉堡等食品并销售出去是它的基础活动;而对于一家航空公司来说,销售机票并把客户和行李运送到他们想去的地方是它的基础活动。一般来说,企业依靠其基本活动获取收入和利润。为了使基本活动能够顺利进行,企业还需要进行员工招聘、公司资产管理、账款支付、新产品研发等各种支持性活动。

从上面的快餐店和航空公司的例子中可以看到,不同行业不同企业的基本活动是非常不同的,而支持性活动则相对来说是比较相似的。在图 9-2 的软件分类中,总体来说,执行系统服务于企业的基础活动,而管理系统服务于企业的支持活动。

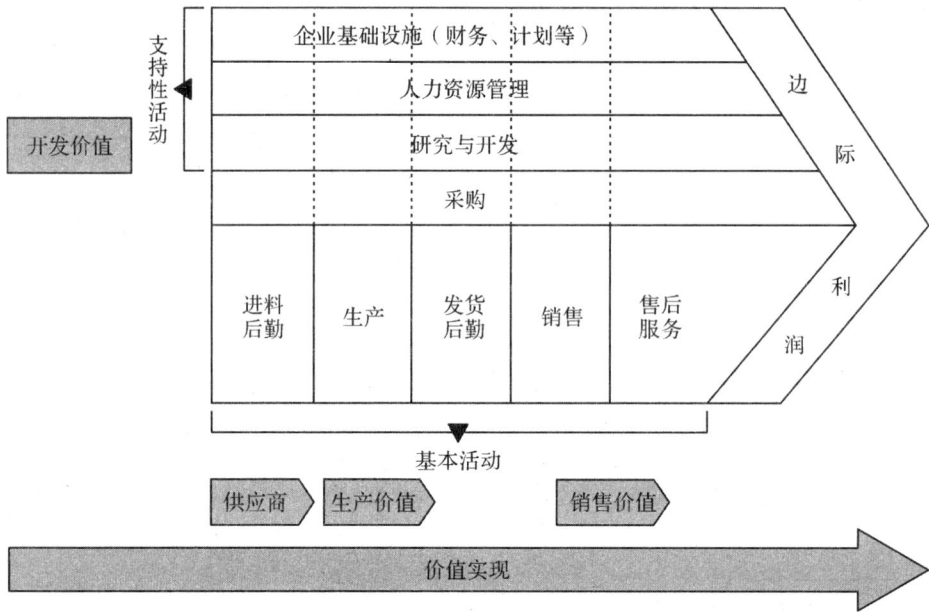

图 9-2　波特的价值链分析

波特的价值链分析是适合全行业的,不仅限于制造业企业。如果把目光聚焦于制造业,就会发现执行系统主要是运行在车间生产现场的,而管理系统则主要是运行在企业的办公区域的。这也是两者之间的一个明显的区别。

二、管理系统软件

(一)企业管理

在波特价值链模型中,虽然产品研发也被归属于支持活动,但对制造业企业来说,产品研发的重要性要远超其他支持性活动,是决定企业市场竞争力的核心业务之一。制造业企业的产品研发也是最早开始大量应用于计算机软件的领域。因此把研究开发类软件从其他企业管理软件中独立出来,在下文中将单独介绍。

在研究开发类软件以外的企业管理软件中,几乎所有企业都要使用文书处理和表计算等常见的办公自动化(office automation,OA)软件。而有一定规模的企业一般还会在某种程度上使用到 ERP,也就是企业资源计划系统。事实上,人们常常把 ERP 作为整个企业管理系统的代称。在这种语境下,人力资源管理(human resource management,HRM)、客户关系管理(customer relationship management,CRM)、供应链管理(supply chain management,SCM)等范围广泛的其他应用会被看作 ERP 的一个组成部分。

ERP 的前身是诞生于 20 世纪 80 年代的物料需求计划(material requirements planning,MRP)和在此基础上扩展升级而成的制造资源计划(manufacture resource planning,MRP-II)。MRP 是计算机技术在商业领域最初的应用之一,早期版本的 MRP 系统运行于 IBM System/360 等大型计算机上,价格高昂而且硬件设备非常庞大。只有像百得公司(Black&Decker Corporation)这样的大型制造业企业使用 MRP 系统安排生产计划、计算物料清单(bill of materials,BOM)、进行库存和采购的管理。在今天看来这些功能并不是 ERP 的典型功能,而更应该属于后述的制造执行系统的范畴。

MRP-II 在 MRP 基础上扩展了对财务数据的支持。伴随着计算机硬件性能的提升,MRP-II 可以运行在小型机或工作站上,极大降低了普及的门槛。20 世纪 80 年代,中国的沈阳第一机床厂、第一汽车制造厂、广州标致汽车公司等企业从国外引进了 MRP 系统,是中国制造业走向数字化、信息化历程的标志性事件。

ERP 在 MRP-II 的基础上更进一步,更加偏重于为经营管理层面的决策服务。虽然现代 ERP 软件往往功能繁杂,但主要功能在于资产管理及日常业务操作流程的规范化。白领是 ERP 的主要用户,办公室是 ERP 的主要运行场景。ERP 基本不会像传统 MRP 那样覆盖到车间现场的生产管理,后者现在主要由 MES 也就是制造执行系统提供。

20 世纪 90 年代以来,ERP 技术也大量地引入了 Web 技术,使得 ERP 的导入和使用更加便捷,特别是跨部门间的联动变得更加轻松。有些 ERP 软件还会提供多语言界面,让跨国(地区)公司分布在全球的各个分支都能同步使用同一个管理平台。但 Web 技术也对传统 ERP 行业的竞争格局带来了一定的颠覆性变化。其中值得一提的是"软件即服务",也就是 SaaS (software as a service)应用的兴起。SaaS 一般不需要在客户公司安装任何软件,而是直接运行在"云端"(也就是通过网络连接的远程数据中心)。功能上,SaaS 服务也不强调大而全,而是专注客户管理、薪资管理等特定的细分领域。由于导入门槛和启动成本远低于传统 ERP 软件,SaaS 服务近年来发展快速,已经逐渐成为有能力撼动传统 ERP 供应商的不可忽视的挑战力量。

(二)研发产品

当今世界,技术和市场需求都是在不断变化的,即使是服装、汽车这样的传统产品也是如此。能否应对这些变化,快速设计、开发和推出受消费者或客户欢迎的产品,是决定制造业企业生死存亡的重要一环。

与产品研发业务相关的软件也可以进一步细分到两大领域,一个是 CAD/CAE 等直接用于产品设计的软件,另一个是 PDM/PLM 等对设计开发流程进行管理的软件。

前者最核心的是计算机辅助设计(computer aided design,CAD)系统。CAD 使用电子计算机实现产品的设计和制图,作为一种泛用性很高的工具,CAD 也常被用来设计车间的工程和设备布局。除了小规模的手工作坊,今天很难想象一家完全不使用 CAD 软件的制造业企业。有时候 CAE(computer aided engineering,计算机辅助工程)/CAM(computer aided manufacturing,计算机辅助制造)也会被作为广义的 CAD 系统的一部分。这里特别要注意的是,CAE 和 CAM 中虽然有"工程"和"制造"的字样,但它们的目的是通过计算机对制造过程进行模拟以验证设计的有效性,本质上是为产品设计开发服务的,并不参与实际的生产加工管理(因此不属于制造执行系统)。

一家制造业企业一般会生产多种产品,每种产品又会涉及数量众多的零部件。产品信息管理(product data management,PDM)统一管理(CAD 等输出的)零部件和产品的设计信息,以及管理同一种零部件的不同设计版本。有些强调版本管理功能的 PDM 软件会直接命名为"设计变更管理系统"。

产品生命周期管理(product life-cycle management,PLM)系统严格来说已经超越了产品设计开发的范围。PLM 负责管理任何一款产品从企划、设计、试生产、量产、销售到更新换代或退出市场的整个流程。理想的 PLM 应该与 CRM(客户管理)、SRM/SCM(供应商/供应链管理)、CAD/PDM、MES、ERP(特别是其中的资产管理)联动,对产品全生命周期的信息进行集中一元化管理。现实世界中的 PLM 系统往往很难覆盖如此全面,但它的理念对于所有制造业企业都是重要的。

无论 CAD 还是 PLM,本节介绍的所有软件的成果都以无形资产的形式存在,可以笼统地划归于"设计信息"的范畴。而制造部门根据这些设计信息在工厂车间对实际的物料进行加工、装配,生产出最终产品。如同制造执行系统特别关注从接收到客户订单到把产品送到客户手上的"交付周期"(leading time),PLM 所关注的是产品从企划阶段到推出市场并为企业获取收益的"收益周期"(time to profit,TTP),其中由制造部门负责的"量产"只是整个收益周期中的一个阶段。从产品企划开始到量产完成推出市场销售的阶段被称为"上架周期"(time to market,TTM)。而在量产之前,从产品企划开始到产品试产、量产准备阶段被称为"前期准备阶段"(front loading)。

可以粗略地认为产品设计系统的相关软件是为前期准备阶段服务的,而制造执行系统则是为量产阶段服务的。随着技术和市场变化越来越频繁,企业投入到前期准备阶段的资源日益增加,同时,产品设计系统和制造执行系统之间的联动也正变得越来越紧密、两者之间的界限也越来越模糊。AR/VR(增强现实和虚拟现实)、3D 打印等新技术进一步强化了这种趋势。制造对技术和市场需求变化的反应速度正在变得越来越快、越来越灵活。这些变化与我们常说的工业 4.0、"制造即服务"等概念紧密相关,对理解未来制造业的变化发展非常重要。

三、执行系统软件

(一)制造执行系统

如前所述,虽然银行和快餐店可以使用相似甚至相同的人员管理系统和财务系统,却不可能共用同一套业务执行系统。MES 是为生产管理系统服务的。相比于管理系统,业务执行系统往往需要深入现场、根据客户实际情况量身定做,因此开发门槛和开发成本更高。

然而,对于企业来说,投资于业务执行系统的回报是很高的。美国一机构曾分析了信息技术在商业领域带动效率提升的模式。该机构调查了美国大型企业在信息技术上的投资,发现大多数企业的投资规模(相对于其营业额)是相差不多的,但有些企业倾向于把信息化投资用于提升业务效率(operational productivity),而另一些则更为关注提升管理效率(managemental productivity)。多年之后,前者相比后者取得了更为显著的商业成功。

好的制造执行系统需要符合精益生产的原则,更要帮助客户企业落实精益生产管理。下一节将深入车间内部,更具体地学习 MES 是如何在精益生产管理实践中发挥作用的。

(二)自动化技术

大规模的机械化生产是现代工业的起点,产生于 18 世纪的工业革命。而所谓的"第二次工业革命"则是指 19 世纪末 20 世纪初电力大规模应用于工业领域的阶段。相应的,人们也常会将 20 世纪中期(特别是 20 世纪 70 年代之后)至今数字化技术应用于工业领域的阶段称为第三次工业革命。

今天的机器设备大量应用了计算机和软件技术,使其更加智能,可以胜任更为复杂和精密的操作。最典型的例子是数控机床等精密加工设备,被称为工业技术领域"皇冠上的明珠",对工业发展水平的提升至关重要。而软件水平是决定精密加工设备能力的核心要素。

有时候,人们会把那些直接运行于机器设备,或与机器设备密不可分的软件技术称为"操作技术"(operational technology,OT),而把运行于个人计算机等泛用计算机设备的软件归类为"信息技术"(informational technology,IT)。OT 类软件基本等同于狭义的"工业软件"。

OT 类软件中一个核心的概念是可编程逻辑控制单元(programmable logic controller,PLC,有时也简称为可编程控制器,即 programmable controller)。在很多机器设备上,PLC 实际上承担着"设备大脑"的功能。它拥有自己的 CPU 和存储器、输入输出接口(接收或发送电子信号),有时候也会具备远程网络通信的模块。PLC 也会提供简单的人机界面,显示实时获取的机器设备运行信息,并根据用户指令执行逻辑运算、顺序控制、定时计数等工作,以实现对机器设备或生产线的精密控制。自 20 世纪 70 年代以来,PLC 和相关技术始终在工业自动化领域发挥着核心的作用。

另一个重要的应用是数据采集和监控系统(supervisory control and data acquisition,SCADA)。其主要作用是将分散在各处的重要设备运行信息收集汇总到中央控制室等便于有人操作的地点,并通过中央控制室远程向各处设备(往往需要通过 PLC 控制单元)发送指令。SCADA 特别适合各种机器设备分布在物理上相隔遥远的地点,或设备运行环境不适合人现场操作的场景,因此在能源、化工、交通运输、环境监测等领域应用最为广泛。

分布式控制系统(distributed control system,DCS)同样通过网络将分布安装在各个位置的计算单元连接起来,但它侧重于作为其他生产管理、资产管理等应用系统的基础模块使用,为其他应用提供底层的设备交互功能,一般不会提供 SCADA 式的中央控制室。

作为这些软件技术最终用户的制造业企业并不会自行开发,也一般不会独立采购 OT 类软件。这些软件的成本一般包含在制造业企业的设备采购成本之中。因此,如果只是从财务报表分析,很可能会严重低估那些大量应用了现代化设备的企业的软件化水平。

最后,需要注意的是,IT 和 OT 之间并没有泾渭分明的边界。而且伴随计算设备成本的不断下降、物联网(IoT)和无线通信领域技术的进步,两种技术有进一步融合的趋势(IT/OT convergence)。越来越多的具备泛用电脑能力并与远程数据中心("云端")实时联动的设备——如部署到车间各处的边缘计算设备及各种手持设备——在生产现场越来越普及。企业直接投入生产现场的 IT 投资也有逐年提升的趋势。

第二节　制造执行系统

一、在现场运行的软件

(一)概述

第一节介绍了制造业企业各部门、各业务环节所涉及的软件系统。本节将深入制造业企业的核心业务单元,也就是制造环节,更为详细地介绍软件是如何在生产现场发挥作用的。

在制造环节,最为重要的软件系统是 MES。与 ERP 一词类似,MES 有时候也会被作为生产现场的所有执行系统的统称使用。其他功能更为具体的软件系统如供应链执行(supply chain execution,SCE)系统、高级生产计划排期(advanced planning and scheduling,APS)、物流执行系统(logistic execution system,LES)等都可以被看作广义 MES 的组成部分。

为了便于理解,先以一家汽车工厂为例,看看在它的整车组装车间里运行了哪些软件系统。

(二)四个主要模块

围绕生产线汽车这条,车间里运行着各种各样的软件,可以将它们大致划分为 4 个主要的模块。

1. 生产指令系统

生产指令系统根据生产计划向制造流程中的各个环节下达生产指令。这个系统的大部分功能运行在工厂之外的公司总部,也就是公司的办公区域。这家汽车公司是按照客户订单排产的,因此公司总部需要汇总来自各地销售部门的信息以制订整体的生产计划,在这个过程中也要考虑到整个供应链的库存和产能信息。

在上述的汽车工厂的实例中,今后 3 个月的生产计划会传达给供应商。但是生产计划并不等同于生产指令,因为在计划执行的过程中,总会发生各种各样的异常和变化。生产指令会根据实际的生产情况实时调整后传递给供应链上的供应商,以方便它们根据整车厂的生产实际情况安排生产和供货。一个称之为 ALC(assembly line control,装配线控制)的子系统负责整个供应链上各公司之间的沟通和信息共享,它最核心的功能可以称为"供应链执行",执行一词强调了它与普通的供应链管理(一般只管理供应商的基本信息和交易记录)的不同。

　　像多数先进工厂一样,这家整车车间是混流生产的,也就是说使用一条生产线生产多种不同类型的汽车。因此,经过生产线的每一辆汽车都可能属于不同车型、采用不同的发动机型号、拥有不同的外观颜色、内设配置等。生产指令系统需要统一管理每一辆车的不同制造要求。在上面的例子中,车身进入车间后,该车的各种制造参数会打印到生产指示票(一张A3尺寸的纸张,会悬挂到车身的前方)上,同时也会写入射频芯片并放置到每辆车上方的信息盒中。打印出的生产指示票供生产线上的工人阅读,而射频芯片上的信息则会被生产线上配置的读卡器读取。系统据此可以实时掌握每一辆车在生产线上的生产进度,并向生产线上的各种自动化设备下达换模指令。

　　2. 生产信息系统

　　生产信息系统负责监控车间的整个生产过程,包括控制流水线的速度和启停,以及管理设备维护保养信息的"保全可动信息系统"。

　　任何时候生产线上因为人、设备或者物料出现异常时,在以前的课时中接触过的"综合安东系统"会根据既定规则加以处理,包括自动控制生产线停线。综合安东系统负责贯彻丰田管理方式两大支柱之一的自动化理念,以确保生产总是能够严格按照一定的质量标准和节拍有条不紊地进行。当由于各种异常导致不能按照计划完成既定产量时,安东系统会自动测算需要加班的时间并显示到大屏(在丰田公司的工厂里,安东指的是大屏而不是三色信号灯)上。

　　3. 物流信息系统

　　物流信息系统负责根据生产和生产计划向零部件供应商传达搬运零部件的指令。如前所述,车间的实际生产进度会受到各种因素的影响,不可能总是完美地按照计划进行。因此,使用到"电子看板"的机制,可以以非实物的形式,通过电子计算机网络传达给供应商。导入看板的目的是只在整车组装车间实际需要时才会向供应商下达"将何种零部件搬运到生产线的哪个位置"的搬运指令。一般来说,主要零部件供应商的工厂或仓库都会位于距离整车厂数小时车程的范围内,但是因为一辆汽车涉及数万个零部件,直接向整车厂供应零部件的一级供应商本身也需要自己的外部供应商(汽车供应链上一般会有四级供应商),甚至有零部件在境外生产的情况,需要较长的运输时间。计算机系统汇总所有这些因素,通过算法计算后提前安排生产搬运,最终在整车厂实现零部件的零库存和"准时化生产"(just in time)效果。

　　在精益生产管理的理念中,中间零部件的库存过多是最大的浪费。且库存过多的浪费会引发其他各种浪费,影响交期和质量,形成恶性循环。物流信息系统通过计算机和通信技术确保了信息的及时传递,形成了整个庞大复杂的汽车生产体系的"自律神经系统"。

　　4. 品检信息系统

　　品检信息系统负责产品完成后的质量检测。汽车是对质量和安全系数要求极高的产品,每辆车都需要经过上千种不同的检测合格后才能够出厂。每一辆车的检测信息都会写入射频芯片并最终汇总到系统数据库,确保事后可以进行追溯及用于各种统计分析。

　　汽车是一种需要高度关注其使用安全性的产品。生产现场所收集到的全部生产过程信息最后会与销售数据结合在一起统一管理。这样,当事后发现某个批次的零部件可能存在缺陷时,汽车公司可以准确地召回那些消费者手上有安全隐患的汽车加以修理或更换。这类机制现在在计算机、手机等 3C 产品中也比较常见了,这都要归功于制造执行系统的进步和普及。

不同企业、不同生产车间的运作模式不同,软件系统导入的时间不同,都会导致不同工厂的系统构成有非常大的差异。上面的例子可以帮助学员了解不同的软件系统是如何相互配合并在复杂的生产过程中发挥作用的。一个显著的特点是,与办公室里那些往往只需要一台电脑就可以运行的软件不同,工厂中使用的软件用到包括大型计算机、工作站、标签打印机、光通信网络、无线射频、自动化安东等多种设备和技术。这正是 MES 这样的制造执行系统的特点,也是开发和实施中的难点。

二、为生产管理服务的 MES

MES 作为一个执行系统与企业的生产现场紧密相关,而且往往是需要根据企业的实际生产管理需求量身定做的。这一点为理解 MES 的功能带来了比较大的困难。

一个简单的便于理解的模型是"制造业信息化三层架构"。其中最下面一层是运行于机器设备,或者与设备密不可分的自动化技术(如前面提及的 PLC 等),最上面一层是服务于企业经营管理的 ERP,位于中间并连接两者的制造执行系统是 MES。

20 世纪 90 年代,国际制造执行系统协会(MESA International)曾经列举了 MES 所应该承担的 11 大功能:工序详细调度、资源分配和状态管理、生产单元分配、文档管理、产品跟踪和产品清单管理、性能分析、劳力资源管理、维护管理、过程管理、质量管理、数据采集。随着时代的发展,这一定义已经逐渐不再能覆盖 MES 的全貌。2008 年 MESA 发布了新的模型,更加关注 MES 在企业整体战略和运营中的作用,如图 9-3 所示。

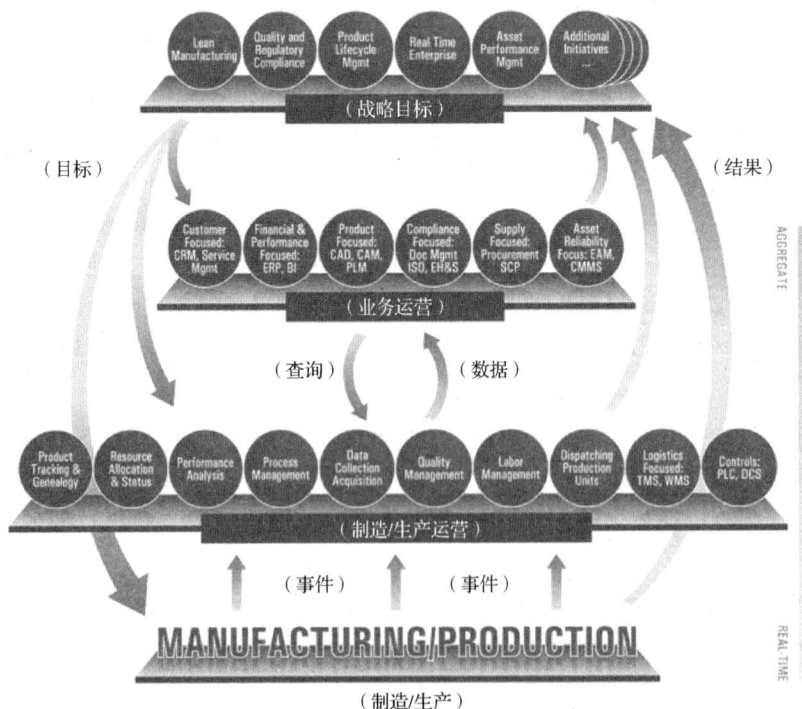

图 9-3　企业战略、运营和 MES 的功能(MESA 模型)

这个模型依然过于抽象而且不容易记忆。其实只要牢记 MES 是为工作在生产第一线的基层管理人员,如车间主任、班组长服务的。那不妨重新审视一下 MES 应该具备哪些功能?

显然,从精益生产管理的角度出发,MES 应该协助基层管理人员完成丰田管理方式中常说的七大任务:安全、质量、生产、成本、设备、人才和环境。而最终的目的无外乎是人们常说的 QCD:也就是提升品质(quality)、降低成本(cost)和缩短交期(delivery)。从这个角度出发,将 MES 应有的功能归纳如下。

(一)资源管理

生产所需的核心资源是所谓的 4M[人机料法,即 man,machine,material,method;有时候会从重视环保的角度出发增加能源使用和排放的 E(environment,环境),构成 4M1E,或说人机料法环]。MES 需要与 ERP/PDM 等系统联动获取这些生产资源的基本信息,但还要在此基础上补充更为详细的信息才能真正起到为生产服务的作用。

首先,员工的基本信息一般可以从 ERP 或 HRMS 系统获取。但对基层生产管理来说,还需要附加员工所属车间班组及担任职务的信息,以及掌握的技能信息(比如能够独立操作哪些机器设备)。为了调度和分配资源,还要获取考勤信息。

设备基本信息一般也可以从 ERP 获取,但生产现场还要关心产能等与生产紧密相关的参数,还需要管理设备的维修保全和日常点检;与员工的考勤信息一样,也要管理设备的"可动时间"。

物料信息(品目、数量等)也可以从 ERP 获取。但制造业企业的物料同时具有两种性质:既是生产所需的材料,也是公司账面上的资产。而 ERP 一般只关注后一种属性,不会对物料在生产过程中的具体信息——如特定工序的加工完成情况和所在位置等——进行具体的管控。MES 需要在 ERP 管理的物料基础上,增加新的品目以管理生产过程中出现的在制品,以及为物料增加更多的生产管理所需的信息(比如通过看板进行可视化管理所需的照片等)。

加工方法是从产品设计和工程设计部门获取的。最为重要的信息是 BOM(物料清单)和生产加工流程:BOM 列出需要哪些原材料,生产加工流程则相当于烹饪的步骤。

(二)工程管理

现代的 CAD 软件都可以自动输出 BOM 清单(称为设计 BOM 或简称为 E-BOM),工程设计部门也会提供分步骤的制作说明,但这些信息对于高标准的生产管理来说还是远远不够的,制造部门需要通过 MES 系统在此基础上充实更多的信息。

最重要的工作是将 BOM 和加工流程的各个步骤关联到工位和临时放置位置(线边仓)。特别是要是把它们与工厂内的实际位置关联起来。理想状态下,工厂内的每一个位置都会有一个唯一的、容易记忆的代号,类似邮政编码。好的 MES 系统应该能够以平面图的形式一目了然地展示工位和线边仓位置,并能够及时地反映现场布局的变化。

确定位置后,MES 应该为每一个加工步骤设置其所需的员工技能和设备信息,便于生产执行阶段调度和分配相应的资源(也就是员工或设备的"可动时间")。

每个加工工序生产出的在制品(work in progress,WIP)和所需的原材料之外,很可能还需要附加模具、夹具、工具、包材的信息。而各工序的标准作业程序(standard operating procedure,SOP)也需要由制造部门通过实际加工测试进行调整和充实,特别是明确制作加工的要点,因为在工位上实际需要展示的是体现了这些要点的要领书,而非完整的 SOP。随着近几年移动互联网技术的大幅提升,通过生产线边的触屏显示操作要领书正在变得越来越普遍。

最后,MES 要为每一个加工工序定义标准的作业时间以平衡全流程的生产节拍,并为线边仓定义各物料的安全库存。在实际量产过程中不断优化调整节拍和安全库存指标是改善生产效率的关键。

(三)生产监控

在实际生产过程中,4M 中的人机法是不动的,而物料则需要在不同工序间流动,并在移动过程中不断提升价值。工程管理的作用像是铺设了公路并设置了交通标志,而生产就像是让物料真正在公路上按照既定路线流动起来,并通过各个工序的加工不断增值。MES 的生产监控功能不同于单纯的物流监控,不仅要检测物的流动,更要关注到价值的流动。而提高物流的速度、减少中间库存的数量都是提升价值流的关键。MES 生产监控功能的核心首先是将这些关键指标实时采集并可视化出来。

理想状态下,生产是由需求信息(也就是订单)拉动的。丰田管理方式中使用看板实现物料拉动和即时生产(方式)。实物看板需要与物料一起存放和搬运以起到可视化标识的作用。而看板承载的信息传递功能则可以以电子化的方式完成。而且因为通信几乎是实时的,电子看板尤其适合与供应商或距离比较远的工序的联动。看板的发行回收也可以由MES 系统按照既定规则自动计算,减少了现场的管理负担。

MES 系统会通过二维码(quick response code)、射频识别技术(radio frequency identification,RFID)射频技术及计算机视觉技术对整个生产流程进行监控,并将每个工序所使用到的人机料法及能耗等信息附加到订单上。如果实现了"一个流"生产,则每一件最终产品的全流程信息都可以得到追溯。

而如前所述,现实世界中生产不可能总是完全按照标准完美地进行。当异常发生时,自动化安东系统需要能够捕捉和记录异常(也就是对既定标准的偏离),是生产监控可视化的重要工具。同时,自动化系统通过对异常数据的积累和分析,可以帮助现场不断改进工艺和管理,因此也是持续改善的重要工具。

(四)其他功能

现场的生产管理者所要处理的事务是纷繁多样的。好的 MES 系统还会根据需要调整以适应不同的业务,比如改善提案实施和评估功能、生产节拍和山积表等关键指标的分析和可视化功能、设备运行和环境关键数据的分析预警功能等,以服务基层管理者更好地完成日常生产管理的各项工作。

三、智能制造时代的 MES

企业导入 MES 最大的挑战在于如何让系统真正在现场落地并发挥作用。而物联网(IoT)设备、无线网络、计算机视觉和 AR(augmented reality,增强现实)/VR(virtual reality,

虚拟现实)等技术的发展大幅地降低了系统导入的门槛。越来越多的 IoT 传感器正在部署到车间的各个角落,不断地将物料流动、设备运行、能耗和排放的信息自动采集后通过无线网络汇总到系统服务器;具备了视觉识别功能的 AGV 自动搬运小车在执行各种搬运任务时可以自动避开各种障碍物,实现自动上下电梯、到达既定地点后完成自动上下料;安装在工厂各处的摄像头会自动跟踪监控物料的流动,发现制品的瑕疵或在员工着装不安全或操作不规范时加以提醒;深度学习功能会总结分析以往生产过程中积累的大量数据,对设备故障和其他异常做出预警,并对生产节拍、安全库存量等关键指标提出优化建议。这些功能大多已经实验性地落地到了现场,相信未来会有更多更先进的技术出现,必将推动生产管理进入一个全新的更高效率的时代。

但在期待未来的同时,希望大家不要忘记技术是要为目的服务的。在没有计算机的时代,优秀的生产管理者们通过改善物料摆放、张贴醒目标识等办法同样极大地提升了管理效率。很多管理方法即使是在今天也依然非常有效,盲目导入新技术可能会起到反作用。要不忘以实际效果和目标为出发点,警惕为技术而技术的思维方式。

练习题

1. 制造业软件管理系统是什么?
2. 制造业软件执行系统是什么?
3. 生产车间使用的软件可以分为哪几个模块?
4. 什么是 MES 系统?它在精益管理中有什么作用?

第十章

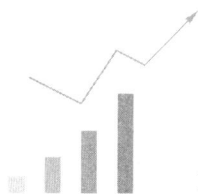

精益智能制造中的 QC 活动

▶ 本章目的

QC 活动是一种小集团活动,也是解决问题的一种方式。通过 QC 活动的学习与实践,提高解决问题的能力及团队合作能力;了解 QC 活动的第二个步骤现状把握和第三个步骤目标设定的方法,理解什么是现状把握和目标设定,学会现状把握和目标设定的方法;理解何为 4M,如何使用 4M 做现状把握等;理解并基本掌握要因解析的 4M 法,要因解析工具——特性要因图的使用,以及要因调查、确定真因的方法;理解并基本掌握如何围绕真因进行对策立案并对实施后的效果进行确认、标准化及反省,基本掌握 QC 活动的整体步骤,提高发现问题、解决问题的能力。

▶ 内容要点

1.什么是 QC 活动,QC 活动的由来及作用,通过 QC 活动可以带来什么乐趣?

2.如何运用 QC 活动? 它的步骤有哪些?

3.了解 QC 活动的第一个步骤"课题选定"的内容、目的和作用。学习如何进行课题选定,课题选定后如何制订活动计划,以及"课题的选定理由"的描述方法。

4.了解现状把握和目标设定是什么,目的是什么,以及两者之间的关系。

5.现状把握的方法,如何观察问题、搜集数据、展示结论,现状把握的要点有哪些?

6.学习基于现状把握的目标设定的方法,并掌握如何决定目标、展示目标等。

7.学习并了解要因解析及其重要性。

8.特性要因图的制作方法及注意事项。

9.学习掌握要因验证、寻找真因的必要性及步骤。

10.了解要因验证实施时的注意事项及确定要因的验证方法。

11.掌握对策立案和实施过程中的注意要点。

12.学习如何进行效果确认?

13.学习如何进行标准化并巩固 QC 活动的改善效果。

14.反省并改善今后的推进方式,提升 QC 活动水平。

162

第一节 QC 活动概要

一、什么是 QC 活动

QC 活动是在一线现场（车间）工作的员工们自主自发地进行产品、服务与工作中的质量管理及改善的小集团活动（现在已经不仅是在车间实行，而是运用在各个部门和领域）。活用 QC 的思考方式和手法，可以在谋求自我启发、相互启发的同时，推进创造性的活动。其目标是提升员工发现问题的能力，使员工获得成就感，创造充满活力的职场，提升客户满意度，实现企业社会价值。

简单来说，QC 活动就是组织 3～10 人，定一位组长，选择一个与自己密切相关的问题（用 3 个月左右的时间能解决的问题），组员之间相互建言献策，从而更安全、快速、轻松、正确地逐步将问题解决的小组活动，即问题解决活动。

一个 QC 小组人数不能过多，解决一个课题的时间不能过长，这是在进行 QC 活动时需要特别注意的。因为原则上每个人都要发表意见，参与活动，但是人数过多的话，不发言的人就会增多。所以在人数多的车间或部门，建议分成数个 QC 小组去开展活动。而解决课题的时间不能过长的原因是，如果一个 QC 课题解决时间超过 6 个月，那小组人员很有可能会失去信心，最初的动力会大大削减，成就感也会下降。关于课题选定的注意点在下文还会详细介绍。

QC 活动提倡员工的自主性，能使人与人之间的相互尊重。如果对于一件事情，自己思考并下功夫去做，当事情非常顺利地完成了，就能感受到自己的价值，心情愉悦，并提起干劲。同时，在与同事共同成长、相互交流、彼此认同的工作氛围中，工作也会更有动力。

二、QC 活动的由来

QC 活动是怎么来的呢？其实，QC 的原意为"quality control"（质量管理），QC 最初诞生于美国而活用于日本。通常日本的产品被认为是高质量、高性能的。但是，第二次世界大战刚结束后的日本产品也经历了一段"便宜没好货"的时期。其产品质量的提升是在美国统计学家兼咨询师爱德华·戴明博士去了日本之后实现的。日本科学技术联盟（以下简称日科技联）邀请戴明博士，向日本的企业介绍质量管理的知识，从那时开始，日本产品在质量提升上有了卓越的进步。日本的 QC 历史如表 10-1 所示。

表 10-1 日本的 QC 历史

年份	事件
1946	日科技联创立
1950	美国的爱德华·戴明博士到日本，宣讲品质管理活动
1951	创设表彰在品质管理进步上有贡献的个人或团体的"戴明奖"

续　表

年份	事件
1954	美国的朱兰博士到日本,介绍品质管理的实践方法
1962	日本开始 QC 活动
1976	开设 TQC(total quality control,全品质控制)的讲座
1991	对应 ISO 9000 系列
1996	将 TQC 更名为 TQM(total quality management,全品质管理)

所以 QC 一词也是在那时产生的,当时的日科技联总部,向全国的各支部传达已制定的 QC 活动的推进方法及评价标准,为了缩小各地的 QC 活动之间的差距,举办了全国 QC 活动大会,促进企业间的竞争,提高企业改善的积极性。在活动的开始阶段,QC 活动指的是解决与质量问题相关的、提高产品质量的活动。但随着 QC 活动的不断成熟,现在所说的 QC 活动已经不仅仅只是与质量相关的活动了,而是作为问题解决的一种手段方法,从制造业的生产部到行政事务部、销售部、技术部,甚至是服务业的事务部和销售部,医疗行业及社会福利行业,都在开展 QC 活动。1970 年之后,日本把国内已逐渐发展成熟的 QC 活动向海外进行拓展,如今 QC 活动在东南亚、中国、欧美及南美等 80 多个国家和地区都得到了广泛的应用。

三、QC 活动的作用

刚刚介绍了 QC 活动的由来,那么通过 QC 活动具体能够获得什么呢? QC 活动的作用有哪些呢? QC 活动的对象是企业全体成员,可以先成立一个小组,定课题,设目标,为达成小组目标,大家一起携手努力。通过小组实践活动能培养员工以下能力。

(一)提升员工发现问题和课题的能力及问题解决能力

QC 活动的第一步就是课题选定,通过 QC 的方法去发现问题和课题,有助于员工提升发现问题和课题的能力,员工在活动中遵循科学的工作程序,步步深入地分析问题、解决问题,在活动中坚持用数据说话,用科学的方法解决问题,可以使自己的问题解决能力和管理水平不断得到提高。

员工从解决切身问题入手,实现自我成长,也让工作变得更容易。通过一些问题的解决和改善,使自己的工作变得更加轻松了;在共同解决问题的过程中,与同事共同提升知识和技能,自己也慢慢地掌握了改善能力,改善意识也随之增强;通过 QC 活动表,个人还有机会在大家面前发表意见,能感受到自信心的增长,体会到成就感,自己的工作得到认可,工作也变得更有意义。

(二)使职场氛围和谐,工作变得有趣

通过 QC 活动,员工能够互相学习,互相帮助,共同提高。QC 活动使每一个员工都关心自己的工作和周围的环境,努力把工作做好,并不断改善周围环境。还可以克服员工由于从事简单重复工作而产生的单调乏味的情绪,增加工作的乐趣,进行富有创造性的劳动,从而使职场氛围和谐,工作变得有趣。

同时员工之间的交流也变得更有效,职场氛围明快。同一职场的同事之间变得容易沟通,能够让大家听取自己的发言,产生协调性,能够构建良好的人际关系;大家互帮互助,能够互相理解对方,能够共同商量行事。

(三)提升员工的领导力

QC 活动是一个小集团活动,每一个 QC 小组都会选一个组长,组长并非一直是同一位员工,而是随着课题的解决与转换选择不同的组长,组长需要在整个活动中起领导作用,用心观察自己的组员,推进课题的解决,因此员工的领导力在 QC 活动中能得到一定的提升。

1. 汇报能力提升

每一个 QC 活动都有一个课题,全员参与讨论,并且大家要一起做成报告进行发表,在这个过程中,员工的汇报能力便渐渐得以提升。

2. 沟通能力提升

活动中需要每个组员积极发言探讨,进行沟通,因此员工沟通能力的提升是自然而然的。

QC 活动使团队合作良好,工作变得更方便。通过 QC 活动,大家有共同目标,心灵相通,有团结力,还能交到朋友;责任意识增强,工作环境不仅变得安全,而且也变得整洁;大家相互信赖,工作变得更加高效。

四、QC 活动的步骤

QC 活动的步骤(解决问题的步骤)是指为了合理、快速、有效地解决问题应该采取的步骤。通过专业的步骤和方法可以正确地推进 QC 活动。QC 活动的主要步骤如下。

(一)课题选定

明确改善对象,并阐述课题选定的理由。

(二)现状把握

针对选定的课题或问题,进行具体的事实调查。

(三)目标设定

对具体活动或事务设定可达成的目标。

(四)要因解析

分析各个有可能的原因(要因),并进行要因调查,确定问题发生的真因。

(五)对策立案和实施

针对问题发生的原因确定改善方案并实施。

(六)效果确认

测定效果,并且进行 PDCA 循环。

(七)标准化

整理本次 QC 活动中规定好的事项,将规定的事项进行标准化,并且反省及思考今后的推进方式。

第二节　课题选定

当一位员工成为 QC 小组活动的一员,甚至成为 QC 小组的组长时,首先要考虑的是选课题。现场存在哪些问题?应该挖掘出什么课题好呢?这就是接下来要介绍的内容。

一、课题选定及其意义

课题选定是 QC 活动的第一个步骤,在工厂,QC 活动是提升质量、保证交期、降低成本的改善活动,是问题解决活动。对于这个问题解决活动,首先要选一个问题,这个被选中的问题就是 QC 活动的课题。课题是串联故事的主轴,在生产现场潜藏着各种各样的问题。如果课题选得太小,没有挑战性,收效甚微,就会造成时间、精力的浪费;如果课题选得太大,最终却无法解决,那么员工的干劲、冲劲也会大大削减,也失去了改善的意义。也就是说课题的选择会对成员的改善欲望产生很大的影响,正因如此,选一个合适的课题是非常重要的。

二、课题选定的方法

那么如何选择一个合适的课题呢?接下来介绍具体的选定方法。

(一)确认公司的经营方针(经营理念或目标)

公司的经营方针或理念是公司本身存在的意义,但是需要时间去仔细地解读它。如果所做的事情背离公司方针,那么就像是偏移了靶子的箭,永远达不到目标。通过确认公司方针和目标可以区分事情的优先级,工作将更高效。

(二)将现场的问题可视化出来(将问题罗列出来)

将自己所在现场中存在的问题罗列出来,这一步只有小组成员参加虽然也可以,但最好是这个现场的员工都能参与进来,一起思考。因为光靠小组成员将现场所有的问题罗列出来还是很难的事情。因此一开始需要从各种不同的视角去罗列问题。可以让每个员工写下自己发现的问题,每个人提 10 个左右的问题。可以将问题分成安全、生产、成本、质量、4S、作业环境、士气、设备保全、环保等类别,然后再结合第一步的理念、方针,设计一张简单表格让员工去填写。当然也会存在懈怠填写问题的员工,这时候需要进行监督,让员工禁止抄写别人的问题,自己进行思考。然后将全员思考的问题点收集上来后,小组成员结合自己的意见将问题整理到一张纸上,清晰地列出来。

（三）从中选定 3 个课题

用矩阵图的方式排出问题的优先顺序，通过将问题聚焦的方式选择一个课题，或者从问题的紧急度、重要性、扩大倾向等角度来选取课题。这些方式会在下面课题的选定理由的相关内容中详细介绍。通过以上方式选择出 3 个最佳课题，并为之排序。

（四）与上司进行商量后确定课题

在 QC 小组成员认同的基础上选择最佳的 3 个课题汇报给上司。与上司说明这 3 个课题是结合了目前公司的经营方针理念和现场员工提出的所有问题，并征求了小组成员的意见后整理出的 3 个课题。如果上司觉得没问题，那就按照大家所选出来的排在第一位的课题实施；如果上司选择了后两个课题中的一个，那么请上司说明能让小组成员认可的理由。这样通过全员决定的课题，才会将成果做到最大化。

三、课题的实施

（一）制订活动计划

1. 目的

为了之后全体成员都能够参与到活动中来，并能顺利地将各步骤进行下去，而制订活动执行计划（见表 10-2）。

活动计划就是对由谁来、做什么、何时截止等事项统筹安排并明确下来。可分成三块：决定实施事项、日期和分工。

表 10-2 活动计划示例

实施项目	负责人	9月	10月	11月
课题的选定理由	全员	⇢		
现状把握	A、B、C	⇢		
目标设定	全员		⇢	
要因分析和要因调查	全员		⇢	
制定对策并实施	A、B、D			⇢
效果确认	A、B、E			⇢
标准化今后的推进方法	全员			⇢

注：计划事项：------→；实际进展：——→。

2. 要求

制订活动计划后需要做到以下两点。

（1）将活动计划张贴在小组展示板上，做到让上司、成员无论何时都能确认活动进展情况。

（2）每个项目完成后，课题组长都要在活动进展一栏标注上"实施完成"。

（二）课题的选定理由

QC 活动不仅是为了解决课题，它还需要对每个步骤详细描述。因为 QC 活动是需要汇报和发表的,既然需要汇报和发表,就需要制作汇报和发表的资料,一般汇报是以 A3 纸形式制作汇报资料,而发表则是以 PPT 的形式制作发表资料。不管是哪种形式的资料展示,都需要将每个步骤描述清楚。那么课题的选定理由应该如何去描述呢? 这里有以下 3 种方式。

1. 用矩阵图表示职场内问题的方法

在员工罗列出的所有问题中选取 4～5 个主要问题,从安全、质量、成本、生产、环境等几个方面对这些问题进行评价,然后排列出优先顺序,一般来说,排在第一位的就是要选取的课题。用这种方式进行描述课题的选定理由的例子如表 10-3 所示,我们选定 B 作为课题。

表 10-3 选定理由示例(一)

主要问题	安全	质量	成本	生产	环境	结果	优先顺序
A 问题	×	×	×	○	×	2 分	5
B 问题	×	◎	○	○	×	7 分	1
C 问题	×	○	◎	×	×	5 分	2
D 问题	○	×	×	×	○	4 分	3
E 问题	○	○	×	×	×	4 分	3

注:◎代表关系很大:3 分;○代表有关:2 分;△代表有点关系:1 分;×代表无关:0 分。

2. 从一个管理项目入手聚焦问题的方法

管理项目,涉及安全、质量、成本、生产、人事、设备、环境等各个环节,可从这些管理项目中选择一个比较具体的项目。如果这样的课题过大容易导致半途而废,所以需要不断聚焦问题。那么该如何进行问题的聚焦呢?

例如,从质量这一管理项目入手找出质量问题里最大的问题点,通过图标的形式聚焦问题,QC 小组成员由某车间的一个班内的成员组成,他们先调查了班内 3 个月的不良品数据,然后选择不良品最多的一个月——8 月,然后调查 8 月份发生不良品的每条生产线,再聚焦到 8 月出现最多不良品的 A 流水线。用这种问题聚焦方式描述课题的选定理由的例子如图 10-1 所示。

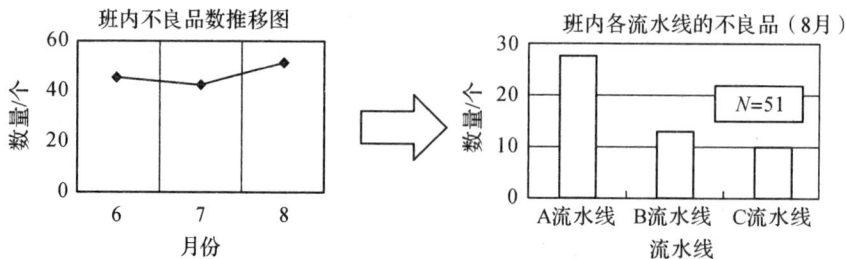

*从图中可以看出A流水线的不良品比较多是一个问题。

※ 因此,我们选择"降低A流水线的不良品"为课题。

图 10-1 选定理由示例(二)

3.其他

除了上述两种方式,还可以通过描述问题的紧急度、重要性、扩大倾向等方面来阐述选择这个课题的理由。

(三)课题选定时需要注意的点

1.选择略超出小组实力的课题

前文曾提到,课题太小了,只解决了一个非常小的问题,不能对改善现状起到太大的作用,而且太容易的课题不能提升小组成员的能力,因此可以选择略超出小组实力的课题。

2.不选择与小组实力不相称的大课题

如果所选的课题明显与小组成员实力不符,那么就无法按预想的那样进行活动,会中途失败,导致小组活动的停滞,最终导致成员失去干劲与动力。

本节的模拟演练课的内容就是先成立一个 QC 小组,然后小组成员按照上述介绍的方法完成课题选定。

第三节 现状把握与目标设定

一、现状把握与目标设定的定义

第二节介绍了 QC 活动的第一个步骤——课题选定,从很多的问题中选择了一个问题作为本次 QC 的课题。本节主要介绍 QC 活动的第二个步骤——现状把握和第三个步骤——目标设定。

(一)现状把握的定义及目的

现状把握是指针对选定的课题,进行具体的事实调查。现状把握的目的并不仅仅是了解现状,而是针对选定的课题,找到可以攻破的地方。现状调查,需要不断聚焦,锁定一个需要改善的地方。而它的诀窍就在于找差异。但是数据不充分的话就很难找到一些差异,因此收集数据是现状把握的重中之重。

(二)目标设定的定义及目的

目标设定是指设定目标值:针对选定的课题,再通过现状掌握的数据信息与重要特性,明确截止时间、改善效果,提升/降低的目标等。目标设定的目的很简单,一是为了将需要解决的课题以这种形式具体明确化,有了努力的明确方向;二是为了在效果确认这一步骤时有一个参照,通过参照现在的目标是否达成来作为确认效果的其中一种手段。

(三)现状把握与目标设定的关系

一般来说,完成某项任务,都是先进行目标设定,再进行现状把握的。而 QC 活动则是先进行现状把握,再进行目标设定。为什么会出现这种不一致呢?因为一般的目标设定并不是根据现状做出的,而是反映了"理想状态"。但是,QC 活动的活动期限只有 3 个月左右,因此,需要先进行现状把握,将现场的情况认真仔细地了解清楚,再设定实际可行的目标。接下来介绍现状把握的具体实施方法。

二、现状把握的方法

(一)观察问题发生现场

观察的要点如下。
(1)有没有发生不符合标准的情况。
(2)出现变化点的时候,有没有发生异常。
(3)从 4M 的角度进行观察。
(4)短时间是无法反映问题的,必须要持续性地观察。
(5)不能加入揣测成分,看到的才是事实。遵循现地、现物、现实的三现主义。
首先小组成员们要亲自到问题发生的现场去确认有没有发生不符合标准的情况,以及出现 4M 变化点的时候,有没有发生异常,即从 4M 的角度去观察现场。那什么是 4M 变化点呢?4M 指的是人(man)、设备(machine)、物料(material)、作业方法(method)。
先解释"人"为什么是一个变化点。比如一位女员工早晨与老公吵架了,那这一天她工作时的心情可能就会变得不好,可能会在一定程度上影响她的工作效率。又如,流水线上有员工要去上洗手间,这时候就需要有人来代替他干一会儿,否则就会停线,这时往往是班长代替员工上线,这也是人作为变化点的一个例子。
"设备"也是变化点。设备发生故障了,换新设备了,或者设备出现故障被维修等状况在生产现场也是时常发生的事。设备从好到坏、由旧换新、由坏到好等都是变化点,这种时候也正是不良现象发生频率较高的时候。
"物料"作为变化点,体现在换上了新的零部件,或零部件耗尽等时候。
最后,"作业方法"也是变化点。当对一个作业进行改善后,如果不及时对员工进行培训教育,由于作业方式的变更,反而会出现异常,不仅会导致不良现象的发生,也可能会造成人员受伤等情况。
一旦有变化点,就容易发生一些异常。因此对变化点的调查是现状把握中非常重要的一个环节。除了刚刚说到的 4M,其实还有一个"环境"因素,比如光线暗,会导致操作比较困难;环境嘈杂,员工心情会变得烦闷等。所以,环境也是引起变化的一种因素。因此,在观察变化点时,除了 4M,也要考虑环境因素。
从"4M+环境"的角度观察现场一个个确认变化点,在短时间内是很难完成的,因此,可以遵循一些步骤和方法。比如,在对"人"进行观察时,首先可以看作业员是否按照作业要领书进行作业。在对设备进行观察时要从与设备相关的设备零部件开始一步步按照顺序观察下去。看一次、两次后,觉得没问题就结束观察,这是不行的。一定要完全确定没问题再结束观察。对零部件等物料、作业方法等的观察也一样,需要从各零部件拿取是否方便、员工是否容易操作等方面去观察。
丰田生产方式中非常有名的"现地、现物、现实——三现主义",强调要现场观察,实事求是,不能主观臆断。

一位退休的丰田高管曾说过这么一段话:"我在进行管理工作的时候,有一次有一个问题,怎么想都想不明白,找不到原因。于是我就去了产生问题的地方,在同一个地方,整整看了两天,终于明白了其中真因。光看 5 分钟或 10 分钟真是看不出什么问题来。"由此可见,到现场考察是非常必要的。

(二)搜集数据

搜集数据的要点如下。

1. 从 4M 各个角度搜集数据

(1)人:可以从员工的经验、熟练程度、有无接受培训等方面搜集数据。

(2)设备:可以从每个部位的移动、保养的频率、特点等方面搜集数据。

(3)物料:可以从使用前和使用后的差别、移动(错位)、相似零部件等方面搜集数据。

(4)作业方法:可以从标准作业、检测方法、规章、作业要点等方面搜集数据。

(5)变化点:选取 4M 各自变化点中的要点。

2. 把数据图表化,使之清晰易懂

在观察中会发现一些异常所在。但是光看是不行的,还需要收集很多数据,通过数据去找差异,进行聚焦。而这些数据收集后用图表的形式展示是最清晰易懂,一目了然的。

比如,课题选定中示例选定课题为"降低 A 流水线的不良品",那么按照这个示例继续进行现状把握的话,就需要深入分析不良品产生的原因。

针对该课题的现状把握示例如图 10-2 所示。

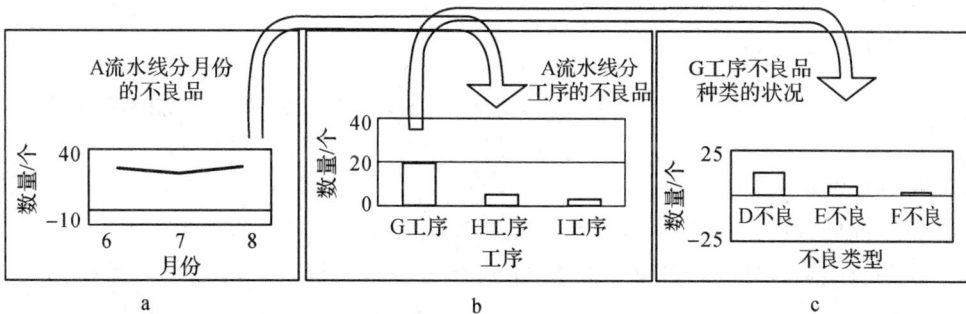

图 10-2　现状把握示例

先对 A 流水线过去 3 个月的不良品数量进行调查,画出推移折线图,如图 10-2(a)所示,会发现 8 月份不良品数量最多;然后对 8 月份的不良品数据进行聚焦,观察 A 流水线上 8 月份各工序的不良品发生数量,调查结果如图 10-2(b)所示,发现 G 工序发生的不良品数量最多;于是再进一步聚焦,对 A 流水线上 8 月份 G 工序上发生过哪些不良品进行调查,调查结果如图 10-2(c)所示,发现 D 种类的不良品数量最多。

像上述例子一样找差异进行聚焦,只是一个理想化的例子。上述例子中刚好是有差异的,如果没有太大差异,比如,每个月不良品发生数量都差不多,或者各道工序操作也没有太大问题,这样的话就可以不在此聚焦。需要继续观察,从刚刚介绍的 4M 的角度去思考,比如可以从人的角度去思考。如果想要观察作业员操作的熟练程度,看一个新人操作 10 次是

171

不够的,需要分别观察上岗 1 个月的、上岗 3 个月的、上岗 6 个月的及上岗 6 个月以上的员工的操作。从对比中发现,工作时间越短的员工熟练度越低,越容易产生不良品。

再比如,一天当中,什么时候发生不良品的频率较高呢? 可以把时间分成上午、下午和加班时间。然后发现加班时间生产不良品较多。这也能理解,因为加班时,身体疲劳,更容易导致一些问题发生。由此,从人的角度中找到了差异,对这个差异进行聚焦的话就是"熟练度低并且加班时间产生的不良品最多"。

如果对熟练度和时间进行调查后,发现差异也不大时,那么就不要在此聚焦,可以从更多维度收集数据进行调查。

(三)展示结论

展示结论的要点如下。
(1)作为现状把握的总结重在展示"结论"。
(2)展示的结论是后面要因分析的特性。

通过现场观察和数据收集,需要得出结论,比如按照上面的例子所得出的结论是"在 A 流水线上的 G 工序出现很多 D 不良品"或者"员工熟练度低并且在加班时间产生的不良品最多"。那么这个结论也被称为特性。特性对于后面要因解析这一步骤非常关键,因为要因解析需要用到特性要因图,这里不进行展开,下一节会详细介绍。所以没有结论(特性),就无法进行下一步分析。

在"降低 A 流水线的不良品"这一课题中,现状把握结论为:在 A 流水线上的 G 工序出现了很多 D 不良品。

改善聚焦课题为:降低 G 工序的 D 不良品数量。

(四)现状把握的要点总结

(1)应把"降低 A 流水线的不良品"整个课题的问题点进一步细分,才能更有效找到解决方案。
(2)聚焦问题更容易产生活动成果。
(3)聚焦问题可以缩短活动时间,能早出成果。
(4)对焦点问题以外的问题可以把焦点问题的对策横向推广运用,促成其见效。

三、目标设定的方法

(一)决定目标

怎么决定目标? 首先需要明确的是 3 个问题:做什么、截止时间、多少量。课题"降低 A 流水线的不良品"作为贯穿 QC 活动全课程的例子,将刚刚介绍过现状把握得出的结论就是"特性",从目标设定的角度示例说明,特性就是要解决的问题(做什么),截止时间指的是活动期限,一般 QC 活动为 3 个月一周期,如果 9 月初开始进行,11 月末就是截止时间,那么"量"应该如何定呢? 可以根据实际课题由小组成员决定即可。在这里可以把目标量定为"将不良品由 13 件减到 4 件"。通过现状把握推导出的结论如下。

(1)做什么:降低 G 工序的 D 不良品数量。

(2)截止时间:到 11 月末为止(活动期间的末尾)。

(3)多少量:把 D 不良品从 13 件减少到 4 件。

(二)制作目标图表

运用上述 3 个点即可进行图表化,其中目标用虚线表示,在"效果确认"阶段时,实际达成的目标用实线表示,最后用一句话进行说明。示例如图 10-3 所示。

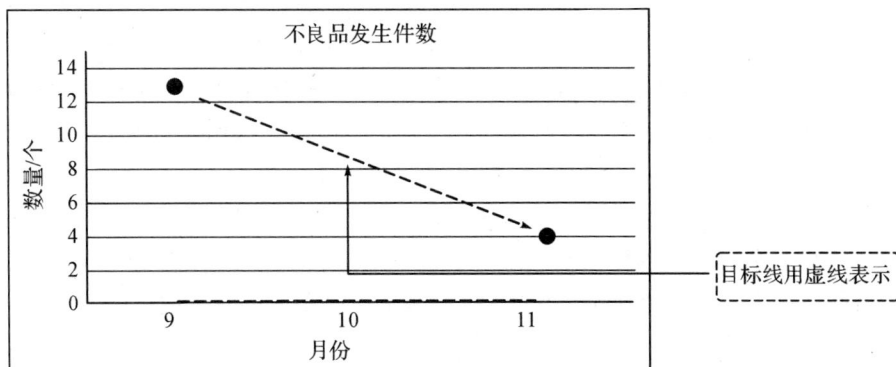

目标:把G工序的D不良品,在11月末之前,从13件减少到4件。

图 10-3　目标设定示例

(三)展示预想效果

预想一下达成目标后将产生的积极效果,然后展示出来,举例如下。

通过本次活动,在达成设定目标的基础上,还有可能达成以下指标。

(1)中间在库减少 50%。

(2)安全水平提升 10%。

(3)生产可动率提升 10%。

(4)产品成本降低 20%。

……

这些预想效果最好也能用图表形式展现出来。

(四)目标设定时应遵守的要点

目标设定时,建议设定"也许刚好能达成"的目标,当然这个"刚好能达到"是什么样的目标需要小组全员去评估。

目标定得太低,改善的意义不大。但是,目标定得太高也不行。因为目标如果定得太高,有可能达不成目标,会大大削减员工推进改善的愿望。所以要通过 QC 活动不断地练习目标设定的方法,将这种"也许刚好能达成"的微妙的设定方法掌握,最大限度地提升活动小组成员的改善欲望,推进持续改善活动。

本节模拟演练课的内容是在上一节的课题选定基础上,每个小组再完成现状把握和目标设定的相关练习。

第四节　要因解析

一、要因解析的定义

要了解要因解析,那么首先需要对其中的关键词"要因"理解正确,不然整体的方向和步骤都会出现混乱。所谓要因,是指有可能对特性、结果产生影响的因素、现象,这里提到的是"有可能",所以需要注意要因是推测的,还没有经过验证的。比如说,气温是影响产品尺寸的一个要因,但并不能确定地说气温一定是影响产品尺寸的原因。而所谓原因/真因,是指确实因为某个事项导致了不好的结果。换句话说,"如果没有事项 A 也不会有事项 B",由于存在这样的因果关系,事项 A 成为原因/真因。在这里顺便提一下,要因和原因/真因在针对的事项的时间状态上也有略微区别。原因/真因是用于现在正在发生或已经发生的事情,而要因还可以用来对将来、还没发生的课题进行探讨。

从要因到可疑要因再到真因是一步一步不断筛选、判断、聚焦的过程。

要因解析是指针对在现状把握阶段已明确的聚焦问题点,抽选出多条引起"偏差"的要因,并通过数据进一步聚焦,判断出真因。这个步骤在整个 QC 活动中都是极其重要的一步,可以对引起"偏差"的机制建立假说,并通过实际的数据进行验证,比如说通过实验计划法进行实验等来推定真因。主要可分为以下两个步骤:一是列举推测能称为影响因素的事项(要因列举);二是选取重要、可能性高的要因进行要因验证。

二、要因解析工具——特性要因图

(一)特性要因图概述

了解了何谓要因及要因解析,那么当人们想进行要因解析的实践,有没有什么方法或者工具来帮助进行要因的梳理,使得要因解析的第一阶段能够更加清晰有效呢? QC 七大工具之一的特性要因图,就是重要的要因分析工具,可以更有条理地梳理要因。

了解一个事物,人们总是会简单地从其起源及定义去了解。特性要因图是由日本品质管理大师石川馨博士发明,并于 1962 年由日本科技联盟整理并收入 QC 七大手法或说 QC 七大工具之中。所谓特性要因图,是指一个问题的特性在受到一些要因的影响时,将这些要因加以整理,使之成为有相互关系且有条理的图形,这个图形就被称为特性要因图。因其外观酷似鱼骨,又被称为"鱼骨图"。

从其定义来看,应该可以理解特性要因图的目的。在生产现场发生问题的情况下,虽然能够考虑到各种各样的要因,但是没法在发生问题的第一时间找到原因,因此,小组全员围绕影响问题对象的特性的要因,依据特性要因图发表自己的意见,并将大家提出的要因进行视觉性的总结、梳理到特性要因图就非常必要。下一步聚焦认为重要的要因,提出推进改善的方法。

(二)特性要因图的架构和制作顺序

特性要因图由特性、大骨、中骨和小骨构成。所谓特性,是指现状把握的结果或者结论,而不是 QC 活动的课题,这一点需要特别注意。

(1)需要画出鱼骨和特性的外框。

(2)在特性框内填写"现状把握的结果(特性)",把前面现状把握的结论——"在 G 工序发生很多 D 不良品"填写在这个框内。

(3)在中骨(上下共 4 根)里填入问题,即 4M,有时根据选取的课题情况的不同,也可以考虑增加"环境"这一根中骨,也就是 4M+E(environment,环境)。4M 的话,应该说是 QC 活动当中,非常重要的看待问题、分析问题的方法,简单回顾一下,就是人、设备、物料和作业方法。

(4)QC 小组的全体成员一起把导致"在 G 工序发生很多 D 不良品"有可能的推测要因按照中骨 4M 的分布都填写上去。

(5)在会议上从要因当中选取 3～4 个觉得重要的、很有可能性的推测要因画上〇标记,并按重要性或者可能性程度标上序号。

(6)进入要因解析的下一阶段,依次对画了〇标记的要因进行验证调查,判断是否是真因。

特性要因图的制作顺序介绍完了,但是对于初次制作者来说,肯定还是有一定难度的。为了能够让大家更快掌握特性要因图的制作和使用,接下来结合"在 G 工序发生了很多 D 不良品"的例子来说明制作时的要点。

针对具体的特性,以装配车间的流水线为例,从 4M"人"的方面发现新人、轮岗后工作经验还不满 3 个月的员工属于熟练程度较低的,流水线是按照一定的速度(节拍)进行运转的,在新员工没有掌握工作要领的情况下,又要赶时间,就会生产出较多的不良品,这样可以在"人"中骨下的小骨写上名词性的表述,如"熟练程度",并在该小骨的孙骨上写上形容词,如"低"。从"设备"方面来说,通过平时的观察,能够想到 G 工序的某个工具使用不是很方便,导致员工容易出错,这时写上"工具 → 不易使用"。从"物料"方面来说,物料多,可视化管理不到位,由于"货架 → 难区分",容易取错、装错零部件从而导致不良品的产生。前面有观察到员工操作不熟练,那么从"作业方法"的角度,新人不熟练也会有"培训 → 不足"的因素。比如说没有明确规定工序在库的数量或者是规定量过高,从而由于"工序在库 → 过多"导致互相之间的碰擦划伤不良,或者弄错零部件而产生不良。在具体描述时,文字要求简短,用名词+形容词的描述方式来简要概括要因,并且针对重要的要因、平时很可疑的要因,多问几遍为什么,往下追究曾孙骨的要因。有时为了追究深层原因,也可以活用"5 个为什么"的方法不断靠近真因,在这里就不详述了。

QC 活动时间有限、人员有限,为了更高效地推进,需要在记录之后,由大家通过讨论决定最有可能的 3～4 个要因,并标上符号和数字作为下一阶段要因验证的对象。如图 10-4 所示。

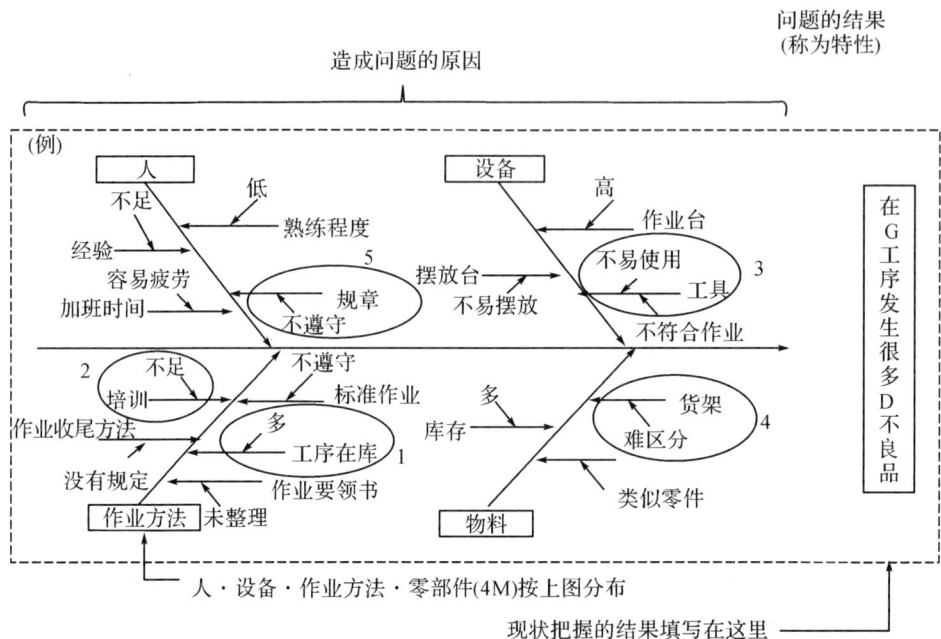

图 10-4　特性要因图示例

　　在特性要因图的制作过程中也有很多注意事项。在要因提出阶段,需要小组成员的参与,人数不能过多也不能过少,建议 5～6 人较为合适。小组成员每个人的立场和经验都不同,或许其他成员提出的要因你不赞同,你觉得需要排除,但切记在团队的头脑风暴过程中,一定不要否定他人的意见,不然会打击其积极性,影响接下来 QC 活动的推展。这时候,请先把大家提出的意见全部记录下来,之后进行整理并区分出必要和不必要两类注意事项,再一起把能想到的问题要因都填写进去,这样的讨论会运行方式更利于小组的团队协作。并且由于是多人参与的讨论会,有时可能意见不一,或者迟迟提不出要因,会拉长讨论会时间,为了避免发生这种情况而降低大家的积极性,建议选定会议的主持和记录员,明确讨论时间控制会议高效进行。

三、确定真因的验证方法

　　也许有人会问,经过了大家那么多的讨论决定出来的要因,为什么还需要要因验证呢?因为选出了几个最有可能的要因后,需要进行假设,通过一定数据的定量验证等,判断是否是真因。如果数据不能证明,说明还有主要要因遗漏,需要再进行特性要因图的要因分析。这样下一个步骤才可以针对真因进行对策立案并实施,这才是更有效的工作推进方式。

　　在要因验证实施过程中,由于涉及 5 个要因,需要进行分工,并制定切实且高效的验证调查计划,如表 10-4 所示。

表 10-4　要因验证调查计划示例

序号	要因	负责人	9月	10月	11月
1	工序间在库多	A、B	----→		
2	培训不足	C、D	--→		
3	工具不易使用	E、F	--→		
4	货架难区分	G、H	----→		
5	不遵守规章	G、H	----→		

注：计划事项：----→；实际进展：──→。

　　分工和验证计划由组长负责制订,制订计划也考验组长的管理、活用人才的能力。首先需要明确验证期限、验证目的及验证方法,一般需要几位成员一同进行验证,这就要综合考虑搭档的能力水平,能够进行互补的分工是比较合理的。组长作为小组的管理者,在调查期间,作为负责人需要对整体验证计划的进度进行管控,必要时进行验证方法等的辅导。在验证时也是讲究方法技巧的。

　　关于要因验证的方法,还要从 4M 要素出发,具体如下。

　　(1)要因是"人"的情况,用一定的可量化数据表示熟练程度、由于疲劳导致的集中度下降程度等。

　　(2)要因是"设备"的情况,调查设备各部分机能有无妨碍到正常作业、各部分机能有无正常运转等。

　　(3)要因是"物料"的情况,调查有无相关物料因为量多而妨碍到正常作业、拿取困难程度等。

　　(4)要因是"作业方法"的情况,调查有无操作规定、操作方法正确与否、有无标准书等。

　　可以采用散点图来进行展示,并说明验证结果。成为结果的特性作为纵轴,要因作为横轴,取数据并绘图,以此来验证结果和要因的相关性。如图 10-5 所示,要因 A 和结果呈正相关关系,要因 B 和结果呈负相关关系,但是能够证明要因 A 和要因 B 都对结果产生影响,可以判定为"真因"。

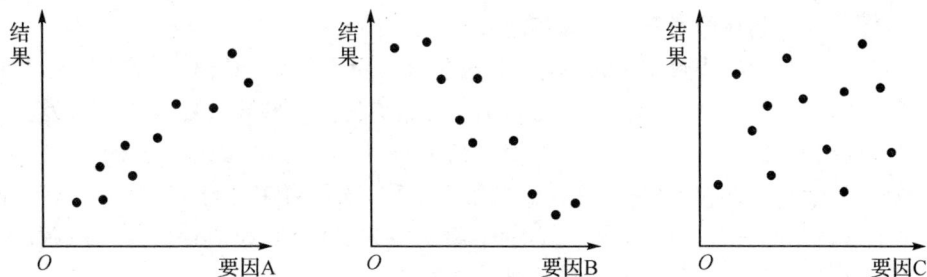

图 10-5　散点图示例

　　根据以上步骤的结果,由全体成员共同判定是否是真因,如果不和结果产生相关性的,则排除不是真因;如果通过数据证明有因果关系的,则判定为真因,成为下一阶段 QC 活动的对策立案对象。

第五节　对策立案和实施、效果确认与标准化

一、对策立案和实施

(一)对策立案

简单来说,对策立案是指主要原因确定后,制订相应的措施计划,并明确各项问题的具体措施、要达到的目的、实施人员何时完成及检查人。

在进行对策立案和实施这个步骤时,首先需要明确立案的对象是在要因解析中确认的导致问题发生的真因。

如果真因的解决非常简单,能简单地采取对策的话,就马上实施对策。但是也有实行对策后再次出现问题的可能性,且在实施对策的过程中有各种各样的障碍,所以需要从各个角度考虑对策方案,具体落实到能够实施的层面。

那么如何思考制定对策呢? 针对一个真因,思考为了消除该因素的影响应该怎么做。不能只考虑一些高大上的、预算大的方案,一定要从员工的成长角度提出方案,同时提高成员发现问题、解决问题的能力。

有时候还会出现耗时很长才能完成的对策,或许到最后的确会有效果,但是 QC 活动一般理论上来说以 3 个月为一个周期,目的是希望能够在规定时间内通过课题的实践高效地解决一定的问题并提高解决问题的手法。

所以围绕真因制定对策时也有注意点,首先需要全体成员集思广益去提出对策,并需要对对策进行评估——到底如何才是合格、有效、实用的对策。最理想的对策,肯定是耗费成本较低、对策耗时适中、有利于自身的成长的并且必须是有效果的。不建议采用临时性、应急性对策。

总结起来看,在制定对策阶段有以下要点:针对提出的方案,一定要进一步提出具体的实施对策,因为只有具体的对策才能够落地实施。对于具体实施对策,要把"是否会有效果、对策的容易实施程度"作为重点进行思考,也就是把"实用性"和"可行性"作为考核对策的重点。思考对策也可以从 4M 角度出发,比如说针对熟练程度不够导致的不良品多发,从"人"的角度可以提出针对员工进行培训,提高其熟练程度的方案;从"作业方法"角度,需要制定出简单易懂、清晰明了的作业要领书粘贴在相应工位,方便员工能够及时对应学习、确认。所以说一个真因并非只有一种对策提案,一定要从多方面思考,为了解决这个问题,人、机、物料、作业方法甚至环境等各个方面都需要考虑。

总结一下对策的注意事项:首先思考自己能够实施的对策,当对策涉及较多费用或者需要其他部门参与的时候,需要和上司进行交谈听取更好方法的建议,尽量避免耗时间的对策,思考短期能完成的对策。当对策涉及技术、设备、安全环境等问题时,应与相关部门协调沟通确认后确定相关对策。

（二）对策实施

简单来说，所谓对策的实施，是指按计划分工实施对策的过程。小组长要组织成员，定期或不定期地研究实施情况，随时了解课题进展，发现新问题要及时研究、调查，以达到活动目标。

开展对策实施也是非常关键的一环，实施对策后才能看到效果。首先要制定明确的对策实施计划，类似于要因验证计划，小组长制定时需要根据搭档的擅长技能及水平来分工，明确期限、责任人，并在过程中不断进行进度的把握，这是作为责任人或者管理者的职责。对策实施时还有一些注意事项，比如在实施对策前应对相关职场的人员进行说明，而不是贸然地去现场实施，如果不能取得现场人员的理解，对对策实际效果是有影响。另外，安全始终是第一位的。对策实施前应该安排组内特殊安全培训，因为实施过程中会涉及平时不用的工具，可以请公司内部安全员进行相关工具的使用方法及注意事项的说明及培训。

在对策实施过程中，虽然是在实施已经决定的对策，但是重要的是关注有没有按照实施计划推进的工作，因为不是所有的事情都能顺利地按计划进行，有时需要修改计划。出现超出预想的时间和费用等情况时，需要及时进行调整。在某一工序负责人的工作结束到下一个工序的负责人工作开始的期间，需要确保工序流程之间的正常运转。也就是说如果实施了对策，一定要跟进到确认没问题为止。

因为流程变更，以全新的方式进行作业操作的情况下，也可能出现新的问题。根据二次影响的程度，有时需要立即中止对策，回到之前的步骤。

二、效果确认的对象及方法

效果确认的步骤，要确认实施对策的结果和对策前相比效果有多大。用活动目标设定所规定的管理特性来测定对策后的效果，确认其值是否达到目标值。如果没有达到目标值，就应对计划的执行情况及其可行性进行分析，找出原因，可以重新从把握现状的步骤开始，或者回到要因解析的步骤，在第二次循环中加以改善，研究新的对策。

例如图 10-6 在步骤"目标设定"时制作的标有目标线的图里用实线来表示效果，可以看出通过本次的 QC 活动，达成了目标，不良品从 13 件降到了 3 件，这是直接的目标效果的确认。

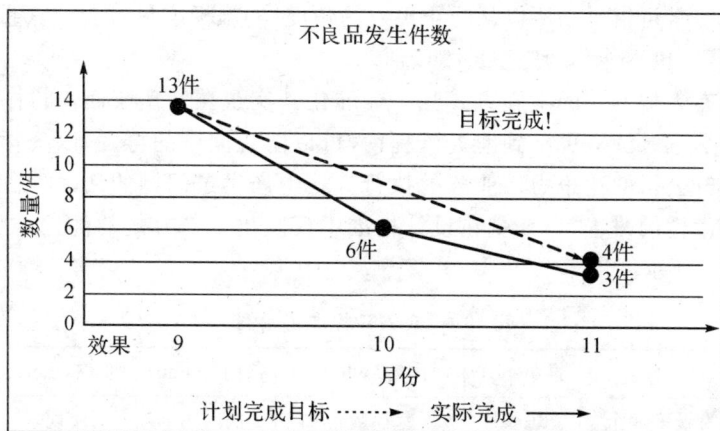

图 10-6　效果确认图示例

从效果确认的对象有形和无形分,可以分为有形效果和无形效果。

其中,有形效果,根据图 10-7 所示,由于减少了不良品产生件数,返工重修的金额也降低了,工装夹具成本降低了,可动率提升了,包括中间库存、稼动率也达到了改善效果。在图 10-7 内填入实际的数值,换算成金额后,就能看出本次改善的效益。

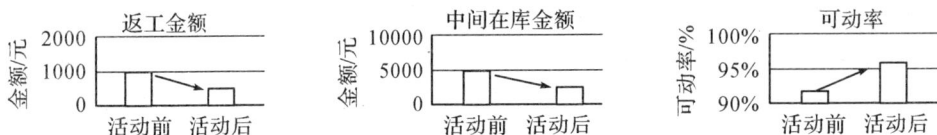

图 10-7 有形效果展示示例

有形效果指的是目标设定里所指的目标效果,当然通过实施过程,也出现了不能量化的无形效果。如 QC 活动小组的组长会有领导力提升、掌握 QC 手法、资料总结能力提高的变化;成员一定程度上会有掌握 QC 手法、提高改善技能、增强质量意识、积极性提升的变化;从团队角度看,会有成员间的相互沟通能力增强、士气高涨、团队凝聚力提升、团队协作度高等无形效果。

效果确认中还需注意对实施对策产生的副作用、二次影响的评估。对对策产生的二次伤害、间接效果和波及效果等副作用也要从结果中进行确认,考虑二次伤害和副作用的影响范围,并采取相应必要的对策。此外,如果在实施过程中,修改了关于成本方面的计划预算,也需要重新验证实际花费的成本和效果。

三、标准化的必要性及反省

所谓标准化就是为了保证 QC 活动成果得到巩固,将一些行之有效的措施或方法经有关部门审定后纳入工作标准、工艺规程或管理制度中,如果课题的内容只涉及本班组,那就可以通过班组守则、岗位责任说明书等形式加以巩固。

那么,为什么要实施标准化的工作呢?已经实施对策而且已经出现效果,不就好了吗?我们可能会存在这样的疑问。因为目前的对策产生了改善的效果,大家也都比较遵守,但是过了一段时间,3 个月或者半年后,大家慢慢忘记,可能就会再次出现同样的问题,并导致损失。这种损失就非常可惜了。所以从防止再发的角度,实施标准化有着极其重要的意义,如果缺失标准化,那么也不能称为完整的 QC 活动。

那么标准化有怎样具体的实施方式呢?标准化其实重在管理层面,通过将成功对策进行标准化并广泛引入、反映、更新到业务流程内,可以防止问题的再发,以公司层面的规则、机制的优化来提升公司的竞争力。业务的执行方式上产生过问题的话,那就反映在业务指南上。如果是技术性的改善,那就在设计标准中反映出工作方式的优化。可以用 5W1H来表示,如表 10-6 所示。

表 10-6 5W1H 标准化示例

项目	谁(who)	内容(what)	何时(when)	地点(where)	怎么样(how)
中间在制品调整为最多 3 个	班长	库存数量	1 次/4 小时	工序现场	确认
中止作业要在一轮操作结束后	班长	结束情况	休息后	工序现场	确认

项目	谁(who)	内容(what)	何时(when)	地点(where)	怎么样(how)
身体健康状况确认	班长	操作员工的身体健康情况	早会时	集合地点	口头
↓					

　　例如,在工作中员工想去厕所,那么需要知道哪个环节要停止工作?因为一些操作工序从开始到结尾的周期都是固定的。当员工离岗回来后又该如何进入工作,进入工作的哪个环节呢?这种情况很常见,包括标准化也需要细致到这种程度。假设一个周期的工作需要 7 分钟,有员工想去厕所,到工作循环结束还有 4 分钟,但是已经忍不住了,怎么办才好呢?班长不在的情况下,为了让事情更简单,可以导入"工作开始卡",记录工作中断的环节。同时,也可以把"工作开始卡"的使用规范作为标准化文件提交。像这种对策都是非常简单实用的,因为简单,对策才能持续实施下去,复杂的、难度大的对策很难有持续性,也容易导致问题的复发。因此,为了让大家都能够遵守,起到防止再发的作用,简单易懂的标准是非常重要的。

　　标准化还要求对员工进行补充作业培训,让员工按照更新后的作业要求进行操作。即使完成了标准化并更改了文件,还需要对操作负责人进行跟进,直到他们能够实际遵守并落实为止。也可以尝试把对策的落实程度量化后用图表进行确认。这个叫作 QC 活动后的维持管理活动。在进行维持管理时,当出现与现实不是十分相符的情况时就有必要进行修改。

　　简单来说,标准化可以分为以下几个步骤。

　　(1)整理规定好的事项,明确活动过程中作业方法等重新规定的或有变更的事项,用 5W1H 等方式来表示。

　　(2)将规定好的事项书面化,工序管理的变更等,要得到上司的许可后再变更标准。

　　(3)通知彻底,关于变更项目要和相关人员联系到位,不允许口头通知。

　　(4)实施培训,作业顺序的变更等要毫无遗漏地对每位相关人员实施培训。

　　另外,成功有效的改善方案也可以向其他车间、相关部门等横向展开,甚至向公司推广应用,这样可以把一次 QC 活动的效果和价值最大化。

　　在 QC 活动的最后需要对本次活动进行反省并分析遗留问题,提出今后优化改善的推进方式。在这次活动进行的过程中,各步骤中没按照预想那样进行的环节是否存在?比如是不是全体成员都参与到活动中来了,成员是否都有分配任务并且完成任务。从活动整体来看,有哪些不足的地方。改善点的提案需要运用到今后的活动里。

　　小组通过 QC 活动取得了一定的成果,也就是经过了一个 PDCA 循环。这时候,应对遗留问题进行分析,并将其作为下一次活动的课题,进入新的 PDCA 循环。对于下一步的推进方式,可以分为两类来思考:第一,和本次课题相关的,可以采用横向推广法,如工序 1 不良品率实现了大幅降低,下一步可将工序 1 不良品率降低的解决手法横向推广到工序 2 等。第二,解决五大任务的下一课题:如质量不良的这个课题基本解决了,下一课题可选择其他影响生产的重大问题,如成本。

　　无论什么企业,都有处于某个阶段的问题点和痛点,QC 技能的提高需要在反复的 QC

活动实践中积累。选取课题时,请选择适合自己水平的课题,非常宽泛不切实际的课题是不可行的,会在实施过程中败下阵来。

练习题

1. QC 活动的步骤有哪些?

2. 课题选定时的注意点有哪些?

3. 4M 指的是哪 4 个 M?

4. 现状把握的要点是什么,请总结一下。

5. 目标设定的主要决定因素是什么?

6. 如何制作特性要因图?

7. 4M 法是指什么?

8. 要因调查的步骤是什么?

9. 在要因调查的实施过程中,从 4M 角度各举一例说明验证的方法。

10. 对策立案的要点是什么?

11. 效果确认包括哪些效果?

12. 为什么要进行标准化?

13. 如何实施标准化?

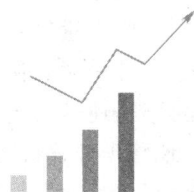

第十一章

精益智能制造中的人才育成管理

▶▶**本章目的**

通过本章的学习,可以了解到人才育成管理对企业的重要性,掌握有组织有计划地开展企业人才育成的方法;了解教学方法对培训效果的影响,掌握遵循能力提升自然规律的企业工作培训方法,建设人才强国。

▶▶**内容要点**

1.了解什么是人才育成及其对企业的重要意义。

2.了解人才育成实施前的准备工作。

3.了解人才育成计划制作的必要性和制作方法。

4.掌握培训教材的准备方法。

5.掌握培训地点、培训教具的准备。

6.掌握培训实施前的通知发布。

7.了解培训实施时的教学方法如何影响培训效果?

8.了解培训后能力提升的理想效果。

9.学习稳扎稳打的企业工作培训方法。

第一节　人才育成管理概要

人才育成,指的是立足于企业的长期发展,培育能为企业做贡献的人才。人才育成不单是对员工进行教育、培训这样狭义的内容,而是在员工发展自身作为独立自主个体应具有的诸多能力的同时,也能通过自身努力促进企业的持续发展和成长。也就是说,人才育成其实包含两个内容。一个是激发员工的最大潜能。这既包括通过教育培训让员工掌握工作所需要的知识和技能,也包括培养员工的主体性、独立性,打造良好的职业素质,以及对事务的思考方式等。二是培育出来的人才能够促成企业的发展。当然这不是通过培训员工就能立即促成企业成长的事情,而是通过员工的成长变化带来更好的产品设计或服务,再通过提供给客户好的产品或服务,企业获得成长。可以说人才育成管理是为企业的长期发展储蓄力量,是企业发展必不可缺的因素。

人才育成的实际根据培育对象不同,培育目的也不同。根据培育对象可以分为对新员工的培训,对中坚力量的培训,以及对管理者的培训。对新员工的培训,比起进行专业知识的培训,更着重的是对其作为社会人的基础知识的培养。对中坚力量的培训时,除了进行专业知识的培训外,还需要培训其如何与其他同事沟通、协同。对管理者的培训,着重在培训其如何适当地管理和评价下属。

对于企业,从长期发展的角度出发,针对不同对象进行培育也是一件浩大而重要的事项,同样需要用科学合理的方法去管理。企业对于人才育成系统化地管理,就是人才育成管理。可以通过设置人才育成负责部门(或人),有计划、有目的和有目标地开展人才育成工作。

第二节　人才育成管理的计划制订

一、制订培训计划

(一)方法

正因为企业中每个人都有自己的职责,有自己的工作安排,所以在开展人才育成活动前,需要统筹安排,仔细计划,以避免影响正常工作。人才育成负责部门(人)一般需要安排企业的年度培育计划。在安排年度计划时,首先要结合企业的年度经营方针和战略,制定出年度人才培育目标。例如分析企业为了达成年度经营方针和战略时,需要由哪些人才去实施和落实。在明确描绘出这些人才的特点后,按图索骥,调查企业现有的人才是否匹配。可以通过对经营者进行采访,对现场管理者和一般员工发放问卷调查分析并加以分析来判断现有组织的人才储备状况,以及和理想人才培养之间的差距,从而确定需要在人才育成方面展开研究的工作课题。明确了今后的课题之后,就可以考虑有哪些手段可以通过培训达成,通过培训可达成的课题可以用怎样的资料等。上述的这些内容一步步理清楚后,就可以动手制订出符合实际的贴切的育才计划了。

一些培训注重现场实用性,为了增加教学资料和现场的适配度,在制作培训计划的内容时,可以用听取现场员工声音的方法来筛选内容。如需要制作面向新人的培训计划,可以先请现场的老员工结合自己的工作经验梳理出对于现场工作来说是需要培训的内容。还可以请员工的管理者梳理出新员工需要培训的重点。两种不同视角梳理出的资料汇总后,培训人员或经营层可以提出需要追加的内容,追加内容反馈到工作现场,经员工认同之后,添加到资料里。这样以现场人员为主,多层次综合考量后制作出的教学资料,现场的实用性就比较高。

(二)具体实施步骤

具体的实施步骤为,首先召集4~6位中坚骨干员工,请他们回忆自己新人时想接受的培训,同时提出现在认为新人应该接受的培训,各自填写出 10 项内容,并具体写出到哪个时间点为止应该掌握该项技能,以及认为该项内容需要培训的理由。这些内容可以由组织者事先准备好一张表格,请员工填写。

在各自填写完成之后,再由中坚骨干员工进行讨论,对各项内容的重要度和必要性进行衡量,制作技能获得计划。例如把各项技能分类,分成社会人技能(作为一个社会人,应该需要掌握的礼仪和常识)、工作基本技能、工作应用技能(专业度要求更高一些的技能)。再梳理应该掌握各类技能的时间点,如入职 1 个月后或 3 个月后等明确的时间点。

在进行这一步骤操作时需要以团队进行。这样做的理由:一是骨干员工平常一般没有和同事或新员工谈论必要技能的时间;二是骨干员工自己的困惑或烦恼,没有和同事共同分享探讨的时间。通过团队讨论,骨干员工意识到自己在做的是构建对组织整体有益的培训体系时,会产生成就感。

这个由中坚骨干进行的讨论梳理步骤,现场管理者也并行进行。骨干员工是离新员工最近的一层,对现场所需的技能知识可以详细地列举,但也因为自己已有熟练技能,会不知不觉中对新员工的达成目标提得比较高。这时候需要现场管理者从客观的角度,提出适当的目标。

由中坚骨干员工和现场管理者制作的两份技能获得计划提交到培训部门后,由培训部门对两者进行整合。整合时如果出现中坚骨干员工和现场管理者意见不一致的情况,根据实际选择合适的一个,并排除难度大,不具备现实性和具体性的内容。同时,培训部门和经营层还可以从企业成长、社会责任、经营发展等角度提出新的建议。

通过以上几个步骤最终制订新员工的技能获得计划。并以此为依据决定什么时候用什么方法完成培训。

培训的方法,一般来说可分为三大类:一是培训部门组织的统一培训;二是在现场实施的 OJT(on the job training,工作现场培训);三是员工通过自主学习。三种方式企业内部需要付出的精力和成本是不一样的。培训部门可根据需要选择合适的培训方式。

为了能落实计划,计划中的培训时间的制订也需要多方面考量。例如计划中针对不同层级的人员有不同的培训内容,如果是以新员工为对象的培训,员工入职的时间点可以进行比较密集的培训。又比如是希望大多数员工能参加的集体培训,那就需要安排在大家工作相对能轻松些的时间点。

在制订了计划后,就可以充实各个课程的实际内容,选定相关培训老师了。

二、年度培训计划示例

(一)教材的准备

使用教材是为了让接受培训的人接受统一、规范的知识。教材的内容需要根据培训的对象及培训的目的选定。教材的展现方式是多种多样的,内容根据培训对象的特点,可以是浅显易懂的,也可以是引人深思的。根据课程需要,一些课程可能需要请外部的老师授课,这时就需要及时地和外部的老师沟通好培训目的和培训对象,共同确认教材是否符合需求。同样,如果教材是企业内部相关人员制作的,需要对内部人员教材制作方法进行培训,并在培训前事先沟通确认教材的内容,包括确认用语的妥当性。

教材的制作,需要认识到教材的质量不但关系到接受培训者的理解程度,更重要的是决定培训是否成功。教材在制作前需要有一个整体构思。例如,在制作教材前,明确是面向谁制作的教材,同样的课题,例如"提升沟通能力",对不同层级的人要求达到的培训目标不同,教材构成内容就会不同。

整体的框架构思定下来后,再一点点去充实细节内容。框架构思得越缜密扎实,后续的内容充实就越能顺利进行。这是制作教材时的基本要点。如果没有确定整体框架,就动手撰写或制作内容,教材往往变得散乱无序。确定框架,并且可以列进培训时的重点或关键词,这样可以使制作出的教材不跑偏,有的放矢。

在教材成形后,还需要进行推敲。这个包括检查错别字,还有审视内容是否有遗漏缺失,表述是否有问题等。特别是对一些专用术语的说明,教材制作者因为平常工作中习惯使用,往往疏于解说。但对于初次接触这类词的人来说,因为不知道它们的含义,很可能导致错误理解。所以专业术语第一次在教材中出现时,备注一下解释,能让读的人更容易理解。

还有一个改进内容的便利方法,就是请第三者,例如同事或上司来读或看。一些撰写者自己注意不到的错误或问题点,往往通过第三者的眼睛能立即被发现。

另外,好的教材还需要考虑到使用者的视觉效果。例如,教材中的文字,根据重要性,可选用不同的字体或字号。除了文字之外,用图像或绘画来展示,有时候更能呈现效果。教材的展示方式根据需要可以多样化,如文字、图片、录像等多种形式。比如操作动作的示范,用录像展示就更为形象。

文章类的教材,语句长短也会影响到效果。例如,很长的语句,修饰繁多的语句,都可能妨碍读者深入其中。简洁的语句更容易让人理解。有时需要对内容的信息做个取舍,进行简洁地表述。教材中没有展现的信息,就可以在培训时进一步展开讲述,并让听课者以笔记的形式补充进教材资料里。这也是让听课者更加投入听课的一个好方法。

根据需要,教材在培训课之前打印或以电子版形式给到参加人员。

(二)场地的准备

根据课程的内容和目的,可考虑选择不同场地。例如以讨论为主的课程,可在培训室或会议室这样的空间进行。在培训课开始之前,预定好培训室或会议室的使用时间,并根据授课形式,准备好桌椅的摆放形式。例如是有分组讨论的课程,桌椅的摆放需要适合整组人员一起讨论的场景。如果是培训实际生产操作人员,可以在生产现场进行培训,例如在不妨碍生产情况下在实际生产设备或生产线上,又或者有条件的企业可以在生产线旁边空地设置出培训空间。在生产现场培训,是为了更加直观和直接地传达信息,接受培训的人也能用身体去感知学习,身体力行,这是很有效的学习方法。

(三)教具的准备

在教学过程中应根据授课的形式和内容,准备相应的教具。教具是辅助理解教学内容的器具。例如操作类的相关的培训,教具可以是实际操作用的工具,需使用的零部件,乃至设备(前提是小型的容易准备的设备,大型的设备可以采用部分模拟设备)。

(四)培训前的通知

培训前的通知一般需要包含的内容是培训举办的具体时间、地点、主题、培训目的、参加对象、需做的准备或需携带的东西等说明。培训前的通知的发布形式，可以是纸质通知，也可以是电子文档。培训前通知可以发给参加人员的上司，再由上司转达给接受培训的人员。这样做的目的是让上司可以提前安排人员的时间，并且可以给予鼓励，这对提高参加者的积极性是很重要的。需要留意的是确保人员接收到该通知并确认可以参加。培训前通知可以让参加人员和上司、同事、下属等相关人员事先对接该时间段的工作安排，有序地安排出时间，做好参加培训的准备。除了这些常见的作用以外，巧妙应用通知书还可以起到激发参加者积极性的作用。很多员工可能觉得企业培训是企业强制性行为，参与积极性不高。如果在通知中把研修的形式特征和目的（前提是研修的形式和目的真能带动积极性）描述出来，让大家事先感受到吸引力，就可减少排斥感。例如下文中的这样一段说明："这次培训希望大家通过交流经历、体验，整理出每个人自己的经验，并获得新的收获。所以本次培训不是单方面由讲师授课，而是让每个人都能参与其中，进行对话式的培训。"这样具体的说明会让大家事先想象自己参与后可能获得的价值，从而激发参与的积极性。当然这是基于前面内容中谈到的培训课程内容和形式等的精心安排的基础上的，如实描绘可以达到的效果。

第三节　人才育成的教学方法

一、教学方法的重要性

在做好人才育成的前期准备工作之后，就可以实质性地开展人才育成工作了。这时需要有一个基本认识：教的方法是否正确对育人成才有至关重要的作用。在谈教的方法前，先了解一下企业培训内容的分类。

企业培训教育一般可分为三大类：一是知识的培训。这是指在特定阶段，对员工工作所必需的业务知识进行培训。例如在新人入职后，接受关于企业的主营业务、工作业务是什么，公司规章制度，以及行业特点等方面知识的培训。知识的培训是让员工掌握在工作时必须要了解的相关基础知识内容。二是在员工入职后定期举行的培训，以及晋薪或晋升职位节点时组织的相关培训。例如，新员工大多面临从学生到社会人的身份转变，可以对他们培训"公司是什么""作为社会人应该怎么做"等内容。同样，对于新任的班组长或管理者，出现职位角色转变时，培训和职位角色相关的内容，可以让新任的管理者尽早打消困惑和不安，进入角色。三是提升技术、技能的培训。技术、技能的培训是不定期的，这类培训以员工掌握相关的新技术或技能为目的，而且大多是实践型的培训。

企业培训有的是兼顾上述的两三个目的，有的则是单一的目的。这些企业培训，使用怎样的教法能达成培训效果呢？可以先看看企业培训中经常出现的失败事例。

【例11-1】某公司对入职5年的员工做了"职场的沟通""逻辑思考力"的集合培训。担任讲师的是一位入职10年的人事部员工和一位外部的讲师。入职10年的员工的平常工作是和员工的职业生涯规划相关的内容，所以培训部门负责人认为可以让他担任讲师。课程是由10年老员工先开始，讲概要性的内容。员工讲师讲课方式是拿着教材照本宣科，然后写板书。这样过了一个小时，参加者中就出现分神开小差的人了，有的在看别的书，有的在说话。但员工讲师并没有当着大家的面发火,只是在中间休息时对碰见的几个人个别提醒了一下。这个培训课虽然是公司规定新员工必须参加的,但是并没有要求提交培训心得。参加者很可能只是当作一个和同僚们聚会的契机。这种不端正的学习气氛延续到下一位外部讲师的课程中,结果在培训结束后,大家的反馈是培训没有效果。

针对上面的案例,培训的改善可从以下几个方面进行。首先,讲师需要改善教的方法。讲师自己只掌握授课内容是不够的,还需要掌握提高学员兴趣的授课方法,以及把控课堂进度和效果。在上面案例中,讲师对课堂上各种开小差现象不当场提醒,或许会觉得都是同事不好开口,但是结果就是造成大家对授课内容的漠视。其次,课程的流程设计需要改善。课程并没有要求结束后提交心得或测试,参加者没有压力,造成对课程不重视的情况。所以带着适当紧张感的课程设计是很有必要的。

【例 11-2】某公司对主任以上管理人员进行"风险管理"培训学习会。这个课题在进行知识培训的同时,需要安排事例学习和小组讨论。实际参加人员是来自各个不同部门的。在知识培训时,进行的还算顺利,因为都是主任以上的管理人员,有一定的管理知识基础。但在小组讨论时,却出现了问题。参加人员不积极发言讨论。最后培训反馈并没有产生实践性的结果。

分析【例 11-2】,可以发现安排小组讨论时的一个缺陷。比如上述的"风险管理"这个课题,风险对于不曾经历过的人来说是陌生的,如隔岸观火。想象一下,讨论"地震发生时的对策",如果是从没经历过地震的人,对于怎么做有效对策是毫无头绪的,自然也无法投入。

理想的小组讨论是大家就共同感兴趣的课题,积极发表意见。在【例 11-2】中,来自不同部门的人员可能遇到的风险是不同的,如果小组讨论的风险和他工作相差很远,他便无法投入。那么作为改善点,在培训课之前可以先请大家对"过去曾经历过哪些风险""现在遇到哪些风险""将来可能遇到哪些风险"提供一些信息。讲师在收到回答后,对回答做分析,把课题类似的人员分到同一组。这样在小组讨论时气氛就可能相对活跃,大家能投入进去,也容易产生好的培训效果。

从上面这两个案例可以看出,不适当的教学方法(包括课堂流程)会导致不理想的培训效果。不同培训目的的课程,需要有各自适宜的教学方法。同时,作为企业行为,企业对各个培训的教学方式应该相对规范,以确保达成培训效果。

二、培训的理想效果

对于企业来说,理想的培训效果是什么?这就要涉及精益管理中关于能力经常会提到的几个阶段性概念——"知道""理解""能做""会教"。

以陶艺举例说明:了解陶瓷的历史、种类,是"知道";从化学原理等角度理解哪一种工艺方法更好,是"理解";自己能把瓷土做成瓷器,是"能做";把所有的知识和技巧教给别人,是"会教"。

"知道"和"理解"之间是有一定差距的。"知道"只是把知识和信息装入脑中。"理解"则是为了真正掌握知识和信息,把知识和信息按照逻辑思维方式重新组合,形成有机关联的结构。同样,"理解"和"能做","能做"和"会教"之间也都有差距。"理解"是自己脑海里的结构,"能做"是把脑海中的事物变成实物的过程。到"能做"为止,都是个体对知识的了解和运用,而"会教"就超出了个体,是把个体所理解和能做的事物让他人也"理解"和"能做"。可以说把一个封闭的系统开放给他人并引导他人。

可能有人会有疑问，自己学了能做就可以了，为什么要"会教"。要教别人，自己觉得模糊不清的地方就需要先去弄清楚。为了顺利展开教学，自己就会有条理地整理要讲的内容。为了让自己讲得熟练，可能还会去练习。可能还会去想听众可能会问什么问题？而又为了让人信服，可能会从问题根源出发有逻辑地思考答案。就这样，到了最后，"会教"的人是个人能力提升最快的一个人。在丰田公司，员工的某项技能掌握等级，也是以"会教"为最高级别。丰田公司对员工会进行多项技能培训，接受培训后各项技能的掌握程度和进步过程也都明确记录下来。图 11-1 中丰田公司的技能培训记录表的图标显示了技能掌握的 4 个评定等级。第一等级，用 1/4 圆表示需要作业指示来指导作业，也就是还不能独立作业。第二等级，用 1/2 圆表示能够作业，但是需要有人帮助。意味着基本能独立，但有时还不能完全处理出现的异常。第三等级，用 3/4 圆表示能够独立工作。意味着可以基本独立作业了。最后整个圆表示不但自己能够独立作业，而且能指导别人。这就意味着已经完全掌握，没有遗漏点。这可以说是理想的能力状态了。

| ⊕ 需要作业指示 | ⊕ 能够作业，但是需要有人帮助 | ⊕ 能够独立工作 | ⊕ 能够独立作业，并指导他人 |

图 11-1　技能掌握的 4 个评定等级

三、实际教学步骤

现场的实际教学工作的四步法是按照能力提升的阶段特点设计的。

(一)第一步，让员工做好学习的准备

这个准备是让员工放松心态，从不安状态转为能投入听课的状态。比如新员工到了新岗位时，第一次接触工作环境，或者第一次接触工作内容，心里估计是充满不安的。施教者一般可以先和新员工寒暄一下，聊一聊老家是哪里，平常爱好等。聊的目的是让双方能拉近距离，消除潜意识中对陌生环境的排斥感，为下一步的工作教导扫除沟通上的心理障碍。施教者还可以问一下新员工有没有和新工作类似的工作经验，有没有接触过相同产品等。通过交谈了解了一些相关信息后，施教者可以大致把握对新员工的施教速度。如果有类似经验的，相对来说可以稍微进展快一点；如果完全没有经验的，需要放慢速度更仔细地去教。

施教者随时注意观察新员工的状态，感觉新员工已经放松后，就可以转入正题。可以先介绍接下来要教的工作内容是什么，工作性质或特点是什么。例如在介绍刹车片的生产时，可以拿出刹车片的实物，告诉新员工它是装在车的哪个位置，它的作用是什么；再谈产品质量的重要性，例如，刹车片是关系乘车人的生命安全的产品。通过这些介绍，让新员工对新的工作有具象的认识并意识到"我要做的是有意义有价值的工作"，从而形成对工作的责任感和质量观念。所以这一步，其实是为了后面施教工作的基础。许多企业因为没有认识到让员工做好学习前准备工作的重要性，导致新员工学习后的工作出现了比较多的问题，尤其是质量问题。

在这一步，可以告诉新员工站的位置。这一点可能很多施教者没有留意，经常是教的人和学的人面对面站。但从视觉角度考虑，应该是让学的人站在教的人的左边，眼睛越过施教者的左肩去看，这个角度能让学的人不受阻碍地观察施教者的操作(以施教者是右手惯用者

为前提）。

(二)第二步,做给新员工看

做给新员工看的过程应该分成两个阶段。

第一阶段,让新员工了解主要工作步骤。首先,告诉新员工"我们接下来要学的工作分成 N 步,我们先从第一步开始……"这样边说边做,根据情况,有必要的话就写或画给新员工看。需要注意,只展示动作和只用语言解说这两种方式都不可以,一定要将展示动作和语言解说结合在一起;否则,就不能取得理想效果,会造成学习障碍。同时,边做边说的过程中,需要注意几点。第一,解说的内容要准确无误;第二,注意观察新员工的眼神,确认新员工能跟得上节奏;第三,随时向新员工确认是否明白。

第二阶段,让新员工了解工作中的关键点。这时也需要边做边解说。"下面我再从第一步开始做,这次重点讲解工作中的关键点……"两个阶段的边做边解说的过程可能有人会觉得太冗长,但是对于新员工,其实是一个很自然地学习、进步的过程。第一阶段和第二阶段解说的内容侧重点不一样,让新员工在前一阶段的基础上一点点增加吸收的知识量。这样有助于学习者往细节方面逐渐深入领会。

这个步骤需要反复进行,直到新员工领会理解为止。对于曾有过类似经验的人员来说,看两次操作可能就领会了。如果没有过经验的,可能需要操作 3、4 次或者更多次。

(三)第三步,让新员工做给老师看

需要注意,在确认新员工对工作的主要步骤和关键点已经理解之后,才可以进入这一步。同时,在口头上或感觉上认为新人已经理解了,就跳开第三步,那也是不正确的。第三步,可以说是为了检验新员工是否在完全没有他人的帮助下可以独立完成所学的工作。

在现实中,这三步施教者首先需要做的是"让新人做,纠正错误"。先让新员工独立操作,施教者在旁边仔细观察。在这个阶段出现失误可以平常心对待,施教者不用着急。在发现错误时,立即让新员工停下来。可以回到第二步,再边做边解说地教一次。

如果新员工顺利地操作了一次,意味着得到一次完成证明,但并不意味着这一步已经结束。接下去,让新员工从头再做一次,而且要边做边复述出主要步骤的名称。这是为了验证新员工并不只是动作上的单纯模仿,而是真正理解掌握了操作方法。新员工复述时并不需要逐字逐句和教的内容完全一致,但是主要内容要一致。然后再让新员工做一次,这一次需要新员工在做的同时说出每一个关键点。让新员工分两次复述主要步骤和关键点的目的,是为了让新员工在自己的头脑里通过复述更有条理地去形成记忆。

所以这一步不但要看到新员工的操作,而且要确认新员工已经把工作内容理解和转变为自己的东西。施教者为了达到这个目的,对新员工就一些相关问题进行提问也是好的方法。

(四)第四步,教学之后的跟进确认

不管前三步施教者是多么认真地去教,也不能就断言自己教的是百分百完美。百分百完美的事情毕竟还是少有的,所以就需要教学之后的跟进确认。

一般情况,新员工在学习后,会进入实际工作。新员工开始正式工作时,难免会有一些学习时不曾体验到的困惑或问题点,在他不知道应该向谁去请教时,可能会随意去问周围的人。周围的人,或许能给他解惑,又或许不能,最糟的是给了错误的答案。因此,在出现这种情况时,应该非常明确地告诉他,正式工作后有任何问题请向施教者咨询(因为施教者最了解他的学习情况)。并且明确告诉他,如果万一施教者外出不在现场,请向某某人请教(即指定解惑的人)。这样做的好处是,指定的人是经过确认有能力正确解惑的人,所以可以确保给到新人正确的答案。

新员工实际进入工作后,在刚开始的阶段,出现错误也是意料之中的事情。施教者在刚开始的阶段可以比较频繁地去确认新员工的工作状况,例如隔几分钟就去看看。施教者可以根据工作性质和员工掌握的熟练程度等,去决定下一阶段的确认检查频度。

新员工经常会出现不敢问问题的现象,因为他们可能担心这会让自己显得没有能力。施教者需要鼓励他们有问题就问。这也是防患于未然必须要做的事。因为新员工有问题表明还有未理解或未掌握好的内容,如果问题不问出来,得不到解决,很可能会导致不良品增加。施教者需注意对每个人的提问都先给予表扬,再逐一回答,这样就能起到鼓励提问的作用。

随着新员工熟练度的增加,可以逐渐减少检查的次数。等到判断新员工能完全正确地作业,且独立作业也基本不会出问题时,施教者的跟进确认也可以告一段落了。接下去,新员工是要作为技能熟练者,自我积累熟练程度了。在熟练程度积累过程中,要进一步提高自己的领悟力。管理者或施教者可以保持关注,当判断该员工能把自己的领悟输出教给后来的新员工的话,就表明该员工达到了该项技能掌握的最高程度了。

练习题

1. 培训前的准备工作有哪些?
2. 培训计划需要从哪些角度去制订?
3. 培训用教材制作时的注意点是什么?
4. 培训前通知可以起到哪些作用?
5. 能力提升过程中的 4 个阶段是什么?
6. 教学工作的四步法是什么? 每一步的作用是什么?

参考文献

TPM 研究会. TPM 之书[M]. 东京：日刊工业新闻社，2005.

佃义夫. 日新月异的时代为什么只有丰田不断增益[M]. 东京：日本 subarusya 出版社，2001.

冈田贞夫. 作业改善之书[M]. 东京：日本日刊工业报纸社，2004.

名古屋 QS 研修会. 目视化管理[M]. 东京：日本规格协会，2001.

片山修. 丰田方式[M]. 东京：小学馆出版社，2002.

平野裕之，古谷诚. 5S 的书[M]. 东京：日刊工业新闻社，2006.

齐二石. 现代工业工程与管理[M]. 天津：天津大学出版社，2007.

青木干晴. 丰田生产工厂"生产管理和质量管理的机制"[M]. 东京：日本实业出版社，2011.

石川秀人. 很好理解的制造现场可视化基础和实践[M]. 东京：秀和系统出版社，2009.

松林光男. 智能工厂的机制[M]. 东京：日本实业出版社，2018.

梶原一明. 丰田之道[M]. 东京：日本商务出版社，2002.

熊泽光正. 生产期的课题和丰田生产方式[M]. 流山市：日本教育出版社，2012.

竹内俊夫. 实践丰田生产方式[M]. 宁波：宁波出版社，2011.

图书在版编目(CIP)数据

精益智能制造管理 / 董晓虹，章智，周家东主编. — 杭州：
浙江大学出版社，2021.11(2023.6重印)
ISBN 978-7-308-21594-7

Ⅰ. ①精… Ⅱ. ①董… ②章… ③周… Ⅲ. ①智能制
造系统－制造工业－工业企业管理－研究－中国 Ⅳ.
①F426.4

中国版本图书馆 CIP 数据核字(2021)第 140943 号

精益智能制造管理

董晓虹　章　智　周家东　主编

责任编辑	曾　熙	
责任校对	高士吟	
封面设计	春天书装	
出版发行	浙江大学出版社	
	（杭州市天目山路 148 号　邮政编码 310007）	
	（网址：http://www.zjupress.com)	
排　　版	杭州朝曦图文设计有限公司	
印　　刷	杭州杭新印务有限公司	
开　　本	787mm×1092mm　1/16	
印　　张	12.5	
字　　数	320 千	
版印次	2021 年 11 月第 1 版　2023 年 6 月第 2 次印刷	
书　　号	ISBN 978-7-308-21594-7	
定　　价	40.00 元	